缠论通解

缠中说禅股票投资核心技术理论释义

厚德载志　编著

中国书籍出版社
China Book Press

图书在版编目（CIP）数据

缠论通解：缠中说禅股票投资核心技术理论释义/
厚德载志编著. —北京：中国书籍出版社，2019.1
ISBN 978-7-5068-7084-9

Ⅰ.①缠… Ⅱ.①厚… Ⅲ.①股票投资—基本知识
Ⅳ.①F830.91

中国版本图书馆 CIP 数据核字（2018）第 252261 号

缠论通解：缠中说禅股票投资核心技术理论释义

厚德载志　编著

责任编辑	李　新	
责任印制	孙马飞　马　芝	
封面设计	中联华文	
出版发行	中国书籍出版社	
地　　址	北京市丰台区三路居路 97 号（邮编：100073）	
电　　话	（010）52257143（总编室）　　（010）52257140（发行部）	
电子邮箱	eo@chinabp.com.cn	
经　　销	全国新华书店	
印　　刷	三河市华东印刷有限公司	
开　　本	710 毫米×1000 毫米　1/16	
字　　数	431 千字	
印　　张	24	
版　　次	2019 年 1 月第 1 版　2019 年 1 月第 1 次印刷	
书　　号	ISBN 978-7-5068-7084-9	
定　　价	95.00 元	

前　言

　　"缠论"是名为"缠中说禅"的新浪博客中记载的一个股票投资技术分析理论。

　　从 2006 年 6 月 7 日到 2008 年 8 月 29 日,博主在博客中一共发表了 108 篇"教你炒股票"的博文。由于当时博主是以戏说的形式教小散们学习股票技术分析理论,当时在投资者中并没有引起足够的重视。2007 年博主成功地预测到上证指数 6124 点的历史大顶之后,这套理论才开始被业界逐渐重视起来,进而研究的人士越来越多。后人为了方便交流,将这套理论简称为缠论。我在本书中尊称博主为"缠师"。

　　虽然缠师离开我们已经十年了,但"缠中说禅"新浪博客的访问量仍然以每年近 1000 万的速度在增加,可见其在市场上的影响力与日俱增。

　　缠论是人类历史上第一次用 100% 理论推导的方式,绝对地证明了在一个价格充分有效的市场中的非完全绝对趋同性交易的市场价格走势,可以唯一分解的市场分析理论。这种唯一分解是建立在以递归函数为基础的级别之上的,其边界条件是可以用走势结构的几何形态为基础的分段函数清楚界定的。

　　缠师说过,要对市场走势有最精确的分析,必须把所有情况以及其分辨了然于胸,这样才可能对市场的走势有一个精确的把握。

　　这里所说的分辨就是在买卖点出现后,要将其后所有可能的走势进行完全分类,然后给出出现各种走势分类的边界条件。针对每一种分类,我们事先都要做出有针对性的应对预案,之后就是耐心等待市场选择的边界条件了。市场走出什么样的边界条件,我们就按事先做好的预案执行相应的操作。只有这样,才能充分尊重市场的走势,真正做到顺势而为。

　　由于缠师对缠论的阐述,并不是使用教材的语言和逻辑构架,许多内容都是分散于缠师对大盘分析的文章中,还有一些重要内容存在于粉丝与缠师的问答回复中,所以学习起来不成系统,理解起来相对有些难度。如果不能将博文、解盘和答疑三个部分结合起来,很难领会其中的奥秘,所以就有了后人说的千人千缠的状况。

　　所谓千人千缠主要与各位缠友对中枢和级别的理解上存在差异有关,这也是许多缠论爱好者最初被缠论缠住的关键节点之一。的确,缠师在他的博文或解盘中,对同一个中枢前后给出的名字有时是不一致的。可是,我们从缠师的文章中可以得出这样一个结论:级别的名字并不重要,它只是缠论对不同级别几何结构的一种完全分类。重要的是相邻两个级别之间一定要符合递归函数关系。

　　在实际运用过程中,我们只需要在任意分析基本图上准确把握大级别、本级别和次级别三个级别走势类型的几何结构就行了,这三个级别一定是符合递归函数的。至于大级别、本级别和次级别走势类型到底叫什么名字并不重要,重要的是要分清楚当下价格在这三个级别结构中所处的位置,因为这三个级别的结构间是相互作用的。

　　本书试图将本人多年对缠论的学习情况做一个总结,并以教材的形式重新编著,对于重点难点做了较为详尽的注释,力求使之通俗易懂。其中有些名词如标准 K 线、出中枢的买卖点等,纯粹是本人为了方便学习和交流而自己创造出来的,欢迎有不同意见的缠友们随时与我交流(微信号 houdezaizhi)。相信此书一定会给缠论爱好者一些帮助。

目 录
CONTENTS

第1章

走势是市场合力作用的结果

缠论最基本的原理就是市场走势必然是市场当下各个分力的一个合力的呈现。这个原理的成立是有前提和哲学基础的。

1.1 缠论成立的前提条件

缠论研究的是在一个可预见的时间周期内,一个价格充分有效市场里的非完全绝对趋同交易中,交易标的市场价格走势的变化规律。

市场中交易价格的充分有效性和交易的非完全绝对趋同性是缠论成立的两个前提条件,只要是在这样市场中交易的标的,其价格走势的变化规律都可以用缠论来解析。

1. 交易价格充分有效市场的基本特性

(1)在一个可预见的时间周期内,交易具有延续性

所有的市场,都必然只能是你当下观察、操作中的市场,离开你当下的观察、操作,市场对于你来说并不存在,或者说毫无意义。也就是说,你的观察和操作是在一定的时间周期内进行的。如果在一个完整周期结束以前,这个市场就被关掉了或者说股票退市了,抑或是因为交易者自身的某种原因不得不终止交易,那么缠论也就没有办法解析交易标的价格变化规律了。

我们知道缠论操作的一个原则是,在哪个级别的买点上买入,就在哪个级别的卖点卖出。如日线上的第一类买点,可能两年才出现一次。也就是在日线第一类买点买入的股票,到日线的第一类卖点卖出,至少有一年左右的持股时间。如果一个按日线级别操作的股票,在日线级别的第一类买点买入,在日线级别的第一类卖点出现前,如一周后就停止交易,比方说股票突然被退市了,那么缠论也无能为力,因为这样连最基本的前提都没有了。

当然,如果你是按1分钟级别去交易,那一周后停止交易的股票即使有风险,也是技术上可以控制的,因为1分钟级别的第一类买点到第一类卖点一般只需要3 – 5天左右的时间。唯一不能控制的就是,不知道交易什么时候被突然停止,这

种事情是技术上的最大死穴。因此缠论也不是万能的,唯一不能的地方,就是突然会被停止交易。如果这样,理论成立的前提就没有了。

突然终止交易也包括你自己的资金使用周期出现了问题,比方说你是借贷的资金到了还贷期限必须要清仓,或者因为种种原因要用股市里的这笔钱而不得不终止交易等等。

因此,缠论成立的一个最重要前提就是被理论所分析的交易品种必须是在可预见的时间内能够持续交易。

对那些要停止交易的品种,例如即将退市的股票,最好别用什么理论了,直接去赌场算了。

至于停牌之类的,不影响理论对风险的控制。其他的一切风险,必然会反映在走势上,而只要走势是延续的,不会突然被停止而永远没有了,那一切的风险都在缠论控制之中,这是一个最关键的结论。

(2)交易的不可撤销性

一个价格充分有效的市场中,交易者的交易一旦完成是不可撤销的。

如果一个已经完成了的交易,随时可以撤销,那么这样的市场价格一定不是充分有效的,这样就不存在对市场价格走势规律的探讨问题了。换言之,如果一切交易都可以推倒重来,价格随时间的变化轨迹也就不存在可研究的意义了。

如果一个完成的交易不算了,这和停止交易是一个效果。这绝对不是天方夜谭,在不成熟的市场里一点都不奇怪。

例如缠师在博文中提到的那著名的 327 国债事件:本 ID(注:指缠师本人,下同)当天在高位把一直持有多天的多仓平了,因为按技术肯定要回调,在最后万国发疯打跌停时,本 ID 又全仓杀进去开多仓,价位 147.50 元,结果第二天竟然不算。

像交易不算,突然停止交易等,并不是缠论可以控制的。只要交易延续、交易是算的,那么缠论就没有任何盲点需要特别留意了。所以,在应用缠论时,唯一需要提防的风险就是交易能否延续以及是否算数。

交易的不可撤销性告诉我们,对于价格来说,时间并不需要特别指出,因为价格轨迹中的前后,就意味着时间的因数,也就是说,交易是可以按时间排序的,这就是交易另一个最大的特征:交易是有时间性的,而这时间,不可逆。

所以交易是有规律的,而且这规律是万古不变的:交易以时间的不可逆为前提完全等价地反映在价格轨迹上。除了价格与依据时间延伸出来的走势,市场的任何其他东西都是可以忽略不计的。我们把满足该条规律的市场称为价格充分有效市场。

交易的不可撤销性决定了交易价格的随时间不可逆性,这也是缠论中提出的一切完成的走势类型都符合结合律而不符合交换律的理论依据,是已完成的走势可以多义性分解与组合的理论基础。

(3)从市场价格的充分有效性可以得出如下推论

交易的不可撤销性决定了交易价格的确定具有现实性。

市场价格是否完全反映所有信息,可以随意假定。无论何种假定,都和实际的交易关系不大。

交易中,无论市场价格是否完全反映所有信息,你都必须以市场的价格交易。同时你的交易将构成市场的价格。

对于交易来说,除了价格,一无所有(成交量可以看成是在一个最低的时间段内按该价格重复成交数量的交易单位)。这一切,和市场价格是否反映所有信息毫无关系。因为所有价格都是当下的,如果当下的信息没被市场反映,那它就是没被市场当下反映的信息。至于这个信息会不会被另一个时间的价格反映是另外的事情。

市场交易价格与人是否理智无关,无论你是否理智,都要以价格交易,而交易也被价格反映,这是无论任何理论都必须接受的事实:交易,只反映为价格,以某种价格某个时间的交易,就是交易的全部。

至于交易后面的任何因数,如果假定其中一种或几种决定了交易的价格,无论这种因数是基本面、心理面、技术面、政策面还是什么,都是典型的上帝式思维。

以前所有市场理论的误区都在于去探讨决定价格交易后面的因数。交易是人类的行为,即使其行为可探讨,在交易层面也变得没什么可探讨的。所有企图解释交易动机、行为的理论都是没有价值的。

2. 在价格充分有效市场中交易过程具有非完全绝对趋同性

(1)缠论是建立在当下之上的

一般人,总习惯于一种目的性思维,往往忽视了走势是当下构成中的。而缠论的判断是建筑在当下构成的判断中,这是缠论的一个关键特征。

例如,一个日线级别被判断进入背驰段,由于某种当下的绝对突发事件,使得小级别产生突发性结构破裂最终影响到大级别的结构,这时候,整个的判断,就建立在一个新的走势基础上了,而往往这时,实际的交易并没有发生,除非你刚点击"买入"键,这个突发事件就发生了。

还有一种情况就是小级别背驰引发大级别转折的情况。如果一个小级别的背驰已经导致了大级别第二类买卖点的生成,那么我们就应该对当下的走势给予高度的重视,而不能是一根筋式的思维了。

(2)社会结构现实的多层性以及个体的差异性决定了任何群体性交易都不具

有同时性

即使是相同原因造成的相同买卖,由于人的反应是需要时间的,所以市场交易者不可能绝对在同一时间交易,必然有先后。交易具有延异性,不会完全地趋同,这是交易能形成可分析走势的现实基础。

现实就是一个典型的非完全绝对趋同的系统。在不同的资金规模、资金管理水平、选股策略、基本面把握、交易者性格、气质等情况下,自然地呈现不同的面貌,这就保证了应用同一理论交易也存在着非完全绝对趋同性。

比如就算是背驰判断这么简单的事情,就算是用同一种方法,当成为群体性行为时,比的是心态与功力,心态不好、出手早或出手迟的,就会在价格上留下痕迹,甚至当趋同性较强时,会使得级别的延伸不断出现,那就让功力深的人得到一个更好的买入或卖出价格,这些细微的差别积累下来,足以使得赢利水平天差地别。

所以,即使所有人都应用缠论,由于社会结构以及个体差异,依然不会造成一个完全绝对趋同性交易。这样,缠论依然有效。

(3)交易的非完全绝对趋同性是交易价格走势可分析的现实基础

由于交易具有延异性,没有绝对的同一性,那么即使对于严格一种因数决定交易行为的系统,也依然能产生可分析的价格轨迹。任何群体性的交易行为,不会永远出现所有人同一时刻的同一交易。

只要是价格充分有效市场里的非完全绝对趋同交易,那缠论就绝对有效。因为缠论是对价格充分有效市场非完全绝对趋同交易的一个完全的数学公理化理论,唯一需要监控的就是价格充分有效市场与非完全绝对趋同交易这两个前提是否还存在。

这种市场,至少对应了目前世界上所有正式的交易市场。如股票、权证、期权、期货、债券和外汇市场等,只要可以用 K 线描述的市场都可以用缠论来解析。交易标的既可以是单一标的,也可以是指数标的。

1.2　缠论的哲学基础

缠论研究的哲学基础是市场参与者交易过程中的心理波动轨迹所具有的自同构性。正是这种心理波动的自同构性,才使得交易价格的波动轨迹表现出强烈的自同构性结构。

缠论研究分型、走势类型等东西的哲学基础是交易者交易心理的贪嗔痴疑慢。因为人的贪嗔痴疑慢都是一样的,只是跟随时间、环境大小不一,所以人的交易行为就显示出自同构性。

交易价格波动轨迹具有自同构性结构的理论意义：

1. 缠论的哲学本质,就在于人的贪嗔痴疑慢所引发的自同构性以及由此引发的走势级别的自组性这种类生命现象。

正因为有了交易价格波动轨迹的自同构性结构,才使得走势可以按不同的级别来划分。而且各级别走势的几何结构和能量结构都有着惊人的自同构性,这样才使得级别的生长与衰亡成为可能。

自同构性结构反应在走势中不仅组成走势几何结构的各构件,如分型、笔、线段和各级别走势类型等几何构件具有自同构性的结构,在任何周期的走势图上都可以严格地划分出来;而且在反应走势能量力度的背驰、盘整背驰、走势必完美以及级别的自组性规则上也是有自同构性的;这样大小级别走势类型间的关系就可以用递归函数来表达了。

级别是自同构性自组出来的,或者说是生长出来的,自同构性就如同基因,按照这个基因图谱,走势就如同有生命般自动生长出不同的级别来,不论构成走势的人如何改变,只要其贪嗔痴疑慢不改变,那么自同构性就存在,级别的自组性就必然存在。

2. 相邻级别的形态学几何结构间既相互独立又相互作用。

有了自同构性结构,任何相邻两个级别里的走势发展就有了既相互独立又相互作用的关系。例如,在30分钟的中枢震荡中,在5分钟是上涨走势,那么这两个级别之间并不会互相打架,而是构成一个类似联立方程组的东西,如果说单一个方程的解很多,那么联立起来,解就大幅度减少了。也就是级别的存在,使得对走势的判断可以联立起来系统地看了。这样,可能走势的边界条件的确定就变得异常简单了。

从形态学上来讲,次级别的走势类型是构成本级别走势类型的一个基础构件。本级别走势类型要完成,必须等次级别走势类型先完成。而只有次级别走势类型完成了,才能在本级别上进行趋势力度的比较,继而考察本级别走势类型的生长情况。本级别走势类型完成后,又构成了更大级别走势类型的一个基础构件。

所以看走势,不能光看一个级别,必须立体地看,否则,就是浪费了自同构性结构给你的有利条件。

3. 相邻级别的动力学能量结构间也存在既相互独立又相互作用的关系。

大级别能量没耗尽时,一个小级别的买卖点引发大级别走势的延续,那是最正常不过的。但如果一个小级别的买卖点和大级别的走势方向相反,而该大级别走势没有任何衰竭,这时候参与小级别买卖点,就意味着要冒着大级别走势延续的风险,这是典型的刀口舔血。这一点与小转大的转折方式并不矛盾,因为小转大是发生在大级别的背驰段上,对于大级别来说已经是强弩之末了。

4. 自同构性结构具有绝对的可复制性。

由走势必完美定理我们知道,不可复制的走势,却毫无例外地复制着自同构性结构,而这自同构性结构的可复制性是绝对的,是可以用缠论绝对地证明而不需要套用任何诸如分形之类的先验数学理论。这种自同构性结构的绝对复制性的可绝对推导性,就是缠论的关键之处。

走势的不可重复性,决定了一切的判断必须也必然是不可绝对预测的;自同构性结构的绝对复制性,决定了一切的判断都是可判断的,有着绝对的可操作性;自同构性结构的绝对复制性的可绝对纯逻辑推导性,就证明其结论的绝对有效性。这就构成了缠论视角的三个基本的客观支点。

5. 由自同构性结构就可以纯逻辑地推导出正确的结论,进而就能生成一个有效的操作系统。

一个最简单的结论:所有的顶必须是顶分型的,反之,所有的底都是底分型的。如果没有自同构性结构,这结论当然不可能成立。但因为有自同构性结构,所以才有这样一个对于任何股票、任何走势都适用的结论。

反之,有了这样一个结论,就可以马上推出一个100%正确的结论:没有顶分型就没有顶;反之,没有底分型就没有底。那么,在实际操作中,如果在你操作级别的走势图上,没有顶分型,那你就可以一直持有,等顶分型出来再说。

1.3 站在纯交易的角度唯一值得数学化探讨的就是交易的价格轨迹

交易的现实性决定了市场中交易价格的走势是所有市场参与者买卖双方买卖合力作用的结果,因此在对价格轨迹进行技术分析时,可以不用关心走势的合力是如何构成的,只关心合力作用的结果画出来的价格轨迹,看图操作就行了。而不用单独考虑什么政策面、基本面、消息面、资金面、心理面之类的单个分力的影响,所有的分力,无论多强大,最终都是分力。

1. 政策面

由于一般情况下,政策或规则的分力,至少在一个时间段内保持常量,所以,一般人就忘记、忽视其存在。但无论是常量还是随着每笔成交变化的变量,合力都是当下构成的。常量的分力,用 $F(t)$ 表示,只是表示其值是一个常量或者是一个分段式常量。对于任何一个具体的时间 t 来说,它和变化的分量在合成规则与合成的结果来说,没有任何的区别。

但这些常量的分力,并不是永恒的常量,往往是分段式的,其变化是有断裂点的。

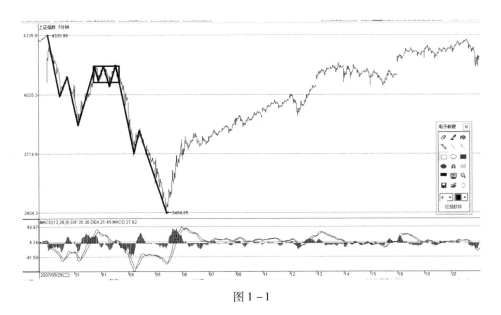

图 1 - 1

对消息、政策要平和,关键是当技术上出问题时,一定要走。例如530那天,如图 1 - 1 所示,即使你有很重仓位,但一个第二类卖点,足以让你逃出来,然后在 6 月 5 日,一个标准的买点产生就可以进入了。所以,关键不是政策如何,而是你的技术如何。政策只是合力的一部分,走势则是合力本身画出来的。

2. 基本面

一切关于基本面的研究,最终都归于行业或总体经济的发展。最简单、最不伤脑筋的方法,就是买指数基金,或者具体行业、板块的基金。

对于散户来说,你对基本面的研究能力要超过一个好的基金团队的可能性是微乎其微的。至于指数基金,那就更不用说了,至少他们肯定不会跑输指数。

对于散户来说,一般的操作级别都是中短线的,根本没有必要研究什么基本面。所谓基本面,只是一个由头,给自己壮胆和忽悠别人用的。对基本面,只要知道别人心目中的基本面以及相应的影响就可以了,自己千万别信。

有人会担心如果公司业绩突然不好或有什么坏消息怎么办? 其实这种问题没什么意义,即使在成熟市场里,这类的影响都会事先反映在走势上。

3. 消息面

首先不要受消息、情绪等等的影响,这样你的眼睛才看得清楚走势,然后你的心才会敏感,慢慢对市场就有了一种灵感,但这是要慢慢来的,先把一些基础的东西变成自己的一种本能反应,例如建立符合自己的有效的操作程序等等,这是初学者最基本的东西。

对于各种会议,如果当下成交太小,市场本身的合力太弱,消息的力量在这时候特别容易放大,所以走势上如果要特别细致地判断,不能忽视会议消息的力量。但如果只需要知道大方向性的东西,那对这会议也无须太过看重。

很多消息根本就不是什么秘密,关键你要有心。不是要你瞎听消息,而是要好好分析消息。是你在使用消息,而不要被消息使用。消息跟着走势走,空头主控,当然利空漫天飞,哪天等多头主控了,你想听什么利多消息都有。所以不要为市场的消息所动,只看市场最终的反应,这是一个最基本的素质,一切以走势结构为主。

4. 资金面

任何力量,即使能调节合力本身,但绝对调节不了合力作用的结果,除非这是一个完全没有对手的,一个人的交易。

对于大资金来说,无论任何规模的资金,归根结底都只是市场的分力,不是合力本身。主力的运转也是在构成走势结构本身,如果他可以拉抬,自然就不会出现背驰;如果他边拉边出,走势上自然留下痕迹,就是背驰。走势是一切力量的综合结果,没必要单独考虑某种力量。

主力虽然能把波动的幅度扩大,但结构是无从改变的。不管谁,都改变不了中枢的整体系统本身的几何结构和能量结构。因为走势最终反映的是全部市场参与者贪嗔痴疑慢的合力。

无论什么资金,站在市场走势的角度,不过就是构造出不同级别的买卖点而已。因此,对于散户来说,你无须知道这天上掉下的馅饼是怎么制造的,只需要知道怎么才能吃到这馅饼就可以了。

1.4 缠论是可以几何般严密讨论的

自从结构与解构哲学的流行,用结构的观点观察就是一个最基本的思维方式,但问题的关键,很多所谓结构性的思维,不过是一种归纳性的结果,不具有任何的理论系统性与有效性。

而分型与分形有着本质的不同,缠论所说的分型,是建立在一个K线组合的纯粹分类的基础上,任何与这个纯粹分类不同的,都必然是错误的,这一点必须明白。至于所谓的分形(注:如头肩顶、头肩底、M顶、W底以及波浪理论等等),当然也可能是一种结构,但这种结构,本质上都是归纳性的,这和在一种完全分类基础上给出的绝对结论,有着本质的区别。

缠论,本质上分两部分,一是形态学,二是动力学,当然三就是两者的结合。

所谓形态学、动力学,其实很好分辨,任何涉及背驰的,都是动力学的范围,背驰是动力学的基本点之一。另外,中枢、走势的能量结构之类的东西,也属于动力学。而形态学,就是中枢、走势类型、笔、线段之类的东西。

缠论里的动力学部分,本质上也是几何,只是这种几何比较特别,需要把价格充分有效市场里的非完全绝对趋同交易作为前提转化为某些几何结构,然后构造出理论的证明来。

其实,光用形态学,就足以形成一套有效的操作体系。只是在形态学中,由于没有背驰的概念,所以第一类买卖点是抓不住的,但第二类买卖点是肯定没问题的。单纯用形态学去操作,就是任何对最后一个中枢的回拉后第一个与回拉反向的不创新高或新低的同级别离开,就是买卖段。第二类买卖点和第三类买卖点都是用形态学定义的。

如果只用形态学,也可以进行操作,但实际上当然是动力学、形态学一起用更有效。那些对背驰、区间套没什么信心的,可以先多从形态学着手。实际上,形态分析不好,也动力不起来。

形态学在同级别分解的基础上,可以告诉你股价所处结构的位置,以及后面走势的完全分类;但是作为边界条件的转折点的确认是需要动力学分析的。

1.5 如何建立一个可靠的操作系统

投资者必须根据自己的实际情况,例如资金、操作水平等等,设置一套分类评价系统,然后根据该系统,对所有可能的情况都设置一套相应的应对程序,这样,一切的风险都以一种可操作的方式被操作了。而操作者唯一要干的事情,就是一旦出现相应的边界条件,采取相应的操作。对于股票来说,实际的操作无非三种:买、卖、持有。当然,在实际中,还有一个量的问题。那么,任何投资操作,都演化成这样一个简单的数学问题:N 种完全分类的风险情况,对应三种操作的选择。

技术分析,最核心的思想就是分类。任何技术指标,本质上都是一个评价系统,也就是告诉你在这个系统的标准下,评价对象的强弱分类。例如,一条 5 日均线,代表着用 5 日均线对市场所有情况进行分类,目前站在 5 日均线上这种情况意味着是强势。然而,站在 5 日均线上的同时,可能对于 10 日均线是在其下的,那对于 10 日均线的系统评价,这种情况就是弱势了,那究竟相应的走势是强还是弱?

其实,强弱都是相对的,关键是你操作所介入的级别。

对于超短线来说,在 1 分钟图上显示强势就可以介入了,特别在有 T + 0 的情况下,这种操作是很正常的。

但对于大资金来说,就算日线上的 5 日强势也不足以让他们感兴趣。任何技术指标系统的应用,首要的选择标准一定是和应用的资金量以及操作级别有关,脱离了这个,任何继续的讨论都没有意义。

因此,每个人都应该按照自己的实际情况来考虑如何去选择相应的参数,只要明白了其中的道理,其应用就完全在于一心了。

在分类中,所应用的程序可以各色各样,但有一点是肯定的,即没有任何一个程序可以使得所选的股票最终都能百分百地按照我们所期望的大概率事件方向发展。因为任何操作程序都必然面对小概率事件的发生。

这样,如何有效甄别、尽早发现小概率事件的发生,从而减少损失就成了一个头号难题。许多所谓高手会宣称,出现什么情况,这股票就会长。但实际上,任何一种情况,都有着极高百分比的可能会出现小概率事件的发生,使得介入变成了套牢。

1. 如何应对小概率事件的发生?

首要的就是严格的资金管理,一旦出现小概率事件,必须马上退出。

投资市场里,这小概率事件的发生比例和市场总体强度有关,在熊市中这比例至少是 80% 以上,而牛市中这个比例就小多了,大概就 30%。

其次是根据概率学原理,把几个相互独立的程序组联立起来,共同监控市场的走势。

假设按三个互相独立的程序进行交易,其小概率事件的发生比例分别为 30%、40%、30%,这都是很普通的并不出色的程序。那么由这三个程序组成的程序组,其小概率事件的发生比例就是 $30\% \times 40\% \times 30\% = 3.6\%$。也就是说,按这个程序组,交易 100 次,只会出现不到 4 次的发生小概率事件,这绝对是一个惊人的结果。

任何人都可以设计自己的独立交易程序组,但原则是一致的,就是三个程序之间必须是互相独立的。

现在,问题的关键变成,如何去寻找这三个互相独立的程序。

首先,技术指标,都是单纯涉及价量的输入而来,都不是独立的,只需要选择任意一个技术指标构成一个买卖程序就可以。对于水平高点的人来说,一个带均线和成交量的 K 线图,比任何技术指标都有意义。

其次,任何一个股票都不是独立的,在整个股票市场中,处在一定的比价关系中,这个比价关系的变动,也可以构成一个买卖系统。这个买卖系统是和市场资金的流向相关的,一切与市场资金相关的系统,都不能与之独立;介入的动机,对于投资特别重要。市场个股之间有比价关系,这是市场的整体结构,要把握这点,必须对市场的总体结构有所把握。比价关系的变动是最重要的。

最后,可以选择基本面构成一个程序,这个基本面除了指公司盈利之类的东西之外,还需要对市场的参与者、对人性有更多的了解才可能精通。

2. 我们可以用基本面、比价关系与技术面三个独立程序联合构建一个可靠的投资策略。

针对中国的企业、上市公司,我们可以给出一个判断,就是几乎所有的行业,都必然有至少一个中国的上市公司会去冲击全球的行业理论极限。这就是中国资本市场的现实魅力所在。因为,几乎有多少个行业,就至少有多少只真正的牛股。

不过,有些行业,其空间是有限的,因此可以筛选出去。这种行业的企业,注定了,是没有季线甚至月线以上级别中枢上移的,除非它转型。因此,远离那些注定没有季线甚至月线以上级别中枢上移的行业,这些行业的企业,最终都是某级别的中枢震荡。

找到了行业,就到了具体企业的寻找。对于长线投资来说,最牛的股票与最牛的企业,最终是必然对应的。这就足够了,这就马上可以百分百推理出,这个企业,或者是当下的龙头,或者是在今后某一时刻超越当下龙头的企业。有这样一个推论就可以构建出一个最合理的投资方案。

(1)用最大的比例,例如70%,投在龙头企业(可能是两家)中,然后把其他30%分在最有成长性(可能是两三家)的企业中。注意,在实际操作中,如果龙头企业已经在基本面上显示必然的败落,那当然就选择最好的替代者,如此类推。

(2)只要这个行业顺序不变,那么这个投资比例就不变,除非基本面上出现明显的行业地位改变的迹象,一旦如此,就按等市值换股。当然,如果技术面把握好,完全可以在较大级别卖掉被超越的企业,在其后的买点再介入新的龙头已经成长的企业。

(3)充分利用可操作的中枢震荡(例如日线、周线等),把所有投资成本变为0,然后不断增加可持有筹码。注意,这些筹码,可能是新的有成长或低估价值的公司。

(4)没有第四,如果一定要说,就是密切关注比价关系。

以上这个策略,就是基本面、比价关系与技术面三个独立系统完美的组合,能这样操作股票,才有点按缠论操作的味道。

上面这个策略只适合大资金的操作,对于小资金,其实依然可以按照类似思路,只是只能用简略版,例如,就跟踪龙头企业,或者就跟踪最有成长性的那家。

对于原始资本积累的小资金,利用小级别去快速积累,这是更快速的方法,但资金到一定规模后,小级别就没有太大意义了。

比价关系与基本面,可以配合决定你的介入种类。当介入到一个品种后,技术面在操作上就起着决定性的意义。因为其他的面,变化的频率都没有技术面高,像基本面,其变化大致是有一定稳定性的,不可能天天都是奇点、断裂点。

比价关系也一样,一种比价确立后,就基本保持稳定了,不可能天天都变化。所以这种变化少的系统,不需要花太多精力去研究,而技术面显然不同。

技术分析系统只是三个独立的程序组之一,最基础的是三个独立程序组所依据的概率原则所保证的数学上的系统有效性。

技术分析系统之所以重要,就是因为对于一个完全没有消息的散户来说,这是最公平、最容易得到的信息,技术走势是完全公开的,对于任何人来说,都是第一手,最直接的,这里没有任何的秘密、先后可言。技术分析的伟大之处就在于,利用这些最直接、最公开的资料,就可以得到一种可靠的操作依据。单凭对技术分析的精通与资金管理的合理应用,就完全可以长期有效地战胜市场,对于一般的投资者来说,如果你希望切实参与市场之中,这是一个最可靠的基础。

在一般程度上,你必须遵守买卖点的原则去买卖。但是,这并不是一定的。例如,缠师本人就经常愿意在买卖点偏移一点的地方去买卖,为什么?因为那样,可以买卖到更多的数量,或者可以制造出一些特别的东西达到更大的目的。

第2章

缠论形态结构的几何构件

缠师说过,市场中唯一并绝对可以预测的,就是市场走势的基本形态。市场的基本形态最基础的就是以走势中枢、级别为基础的趋势与盘整两种走势类型。

对于这两种走势类型来说,中枢是其中的关键所在。中枢是由线段构成的,线段是由笔构成的,笔是由分型和K线构成的。所以,要对走势类型进行一个详尽的解析,必须从K线、分型、笔和线段入手。

2.1 K线

K线是记录交易价格在单位时间内波动幅度变化的最小单位。是将价格随时间变化情况等周期分段表达的结果。

K线图是单位时间内价格波动幅度随时间变化的轨迹,是价格走势最直观的表现形式。同一走势在不同时间周期K线图上表现形式是不同的,周期越大,其内部忽略的波动细节越多。

2.1.1 形态学K线

形态学K线是指单位时间周期内,价格的波动区间。

定义解析:

1.K线在形态学意义上是只研究最小分析周期内的价格波动幅度,而忽略其在这一时间周期内的波动细节。这与后面定义的笔、线段、走势类型的波动处理方法是一致的。

我们在研究走势的几何结构时,只关心某一时间单位内市场价格的波动区间,不再关心开盘价和收盘价,所以也就不再关心是阴线还是阳线,只要最高价和最低价一样,其形态学上的几何意义就是一样的。

如图2-1中的几种K线,由于它们的最高点与最低点相同,因此它们在形态学方面的几何意义就是一样的。

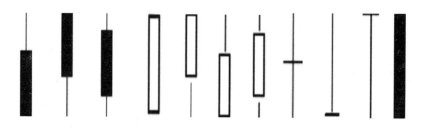

图 2 - 1

还有一种特殊情况就是开盘价、收盘价、最高价和最低价都是一个价,即"一字线"的情况。此时,形态学上的 K 线只是一个价位,表现为一根横线。

2. K 线的时间周期的大小,表示对走势研究的精度不同,周期越大,精度越低,因为其中忽略的细节越多。这里所谓的细节就是在这个时间周期内部的更小周期走势波动的几何结构。

K 线的时间周期也称为走势图的级别,它与后面要介绍的走势类型的级别不是一回事。

在不同周期图上的 K 线组合,相当于用不同放大倍数的显微镜来看待同一标的价格走势。周期越小精度越高,能够看到的细节越多。这主要与操作者的操作级别有关,级别越大,可以忽略的细节越多。如同 GDP,精确到亿的数字,对于宏观研究就够了,没有必要精确到个位数级别。

而在小级别图上看到的那些细节是低级别走势的能量积累和转化的过程,对于走势分析是十分重要的。所以缠师强调在分析股票的走势时,就如同解多元方程组一样,要多级别联立地进行。

K 线的应用:

选择什么周期的图作为分析价格走势的显微镜,这主要与你的操作级别有关系。

这里的操作级别是指走势类型的级别,因其与走势图的级别有着近似相关性,所以在不需要精确定义级别的情况下,可以用走势图级别近似地代替操作级别。但二者绝不是一回事。

K 线是用于定义最小分析周期图上分型和笔的,是定义级别的递归函数的初始值 a_0。K 线的周期不同,a_0 的初始值就不同,对走势的研究精度就不同。

从这个意义上说,K 线与最小分析周期图是一一对应的。

我们在说 K 线时,只研究其在最小分析周期图上的意义。在最小分析周期图以上的周期图上不再研究 K 线。大周期图上我们看到的是,由最小周期图上的各级别走势类型递归而来的高级别走势类型的几何结构。在研究高级别走势类型几何结构时,我们只关心次级别走势类型的高低点,而忽略其内部结构。

在我们讨论 1 分钟 K 线图上的分型时,就相当于我们把 1 分钟 K 线图当作最小分析级别图了,同理在我们讨论日线图上的分型时,相当于我们把日线当作最小分析周期了,最小分析周期以下级别的走势波动都是我们能够忍受的波动。也就是我们在讨论日线分型结构时,不再关心其内部的波动情况,只关心日内价格波动的区间而已。周期的时间跨度越大,分析的精度越粗糙。所以大周期图上的分型只能做定性的分析之用。

由于我们在定义分型的时候,用的是形态学 K 线的定义,而忽略了小级别内部能量的变化情况,所以我们在用大周期(如日线图或周线图)分型进行操作时,一定要设好止损位置,到止损位时一定要进行止损操作。这是纪律!

如果不把大周期图当作最小分析周期,其下面还可以有很多的周期。

2.1.2　动力学 K 线

缠论在研究走势趋势力度时,还是要考虑 K 线的开盘价和收盘价的。比方说后面在研究分型性质的强弱时,就考虑了 K 线的开盘价和收盘价。因此,我们把考虑开盘价和收盘价的 K 线称为动力学 K 线。

动力学 K 线可以表达多空双方战斗的结果,它的阴阳线可以给我们对下一根 K 线的走势方向的判断提供参考依据。

缠师说过,形态学 K 线的定义是构造走势几何结构的基础,是递归函数的 a_0,可以有不同的定义,比方说用开盘价和收盘价定义都是可以的。缠论取的是波动区间,即最高价与最低价之间的波动区间。

2.1.3　形态学标准 K 线

2.1.3.1　两根形态学 K 线关系的完全分类

1. 如果第 n 根 K 线的高点大于第 n－1 根 K 线的高点,同时第 n 根 K 线的低点也大于第 n－1 根 K 线的低点,则称第 n－1 根 K 线与第 n 根 K 线是向上的关系。

2. 如果第 n 根 K 线的高点小于第 n－1 根 K 线的高点,同时第 n 根 K 线的低点也小于第 n－1 根 K 线的低点,则称第 n－1 根 K 线与第 n 根 K 线是向下的关系。

3. 假设第 n 根 K 线高点为 g_n,低点为 d_n;第 n－1 根 K 线的高点为 g_{n-1},低点为 d_{n-1}。如果 $g_n \leq g_{n-1}$ 且 $d_n \geq d_{n-1}$,或者 $g_n \geq g_{n-1}$ 且 $d_n \leq d_{n-1}$,则第 n 根 K 线与第 n－1 根 K 线之间是包含关系。

如图 2－2 所示,包含关系是指相邻两根 K 线中,一根 K 线的高低点完全在另一根 K 线的范围里。可以是左 K 线包含右 K 线,也可以是右 K 线包含左 K 线。

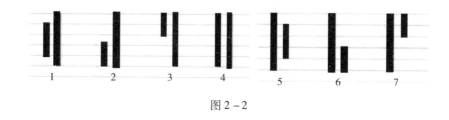

图 2-2

2.1.3.2 具有包含关系 K 线的市场意义

1. 两根 K 线之间存在包含关系时,其实是小级别处于多空双方激烈争夺较量的过程中。表明相邻 K 线时间周期内走势犹豫,没有方向性。此时多空力量的变化只能从小级别中观察。

所以,相邻 K 线间存在包含关系时,不能判断股价的运行方向。只有与其前面一根 K 线结合起来,才能判断当下多空双方的力量对比。

2. 具有包含关系的 K 线一般在小级别结构上,都会有后面要介绍的中枢延伸、扩展之类的东西。之后的过程是小级别选择方向的关键时刻,哪个方向力量大,行情就向哪个方向发展,小级别走势按中枢震荡判断处理。

3. 方向选择要以后面介绍的小级别的第三类买卖点为依据。

如图 2-3 所示的日线周期第 2、3 两根 K 线具有包含关系,而这段走势在 5 分钟图上就构成了一个中枢。在第 4 根日 K 线选择向下的方向时,出现了一个第三类卖点。

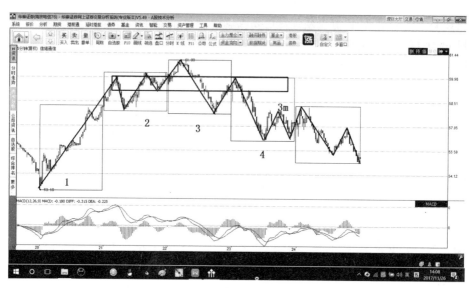

图 2-3

操作上,两根 K 线存在包含关系时,无论是持股的还是持币的,都可以按原计划操作,直到出现次次级别图上的第三类买卖点为止。

2.1.3.3 标准 K 线的定义

我们把任意两个相邻形态学 K 线之间不存在包含关系的 K 线称为标准 K 线。

两根标准 K 线关系的完全分类:任意两根相邻的标准 K 线之间只存在向上或向下两种关系。

那么如何把任意两根具有包含关系的相邻的形态学 K 线处理成为标准 K 线呢?

1. 两根 K 线高低点的取值精度要统一。

我们把 K 线的取值精度默认为我们可以得到的数据的最大精确度。

2. 确定合并后新 K 线高低点。

在处理有包含关系的 K 线时,要先在具有包含关系的第 1 根 K 线前面找到第 0 根标准 K 线,作为确定合并后新 K 线方向的参照物。

如果 01 是向上关系时,如图 2-4 所示,把相邻两根具有包含关系的 K 线的高点中较高的那个点当作合并后新 K 线的高点,而将这两根相邻 K 线中低点中的较高的那个点当作合并后新 K 线的低点,这样就把两 K 线合并成一根新的 K 线了,简称为取"高高"。

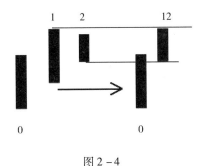

图 2-4

如果 01 是向下关系时,如图 2-5 所示,把相邻两根具有包含关系的 K 线的高点中较低的那个高点当作合并后新 K 线的高点,而将这两根相邻 K 线中低点中的较低的那个低点当作合并后新 K 线的低点,这样就把两根具有包含关系的 K 线合并成了一根新的 K 线,简称为取"低低"。

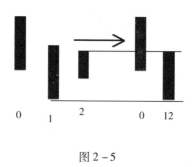

图 2 - 5

注:新股上市时,发行价作为第一根 K 线。

3. 多根 K 线间包含关系的处理要遵循时间不可逆原则,顺序处理。

如果合并后的新 K 线与其后的 K 线不再有包含关系,则这根新 K 线即成为一根标准 K 线,否则继续以同样的方法,按时间顺序做包含关系处理,直到成为标准 K 线为止。

结合律是缠论中最基础的,在 K 线的包含关系中当然也需要遵守,而包含关系不符合传递律。也就是说,第 1、2 根 K 线是包含关系,第 2、3 根也是包含关系,但并不意味着第 1、3 根就有包含关系。因此在 K 线包含关系的分析中,要遵守时间不可逆原则,就是先用第 1、2 根 K 线的包含关系确认新的 K 线,然后用新的 K 线去和第 3 根比,如果有包含关系,继续用包含关系的处理方法处理成新的 K 线,如果没有,就按标准 K 线去处理。

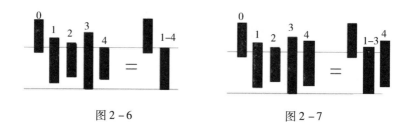

图 2 - 6   图 2 - 7

如图 2 - 6 所示,1、2 两根 K 线包含关系处理后的新 K 线 1 - 2 与第 3 根 K 线仍然存在包含关系,继续包含关系处理后的新 K 线 1 - 3 与第 4 根 K 线还有包含关系,那么顺序包含处理的结果最终是 1 - 4 这根 K 线。

如图 2 - 7 所示,1、2 两根 K 线包含关系处理后的新 K 线 1 - 2 与第 3 根 K 线仍然存在包含关系,继续包含关系处理后的新 K 线 1 - 3 与第 4 根 K 线没有包含关系,那么顺序包含处理的结果最终是 1 - 3 这根 K 线。

4. 对于一字K线的包含关系的处理:

(1)一只股票开盘就封涨停并且全天没打开过以涨停报收,可以把当天所有的K线依次全部合并为一根K线,也就是说当天的走势就可以看成是一个跳空缺口加一根K线了。

(2)如果一字线在腰部,向下包含如图2-8所示。向上包含如图2-9所示。

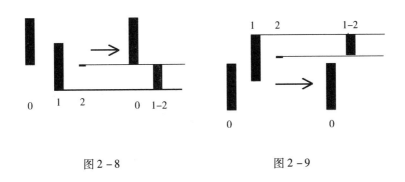

图2-8   图2-9

(3)如果一字线在端部,向下包含如图2-10所示。向上包含如图2-11所示。

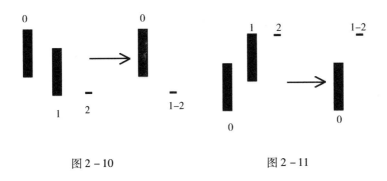

图2-10   图2-11

三根相邻的标准K线组合只有如图2-12所示的顶分型、底分型、上升K线和下降K线等四种形态。趋势非常清晰。

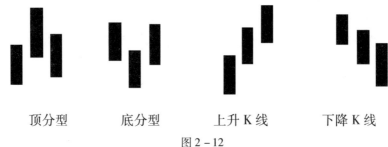

顶分型　　　　底分型　　　　上升 K 线　　　　下降 K 线

图 2 – 12

从 K 线的标准化处理过程看缠论的当下性：

后面要介绍的分型是以标准 K 线为基础的,分型是中枢与走势级别递归定义的一个启始程序,其目的是为了中枢等的递归性定义中给出其最开始的部分。

包含关系的定义是最精确的几何定义,只要按照定义来,没有任何图是不可以精确无误地、按统一的标准去找出标准 K 线的。注意,这种定义是可以在当下或任何时候明确无误地给出唯一答案的,这答案与时间无关,与人无关,是客观的,不可更改的,唯一的要求就是被分析的 K 线已经走出来。

一根标准 K 线在没有完成之前,是不能确定其高低点的位置的。只有标准 K 线完成了,它才能作为一个独立的结构组件,来参与走势结构的构建。尤其是在构建后面要定义的分型的时候更应该注意这一点。

如果当下那根 K 线还没走出来,那么具体的分析就无法进行,因为无法确认相邻 K 线的关系。

标准 K 线不能完全确认,分型就找不出来,相应的后面要介绍的笔、线段、1分钟级别中枢、1 分钟级别走势类型等就不可能划分出来,这样走势就无法分析了。

而一旦当下的标准 K 线走出来,就可以当下按客观标准唯一地找出相应的分型结构,当下的分析和事后的分析是一样的,分析的结果也是一样的,没有任何的不同。因此,当下性,其实就是缠论的客观性。

从这里我们可以得出一个结论,就是在用分型操作或分析的时候,一定要等分型完成才可以进行。

2.2　分型

对于三根相邻的标准 K 线而言,第二根 K 线高点是相邻三根 K 线高点中最高的,而低点也是相邻三根 K 线低点中最高的。我们把这种结构称为顶分型。

对于三根相邻的标准 K 线而言,第二根 K 线低点是相邻三根 K 线低点中最低的,而高点也是相邻三根 K 线高点中最低的。我们把这种结构称为底分型。

顶分型的最高点叫该分型的顶,底分型的最低点叫该分型的底,由于顶分型的底和底分型的顶是没有意义的,所以顶分型的顶和底分型的底就可以简称为顶和底。也就是说,当我们以后说顶和底时,就分别是说顶分型的顶和底分型的底。

1. 分型三元素的定义

按照时间不可逆原则,我们把构成分型中间的那根标准 K 线,称为构成分型的第二元素,其左边的那根标准 K 线,称为构成分型的第一元素,右边的那根标准 K 线称为构成分型的第三元素。注意,这里有一个未来函数的意思,即第三元素没走出来前,第一元素和第二元素就无法定义。

2. 分型的边沿的定义

构成顶分型的第一元素的低点,称为顶分型的下边沿。构成底分型的第一元素的高点,称为底分型的上边沿。

操作上,分型的边沿对股价有支撑或压力作用。

缠师解盘时说过,对于超短线,看好 30 分钟或者 60 分钟形成底分型上边沿的位置是否能有效站住,一旦站不住,超短线依然要继续下探。这一简单的招数,用在日线上曾经让我们多少次短线操作最终能胜利大逃亡,一定要把握好。当然,如果你对缠论有很深入的认识,有更精确的方法(注:小级别背驰),但对一般性的操作,这招数简单又有效率,不把握就浪费了。

3. 分型区间的定义

我们把构成分型的三元素之间的价格波动幅度称为分型区间。即在顶分型中,分型区间就是顶的最高点到顶分型左右两个元素低点中的最低点间的价格波动范围;在底分型中,分型区间就是底的最低点到底分型左右两个元素高点中的最高点间的价格波动范围。

分型区间的边沿对股价的运行具有压力或支撑作用。

缠师解盘:如图 2-13 所示,由于这次的底分型范围(注:这里是指分型区间)的上沿在 4672 点,所以 4195 点上来的走势最终是否延伸为笔,关键在 4672 点的站稳。因为笔的最基本条件就是顶分型和底分型之间必须有不重合的部分,1 月 23 日那个底分型,就是因为后面不能突破站住 1 月 22 日高点 4818 点,所以使得后面的走势没有向上延伸为笔,进而原来的向下笔继续延伸,形成后面的下跌。因此,从最技术化的角度,4672 点是一个关键的位置。

图 2 - 13

分型定义解析：

1. 分型是指在最小分析周期图上，构成转折形态的最小结构单位。它是中枢与走势级别递归定义的一个启始程序，是构成后面的笔、线段、中枢和走势类型结构的基础构件，是转折的起始点。

2. 由于分析精度的不同，各周期图都可以当作最小分析周期图，所以每个周期图上都可以定义分型。

3. 有关分型的所有定义都是在标准 K 线基础上定义的。

分型等于是确定递归函数的最小分析级别 a_0，这完全可以随意设计，如何设计都不会影响到唯一分解定理的证明。

现在这种使用标准 K 线设计的方法，一定是所有可能设计中最好的，这使得后面将介绍的笔出现的可能性最大并把最多的偶然因数给消除了，使得实际的操作中更容易把走势分解。

分型不需要任何假设，只需要符合定义就可以，是否符合，只有唯一的答案。

分型的应用：

1. 站在分型的角度，底部就是构成底分型的那个区间。而跌破分型最低点意味着底部构造失败；反之，有效站住底分型区间上边沿，就意味着底部构造成功并至少展开一笔向上的行情。顶部反之亦然。

用分型的角度给出顶底的概念，粗糙了一点，对一时把握不了精确走势类型分类的，这是一个将就的办法；此外，一般性分析中，这方法也可以用，因为对把握大方向已经足够。底部是有级别的，日线图上的底分型对应着分型意义上的日线级别的底部。

2. 一个分型成立后,顶底构建成功与否的边界条件就是能否有效突破分型区间的上下边沿。所谓有效就是在小级别上一定要形成后面介绍的第三类买卖点。

例如缠师解盘:只要继续新低就不可能出现底分型,意味着底部构造失败,原趋势延续。

今天(2007 - 12 - 17),并没有构成日线的底分型,只是制造了一个典型的包含关系。由于离周五低位很近,所以只要明天比周五低,那么就意味着5209 点开始的下跌笔依然要延续。

其实,根本无须等到收盘才知道底分型不能构成,因为要构成底分型,就是要比周五的最高位置还要高,而大盘开盘就低开,因此,只要大盘不红盘,怎么折腾都可以去睡觉,底分型都不能构成,当然也是一个睡觉的局面。

由于目前在周线上,周的底分型没有被确认,而日线的底分型又没有被构成,所以后面就是首先等日底分型的构成,这是必须首要完成的。当然,周线的底分型如果最终不能确认,那么大盘无疑就必须面对再次的破位,一个必然的事情就是,大盘要走出中级的底部,一个必要的前提就是周底分型的确认,如果这位置确认不了,也会下一台阶去构成并确认,这是技术上的必然要求。

站在5010 点上下的中枢震荡来说,现在要面临着出现第三类卖点的巨大威胁,一旦第三类卖点确认,大盘新低是不可避免的。

2.3　笔

笔是一个比分型大的几何构件,它是构成线段的基础构件。如果笔划分不正确,会直接导致线段划分错误,线段划分错误则整个市场的走势结构必然表达不清楚,从而会影响到完全分类的边界条件确定,因而也就无法对市场的走势进行正确的解析。

所以正确地掌握笔的划分,对于识别市场的基本形态尤为重要。

2.3.1　笔的基本概念

由至少一根标准 K 线连接的相邻顶和底之间的价格波动区间称为笔。

笔的终结:当一个反向的笔形成时,原方向的笔宣告结束。否则原笔会一直延续下去,即反向的笔没有形成前原笔是不会结束的。

定义解析:

笔的定义中包含了两部分的内容,一部分是指波动空间,一部分是指几何结构。

波动区间是指一笔中最高点到最低点间的价格波动空间。所以一笔结束后,我们可以用一根连接笔两端的线段来表示这一笔的波动范围,而忽略一笔的内部波动的细节。

几何结构就是指一笔之间至少有三个独立的几何构件,一个底分型,一个标准 K 线和一个顶分型。

连接顶底之间的标准 K 线可以在分型之间的任何位置,如图 2 - 14 所示,只要是标准 K 线即可。可以是一根标准 K 线,也可以是多根标准 K 线。

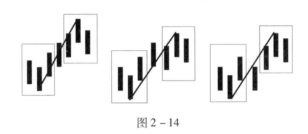

图 2 - 14

根据笔终结的定义,我们可以得出笔定义中"至少"一词的含义。它是指一笔中可以用无数根标准 K 线来连接两个相对的分型。换言之,顶底之间可以存在着无数个不构成笔的分型结构。

再引申一步,那些不构成笔的分型结构中隐藏着次级别以下级别的内部结构。一般情况下,一笔之中都会看到明显的次级别结构。

2.3.2 笔成立的基本条件

1. 根据笔的定义,一笔的顶底之间至少要有 5 根标准 K 线。因此顶底之间没有达到 5 根标准 K 线是不能成笔的。如图 2 - 15 中 AB、BC 和 CD 都不成笔。

图 2 - 15

2. 对连接顶底之间的标准 K 线的要求:没有顶分型没有顶,没有底分型就没有底,所以笔的两个端点一定是一笔中的最高点或最低点。因此顶和底不是一笔中的最高或最低点是不能成笔的。即连接顶底分型之间的这根标准 K 线上不能过顶,下不能过底。如图 2 - 16 所示由于 C 高于 B,D 低于 A,所以 BD 不能成笔。

图 2 – 16

3. 如果前后两分型是同一性质的,而且其间不构成反向的一笔,对于顶,前面的低于后面的,如图 2 – 17 所示,只保留后面的;对于底,前面的高于后面的,只保留后面的。如果前后两个同性质的顶或底是相等的,如图 2 – 18 所示,要保留第一个。

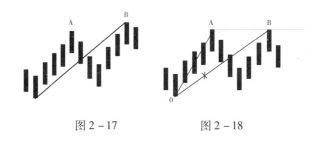

图 2 – 17　　　　　　图 2 – 18

4. 笔的修正:

修正的标准就是上面提到的第 3 条,一笔中的最高点和最低点是这一笔的起始点和结束点。即顶必须接着底,或底必须接着顶。

一笔的端点一定是这个波动区间的最高点和最低点,向上的一笔 A 结束后,反向的一笔 B 结束时没有破前一笔 A 的起始点,返身向上创新高时向上的走势不成笔,然后向下形成一笔破了 B 的结束点,那么中间的向下的笔 B 无效,向上的笔 A 延续至更高的顶分型的顶点。如果向上的走势构成笔,则中间反向的笔 B 有效。反之亦然。

也就是说,一笔形成后,接下来在反向没有成笔的情况下就创了新高或新低,此时要对原来画的笔进行修正。如果成笔了,则不用进行修正。如图 2 – 19 所示。

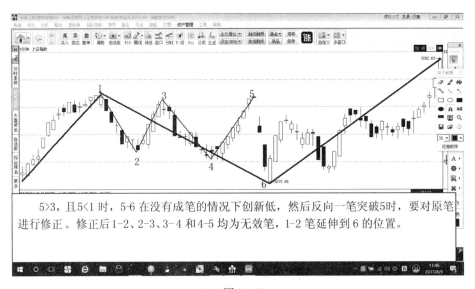

5>3，且5<1 时，5-6 在没有成笔的情况下创新低，然后反向一笔突破5时，要对原笔进行修正。修正后1-2、2-3、3-4 和4-5 均为无效笔，1-2 笔延伸到 6 的位置。

图 2 - 19

5. 前面的分型区间完全包含后面的分型区间的不能成笔。如图 2 - 20 所示。

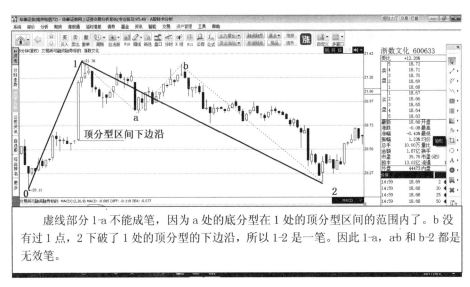

虚线部分 1-a 不能成笔，因为 a 处的底分型在 1 处的顶分型区间的范围内了。b 没有过 1 点，2 下破了 1 处的顶分型的下边沿，所以 1-2 是一笔。因此 1-a，ab 和 b-2 都是无效笔。

图 2 - 20

6. 后面的底分型区间包含前面的顶分型区间是可以接受的，说明后面一笔的反弹力度很大。后面的顶分型区间包含前面的底分型区间同样是可以接受的，说明后面一笔的下跌力度很大。如图 2 - 21 所示。

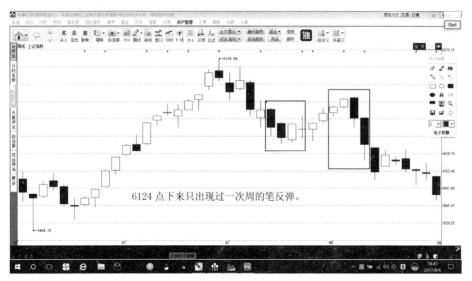

图 2 – 21

2.3.3 新笔的定义

考虑到不同交易软件中,数据传输的速度存在的差异性,缠师计算过能量力度,觉得可以把笔的成立条件略微放松一下,就是一笔必须满足以下两个条件:

1. 顶分型与底分型经过包含处理后,不允许共用 K 线,也就是不能有一 K 线分别属于顶分型与底分型,这条件和原来是一样的,这一点绝对不能放松,因为这样,才能保证足够的能量力度。

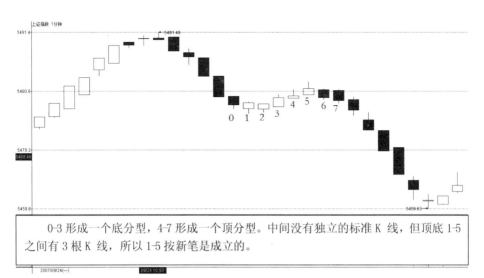

0-3 形成一个底分型,4-7 形成一个顶分型。中间没有独立的标准 K 线,但顶底 1-5 之间有 3 根 K 线,所以 1-5 按新笔是成立的。

图 2 – 22

27

2. 在满足 1 的前提下,顶分型中最高 K 线和底分型的最低 K 线之间,不考虑包含关系,至少有 3 根以上 K 线。显然,第二个条件,比原来分型间必须有独立 K 线的一条,要稍微放松了一点。如图 2 - 22 所示。

3. 4 根 K 线成笔的情况

光是顶和底,中间没有其他 K 线,一般来说,最好不算一笔。但有一种情况例外,即 9 点 25 分集合竞价开出的第一根 K 线。这种情况虽然只有 4 根标准 K 线,但是用后面介绍的新笔的定义也可以确认一笔的成立。

缠师答疑:

Q:如图 2 - 23 所示,36 - 37 怎么回事,能说说不? 看着 36 - 37 没有 3 笔呀,下上下,后面那个下,不能成为 1 笔。难道是缺口的缘故?

图 2 - 23

A:为什么不是? 9 点 25 那一分钟不算了? (注:一分图上不显示 9 点 25 分的 K 线,自己加上)。当然,如果一定要坚持 9 点 25 那竞价不算,那么自然不是一笔,那就把线段标记到 4915 点那最高点就可以。但事实上 9 点 25 必须算,竞价是最重要的时刻之一,这里的意义重大,而且,这里刚好形成下面中枢的第三类买点,后面上拉的技术意义更明确了。

4. 顶底之间不足 3 根 K 线不成笔。如图 2－24 所示。

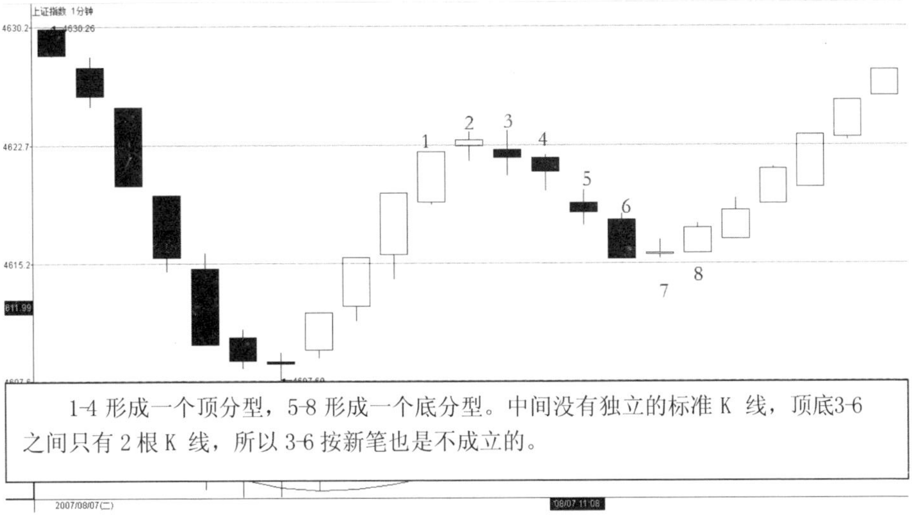
上证指数 1分钟
4630.2
4630.26
4622.7
4615.2
1
2
3
4
5
6
7
8
1-4 形成一个顶分型，5-8 形成一个底分型。中间没有独立的标准 K 线，顶底3-6 之间只有 2 根 K 线，所以 3-6 按新笔也是不成立的。
2007/08/07(二)
08/07 11:08

图 2－24

为什么可以定义新笔?

新笔的定义并不影响对整个走势的分析。在实际的分类中,我们之所以必须要从分型和笔开始,最后由线段构成最小级别的中枢(即 1 分钟中枢),其中一个原因,就是到了最小级别的中枢的层次,这种微小测量误差造成的差异就可以尽量地抹平了。而到了更大级别的中枢,这些差异对结构的影响就不再存在了。当然,这不是分型、笔、线段的主要功用,但也是其中之一。

从新笔的定义可以给出一个结论:缠论是可以进行最精确的研究的,而且这种研究是绝对科学客观的,只和分析的具体图有关,只要是同一个软件的同一张图,就有绝对唯一的答案,在这个答案面前,无论是谁都一样平等。并不因为缠师研究出了这理论,缠师就有任何权威,在理论面前,人人一律平等,缠师也有出错的时候,但缠论是不会错的,结论是唯一客观的。

在一个具体的分析中,一定要坚持用同一套软件的同一个数据源,这样,数据的连续性是保持在同一规范下的。不同软件的数据不同导致的不同划分,不会实质影响大的级别划分,站在实际操作层面,至少要在 1 分钟级别上讨论操作问题,所以这样的测量误差,是在可接受范围内的。测量误差,是不影响理论的统一性与严谨性的。

其实,这样做只是为了让各位能明白真正的划分,如果你真明白了划分的原则,不看也可以,根据自己系统的数据,都有唯一正确的答案。

分型、笔、线段，都是最基本的准备，关键还是通过这去分辨出更高级别的走势类型，那才是操作的关键之处。

缠师说过，新笔的定义是为了不同软件间可以减少差异，因为，一笔中 K 线的根数肯定是一样的，这样，就不会因为一些微小的差别导致不同的结果。而且，分辨起来更简单，所以，可以用新标准。其他都不需要改变。缠师自己一直用老标准，因为缠师从来只用一套软件。但这理论公开，就有一个适应性的问题，毕竟不能要求所有人只用一套软件，所以稍微改改，又不影响最终的判断，没什么关系。

新笔概念的给出，等于对笔形成的基本条件做了修正。

2.3.4 缺口成笔

1. 缺口就是在 K 线图上两相邻的 K 线间出现没有成交的区间。

缺口的回补是指在缺口出现后，该缺口区间最终全部再次出现成交的过程。这个过程，可能在下一 K 线就出现，也可能永远不再出现。

根据缺口的是否回补，就构成了对走势行情力度的一个分类。

（1）不回补，这显然是强势的。

（2）回补后继续新高或新低，这是平势的。

（3）回补后不能新高、新低，因而出现原来走势的转折，这是弱势的。

一般来说，突破性缺口极少回补，而中继性缺口，也就是趋势延续中的缺口，回补的几率对半，但都一定继续新高或新低，也就是至少是平势的。

一旦缺口回补后不再新高、新低，那么就意味着原来的趋势发生逆转，这是衰竭性缺口的特征，一旦出现这种情况，就一定至少出现较大级别的调整，这级别至少大于缺口时所延续的趋势的级别。

也就是说，一个日线级别趋势的衰竭性缺口，至少制造一个周线级别的调整。而一个 5 分钟级别的衰竭性缺口，至少制造一个 30 分钟级别的调整。

注意，这里的级别和缺口所在的 K 线图无关，只和缠论中的走势类型级别有关。

显然，日 K 线图有缺口，在日线以下的任何周期的 K 线图都会相应有缺口，而回补日线的缺口，不一定能回补日线以下周期 K 线图上的缺口。

在盘整走势中的缺口，与在趋势中的缺口性质不同，属于普通缺口，这种缺口，一般都会回补，而且没有太大的分析意义，唯一的意义，就是在中枢震荡中有一个目标，就是回拉的过程中，几乎肯定能至少拉回补掉缺口的位置。

2. 缺口的处理

（1）普通缺口：如果缺口没有跳空在前一笔的起始位置之外，而是顺着前一笔下来的，即为一般性跳空缺口。这种情况笔还是笔。

（2）如果缺口没有跳空在前一笔的起始位置之外，而是在分型的第一元素与第二元素之间有跳空缺口的情况，要按第一元素是长 K 线处理。如图 2-25 所示。

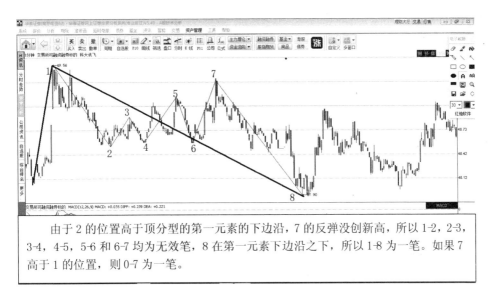

由于 2 的位置高于顶分型的第一元素的下边沿，7 的反弹没创新高，所以 1-2，2-3，3-4，4-5，5-6 和 6-7 均为无效笔，8 在第一元素下边沿之下，所以 1-8 为一笔。如果 7 高于 1 的位置，则 0-7 为一笔。

图 2-25

（3）如果缺口是开在前一笔起始位置以外，不够 5 根标准 K 线也是可以成笔的。如图 2-26 所示，缺口跳空于前一笔起始位置之外，4 根标准 K 线成笔。

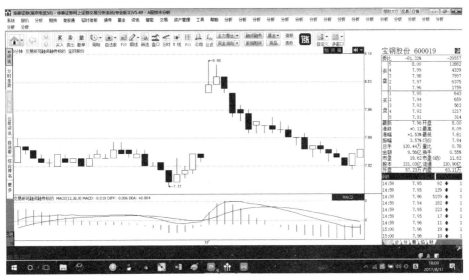

图 2-26

（4）对于跳空于前一笔起始位置之外的较大的缺口可以当跳空成笔来处理。即反向的一笔只要有5根标准K线就可以成笔。不需要考虑顶分型在底分型区间内的问题。如图2-27所示。

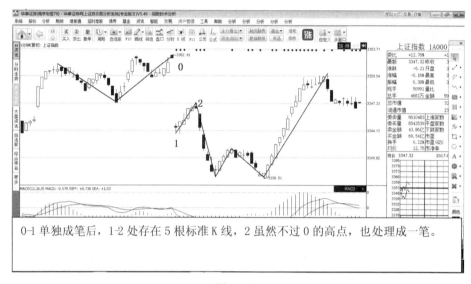

0-1单独成笔后，1-2处存在5根标准K线，2虽然不过0的高点，也处理成一笔。

图2-27

2.3.5 笔划分的步骤

1. 笔划分的基本步骤

第一步：将K线处理成标准K线。

第二步：用标准K线确定顶分型或底分型。

第三步：按照笔成立的基本要求确定一笔中的顶和底。这里要求顶到底或底到顶满足笔成立的基本条件。

第四步：对于需要修正的笔，不要忘了对其进行修正。

按照上面的原则将顶底之间连成一笔。这样反复下去就可以把整个走势图按照底接顶，顶接底的原则唯一划分成向上笔与向下笔的连接了。

2. 笔划分的唯一性证明

在确定笔的过程中，必须要满足上面的条件，这样可以唯一确定出笔的划分。这个划分的唯一性很容易证明，假设有两个都满足条件的划分，这两个划分要有所不同，必然是两个划分从第N-1笔以前都是相同的，从第N笔开始出现第一个不同，这个的N可以等于1，这样就是从一开始就不同。那么第N-1笔结束的位置的分型，显然对于两个划分的性质是一样的，都是顶或底。对于是顶的情况，那么第 N 笔,其底对于两个划分必然对应不同的底分型,否则这笔对两个划分就是相同的,这显然矛盾。由于分型的划分是唯一的,因此,这两种不同的划分里在第 N 笔对应的底分型,在顺序上必然有前后高低之分,而且在这两个底之间不可能还存在一个顶,否则这里就不是一笔了。

如果前面的底高于后面的底,那么前面的划分显然是错误的,因为按这种划分,该笔是没有完成的,一个底不经过一个顶后就有一个更低的底,这是最典型的笔没完成的情况。如果前面的底不低于后面的底,在下面一个顶分型出现前,就有一个底分型低于前面的底,那么,这两种划分都是不正确的,所划分的笔都是没完成的;如果下面一个顶分型出现前,没有一个底分型低于前面的底,那么下面一个顶分型,必然高于前面的底,因此,前面的底和这个顶分型就是新的 N + 1 笔,因此,第 N 笔和第 N + 1 笔就有了唯一的划分,这和第 N 笔开始有不同划分相矛盾。

关于第 N − 1 笔结束的位置的分型是底的情况,可以类似去证明。

综上所述,显然,笔的划分是唯一的。这样所有的走势,都可以唯一地分解为上下交替的笔的连接了。

2.3.6 笔的用法

一个走势形成向上笔以后,在顶分型确立之前,行情就会一直延续,一定要持有到顶分型成立再走。反之亦然。

也就是说在实际操作中,如果在操作级别的走势图上,没有顶分型,那你就可以持股待涨,等顶分型出来再说。反之,没有底分型,就持币等待。也就是说分型是转折的开始。

例如缠师解盘:从月线看中期走势演化,底分型成立前下跌笔不会结束。

现在如图 2 − 28 所示,2008 年 8 月这月 K 线基本走出来了,显然,9 月是否能构造出底分型,关键是看这个区间(2284,2952),其中 2284 点是绝对不能破的,一旦破了,就马上宣告月底分型至少要到 10 月后才有戏。因此,即使 9 月没到,我们已经可以有一个大致的操作强弱分类空间了,只要回 2284 点不破的任何分型意义上周级别以下走势,都必然成为一个良好的短线买点,而且其中可以充分利用类似区间套的方法去找到最精确的买入位置。

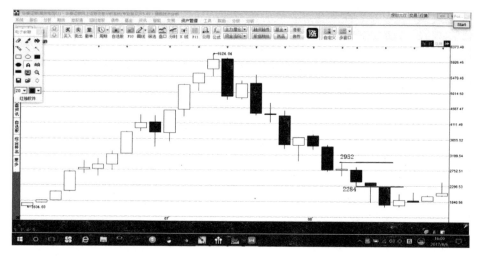

图 2 - 28

同样,马上可以断言的是,在 10 月有效确认站住 2952 点前,月线意义上的行情是没有的,最多都只能看成是分型意义下月线级别的底部构造过程。因此,这对我们操作参与的力度与投入就有了一个很明确的指引。

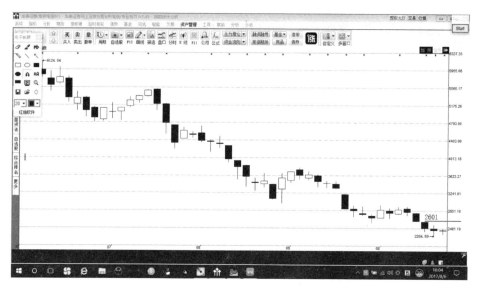

图 2 - 29

对于一般投资者,月线图太大了,因此可以看周线图 2 - 29,例如,本周与上周比,到目前为止就是一个包含关系,因此,下周关键的是能否构成底分型,而真正要走出底部,那还需要对(2284,2601)突破有效的确认,也就说,在中秋前,要确认一个分型意义下的周线行情是不可能的,除非今天,本周最后一天能突然突破2523点,否则就绝对不可能了。

2.4 相邻周期分型和笔的表里关系

在走势中,笔在不同级别K线图上的相应判断,就构成了一个表里相关的判断。一个最简单的笔,里面包含了什么必然的结论?

一个最显然又有用的结论就是:

缠中说禅笔定理:任何的当下,在任何时间周期的K线图中,走势必然落在一确定的具有明确方向的笔当中(向上笔或向下笔),而在笔当中的位置,必然只有两种情况:一、在分型构造中;二、分型构造确认后延伸为笔的过程中。

根据这个定理,对于任何的当下走势,在任何一个时间周期里,我们都可以用两个变量构成的数组精确地定义当下的走势。第一个变量,只有两个取值,不妨用1代表向上的笔,−1代表向下的笔;第二个变量也只有两个取值,0代表分型构造中,1代表分型确认延伸为向上笔的过程中。

例如(1,1)这就代表着一个向上的笔在延伸之中,(−1,1)代表向下的笔在延伸中,(1,0)代表向上的笔出现了顶分型结构的构造,(−1,0)代表向下的笔出现底分型的构造。

任何的当下,都只有这四种状态,这四种状态描述了所有的当下走势。更关键的是,这四种状态是不能随便连接的,例如(1,1)(向上笔)之后绝对不会连接(−1,1)(向下笔)或者(−1,0)(底分型),唯一只能连接(1,0)(顶分型)。

同样,(−1,1)(向下笔)只能连接(−1,0)(底分型);而(1,0)(顶分型)有两种可能的连接:(1,1)(向上笔)、(−1,1)(向下笔);(−1,0)(底分型)有两种可能的连接:(−1,1)(向下笔)、(1,1)(向上笔)。

有了上面的分析,我们就很容易进行更复杂点的分解。考察两个相邻的时间周期K线。

例如1分钟和5分钟的。如果5分钟里是(1,1)(向上笔)或者(−1,1)(向下笔)的状态,那么1分钟里面的任何波动,都没有太大的价值,因为无论这种波动如何大,都没到足以改变5分钟(1,1)(向上笔)或者(−1,1)(向下笔)状态的程度,这里就对1分钟的波动有了一个十分明确的过滤作用。如果你是一个最少关心5分钟的操作者,你根本无须关心这些无聊的波动。

此外,如图2−30所示如果5分钟是(1,1)(向上笔),1分钟也是(1,1)(向上笔),那么,5分钟是断无可能在其后几分钟内改变(1,1)(向上笔)模式的,要5分钟改变(1,1)(向上笔)成为(1,0)(顶分型),至少要在 1 分钟上出现(1,0)(顶分型)或(-1,1)(向下笔),而在绝大多数的情况下,都是必然要出现(-1,1)(向下笔)的。

图 2-30

因此,对于 5 分钟的笔状态,1 分钟的笔状态可能导致 5 分钟笔状态的改变,就是一种警告的状态。

例如,对于 5 分钟的(1,1)(向上笔),1 分钟出现(1,0)是一个小的警告。但这个警告如果只出现在 5 分钟的 1 个 K 线里,那么不足以终结 5 分钟的结构,所以这个警告不会造成实质的影响。

如果这个 1 分钟的(-1,1)(向下笔)被确认了,那么一个重要的警告就成立了,这就是将向改变发展了。但这个 1 分钟的(-1,1)(向下笔)出现并导致 5 分钟的(1,0)(顶分型)在形成中,就是一个警告向转变发展了。当 5 分钟的(1,0)(顶分型)也确认向(-1,1)(向下笔)发展时,就确认已经转变了。

这种分析,同样可以应用在日线与周线的关系上。

下跌的四种程度:

第一恶劣是最恶劣的,如图 2-31 所示,周线是(-1,1)(向下笔),日线也是(-1,1)(向下笔)。

图 2-31

第二恶劣是次恶劣的,如图 2-32 所示,周线是(-1,1)(向下笔),日线是
(-1,0)(底分型)。

图 2-32

第三恶劣也是次恶劣的,如图 2-33 所示,周线是(-1,0)(底分型),日线是
(-1,1)(向下笔)。

图 2 - 33

第四恶劣是可能出现转机的,如图 2 - 34 所示,周线是(- 1,0)(底分型),日线是(- 1,0)(底分型)。

图 2 - 34

当然,只是笔这重表里关系,不足以精确地诊断市场走势。可能在这重关系中的警告,站在别的关系下就看出已是转折了。因此,必须再研究另外的表里关系。

更重要的是,不同的表里关系之间还是有生克关系的。只有在这个层面上,才能算初步沾了一点分析的边。显然,所有问题都集中在(1,0)或(-1,0)之后怎么办。如果这两种情况后只有一种情形,那当然不错,可惜这世界没有这么简单。(1,0)或(-1,0)之后,都有(1,1)、(-1,1)两种可能。

以(1,0)(顶分型)为例子,(-1,0)(底分型)的情况反过来就是。(-1,0)(底分型)这个信号是绝对明确,毫不含糊的,任何人都可以唯一地去确定。

那么,同一个信号,对于不同的人,处理的方法是不同的,这和每个人的水平相关:

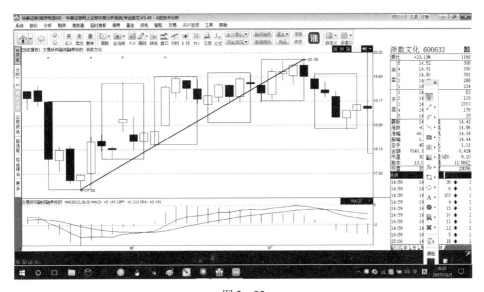

图 2-35

一、如果你震荡操作的水平一般,而又胆子比较小,又没时间,喜欢落袋为安的,那么,一个足够周期的(1,1)(向上笔)后出现(1,0)(顶分型),例如周的(如图2-35所示)或日的,这意味着已经有足够的获利空间。这时候,最简单的作法就是把成本先兑现出来,留下利润,让市场自己去选择,不费那个脑子了。

剩下的筹码可以这样操作,就是如果出现(-1,1)(向下笔),那么意味着低周期图上肯定也出现(-1,1)(向下笔),那么在这个向下笔结束后回来的向上笔只要不创新高,就可以把剩余筹码扔掉。例如周的,你可以看日或者30分钟周期的低周期。当然,还可以直接就看周的5周均线,只要有效跌破就走,这可能更简单。

二、如果你震荡操作水平比较好,就利用(1,0)(顶分型)后必然出现的震荡进行短差操作。由于都是先卖后买,所以如果发现市场选择了(-1,1)(向下笔),那么最后一次就不回补了,完全退出战斗。

注意,利用短差操作时,一定要分析好这个(1,1)(向上笔)到(1,0)(顶分型)所对应的走势类型,例如一个周线上的(1,1)(向上笔)到(1,0)(顶分型),必然对应着一个小级别的上涨趋势走势类型,至于这个级别是1分钟还是5分钟、30分钟,那看具体的图形就一目了然了。

(1,0)(顶分型)的出现,有两种可能的情形,一是该对应的上涨趋势走势类型出现明确的背驰完全地确认结束,那么整个震荡的区间,就要以上涨趋势走势类型的最后一个走势中枢为依据。只要围绕着该区间,就是强的震荡;否则,就肯定要变成(-1,1)(向下笔)了,就是弱的震荡了。弱的震荡一旦确认,最好还是不参与,等出现(-1,0)(底分型)再说了。

三、如果市场最终选择(1,1)(向上笔),那么这个(1,0)(顶分型)区间就有着极为重要的意义。这区间上下两段的(1,1)(向上笔),就可以进行力度比较,一旦出现后一段力度小于前一段,就是一个明确的见顶信号,然后根据对应的走势类型进行区间套定位,真正的高点就逃不掉了。

上面,把可能的操作进行了分类说明,方法不难,关键是应用时得心应手,这可不是光说就行的。最终能操作到什么水平,就看各位自己磨炼的功夫了。

2.4.1 本级别图上的相邻两个顶底分型之间必然对应着次级别图上的一笔

从上面的相邻周期分型和笔的表里关系中,我们可以得到这样一个推论:1分钟一笔的形成,在5分钟图上未必形成一个顶分型;但5分钟图上的分型成立就意味着1分钟图上必然会形成一笔。

1. 本级别图上的相对分型间的走势对应着次级别图上的一笔。反过来次级别图上的一笔不一定对应着大级别图上的一个相对分型。

(1)本级别的一笔在次级别图上也表现为一笔。这种情况下本级别顶底之间没有其他的分型存在。实际上也是等于大级别图上的相对分型间等于次级别图上的一笔。

如图2-36是高德红外1708171050-1708171435期间,在5分钟K线图上是2笔,在1分钟K线图上也是2笔。

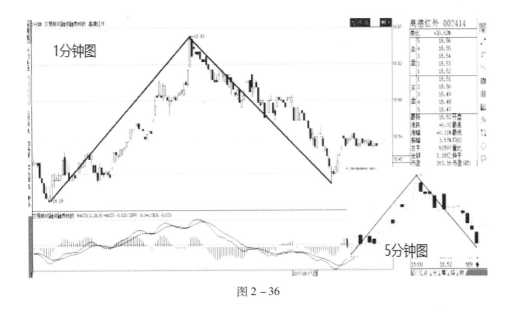

图 2 – 36

（2）图 2 – 37 是深证 B 指 201708171120 以后的走势，从中我们可以清楚地看到 5 分钟级别图上的一个分型，对应着 1 分钟级别图上的一笔。

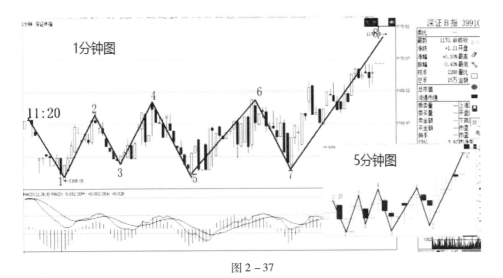

图 2 – 37

这也说明了不同周期 K 线图是不同倍数显微镜的道理。即越小周期 K 线图看到走势的细节越多。

2. 可以用本级别图去看次级别图上的走势结构。

只要本级别图上分型成立，在次级别图上就会形成一笔，在次次级别上可能会形成一个走势类型。

下面是日线顶分型如图 2-38 所示,对应的次级别以下图上的各种形态:

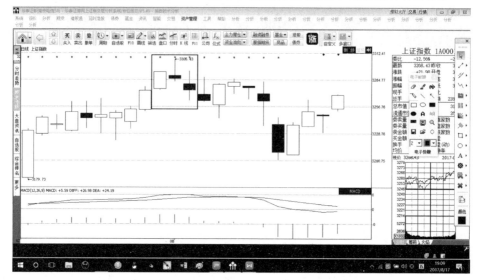

图 2-38　上证指数 20170801-0803 三天构成日线顶分型

(1)日线顶分型对应的次级别(30 分钟图)的笔,如图 2-39 所示。

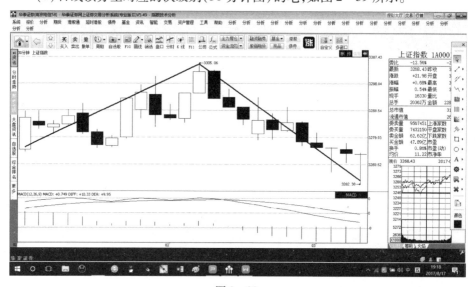

图 2-39

(2)日线分型对应次次级别(5 分钟图)的线段,如图 2-40 所示。

图 2－40

（3）日线分型对应 1 分钟图的走势类型，如图 2－41 所示。

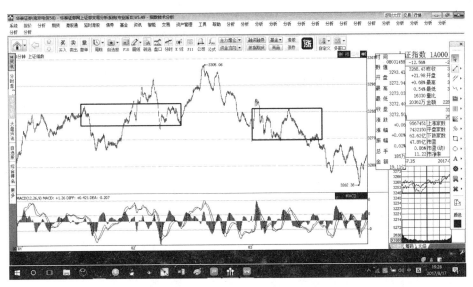

图 2－41

这个推论有什么用途呢？

1. 可以用小级别结构来判断本级别分型的性质，从而判断本级别一笔的结束。

缠师在博文中说到，对于一个中继顶分型，如果市场最终选择向上笔，那么这个顶分型区间就有着极为重要的意义。这区间上下两段的向上笔,就可以进行力度比较,一旦出现后一段力度小于前一段,就是一个明确的见顶信号,然后根据对应的走势类型进行区间套定位,真正的高点就逃不掉了。

因此,我们就可以在次级别图上运用后面我们要介绍的背驰的方法来判断本级别图上一笔的结束了。

2. 可以用本级别图定义小级别的三类买卖点。

小级别的三类买卖点一定是本级别上的某个分型的第二元素的底或顶。

比方说小级别的第二类买点就是本级别转折上来后一笔形成过程中的第二个底分型的第二元素。

如果这个底分型的第二元素在第一个底分型区间范围内,而且这个分型的第三元素带量上穿前面的底分型区间的上边沿,我们就称之为强化分型。

如图 2-42 所示,左边 5 分钟图上第一类买点的位置对应着右边 30 分钟图中 1、2、3 构成的底分型的第二元素的低点,左边 5 分钟图上第二类买点的位置对应着右边 30 分钟图中 3、4、5 构成的底分型的第二元素的低点。如果第二个底分型 (3、4、5) 的低点在第一个底分型 (1、2、3) 的分型区间内,且第二个底分型的第三元素 5 号 K 线,是带量上穿第一个底分型的分型区间的上边沿,则第二个底分型称为第一个底分型的强化分型。

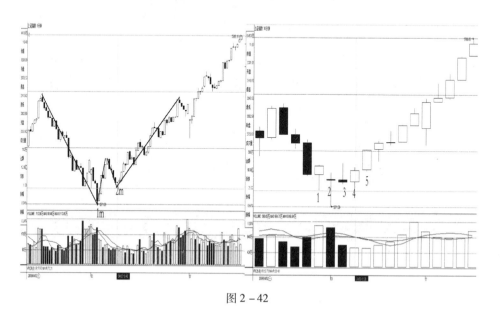

图 2-42

强化分型加强了前面分型的转折性质。强化分型具有很强的操作意义。

2.5　分型的强弱性质辨析

从笔的定义和笔成立的基本条件中我们可以看到,向上一笔中可以有若干个顶分型,只有最后一个顶分型才能结束向上的一笔,继而延续成向下的一笔;同理,向下的一笔中可以有若干个底分型,只有最后一个底分型才能结束向下的一笔,继而延续成向上的一笔。因此,分型成立后,后面的走势无非两种完全分类:

1. 成为中继型的,最终不延续成笔,继续原笔的延伸;

2. 成为转折型的,结束原来的一笔,最终延续成反向的一笔。

我们把中继可能性大的分型称为弱势分型,把转折可能性大的分型称为强势分型。

注意这里的强势与弱势是以形成转折的概率大小来划分的,但小概率的事件不等于不会发生。也就是说弱势分型也有形成一笔的可能,强势分型也有不形成笔的可能。

分型成立就意味着转折的开始,所以顶分型成立后,就意味着应该卖出了,底分型后就意味着可以买入了。

例如缠师解盘:在今天明明要构成顶分型的时候有些人还谈论轮动,虽然这顶分型最终不一定延伸为笔,但其中的风险是理论性存在的,因此这时候脑子里风险是第一位的。

对于你的操作级别而言,一旦出现顶分型,离开就是唯一的选择。顶分型以后下跌,那是天经地义的事情。至于顶分型后是否形成笔,那是离开后再判断的事情。

对于转折性分型最终延续成笔的是最理想的,例如在日线上的顶分型操作完,就等着相反的分型出来再操作了,中间可以去操作别的有买点的股票,这是效率最高的。

如果是中继,则市场的原趋势延续,要及时回补,如果是转折,要等一笔走完,出现转折性底分型后再决定是否回补。也就是说,向上的笔后形成向下笔的调整,是力度最大的调整,因此,后面在向下笔结束前,都不适宜再度介入。但一旦向下笔结束,就又有一次美妙的短差机会。

这就告诉我们用分型来操作,其目标就是本周期图上的一笔。所以考虑到 T +0 交易制度的限制,必须在较大周期的图上才行。否则有当天买入当天无法卖出的风险。

因此,一个分型出现后,如何判断它的性质是非常重要的。

2.5.1 从构成分型的三元素是否存在包含关系判断分型的性质

一个完全没有包含关系的分型结构,意味着市场双方都是直截了当,没有太多犹豫。直截了当型的分型多空力量对比明显,容易延伸成笔;包含关系意味着一种犹豫,一种不确定的观望等,一般在小级别上,都会有中枢延伸、扩展之类的东西。

一旦确认了突破的方向,后面的趋势是非常清晰的。后市的演化以小级别的第三类买卖点为依据。

第二元素存在与走势反向的包含关系时,转折的可能性很大,意味着小级别多空征战的结果已现。

例1:顶分型第二元素阴包阳预示着向下成笔的可能性很大,如图2－43所示。

图2－43

第三元素存在反向的包含关系时,转折性更大,强化了小级别多空征战的结果,如图2－44所示。

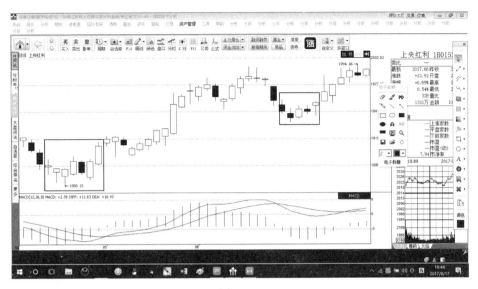

图 2 - 44

2.5.2 从形态方面判断分型的性质

分型成立后观察分型第一元素与其他分型元素的相对长度,以判断分型的强弱。

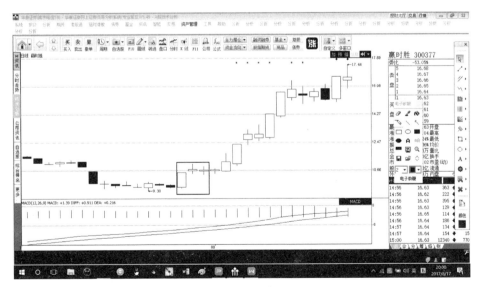

图 2 - 45

1. 如果分型第一元素是长阳线,而第二元素和第三元素都是小阴、小阳,无法向下超越第一元素的二分之一处,那么这种分型结构的转折性意义就不强。

一般来说,这种顶分型成为真正顶的可能性很小,绝大多数都是中继型的。

这就是涨停板后小阴小阳 K 线组合的股票(如图 2 - 45 所示)继续上涨的概率较大,跌停板后小阴小阳组合的股票继续下跌的概率较大的理论依据所在。

这种情况第一次出现会比较有效,类似刹车的作用。第二次、第三次出现就要随时警惕是否会形成向下的一笔了,而不是想着继续介入了。买点在小级别的第三类买点上。

2. 如果分型的第二元素是长上影甚至就是直接的长阴,而第三元素不能以阳线收在第二元素 K 线区间的一半之上,那么该顶分型的力度就比较大,最终要延续成笔的可能性就极大了。反之亦然。

如图 2 - 46 所示的顶分型后向下延伸出一笔的情况:

图 2 - 46

3. 分型第三元素如果跌破第一元素的下边沿而且不能高收到第一元素的一半之上,那么这种顶分型有着较强的杀伤力。如果第三元素是光头阴线,则此分型的转折力度更大。反之亦然。

缠师解盘:今天是月线和季线收盘,有兴趣的看看图 2 - 47,中线形势有多恶劣。(注:看顶分型的第三元素是长阴破第一元素的下边沿)这里不起来,季线上就有极大机会形成向下的笔,这意味着什么,自己想去。

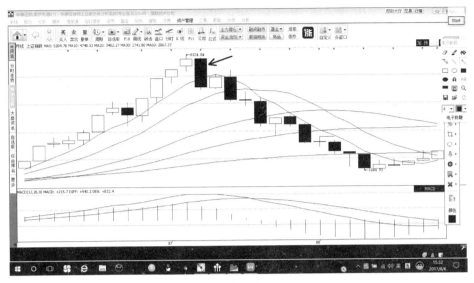

图 2－47

学东西,必须搞清楚细节。把分型上边沿站稳只不过是判断是否延伸为笔的一个简单判断法,如果说买点,必须从走势类型去判别,分型上下边沿之类的东西,最多就类似于第三买卖点,因此以这当成买卖的根据,将不时面临买后第二根K线就是转折的尴尬。道理很简单,如果抛去包含关系,6根K线就可以构成笔,而确认站稳上下边沿的那至少是第4根,而转折在第5根,这意味着什么,不是很简单的问题吗?

这就告诉我们,用分型的上下边沿判断是否延伸成笔的方法,只是一个简略的定性判断方法,难免会有一些小概率事件发生,所以应用分型操作时一定要给自己设定止损位。要想准确地确定分型的性质,最好用后面我们将介绍的小级别走势背驰或者用小级别的第三类买卖点来确认才行。

因此,各种方法,必须知道其使用范围,在什么情况下如何用是最有效率的,否则囫囵吞枣是不行的。课程里也有单纯用分型的不同级别,用类似区间套的方法确定买卖点的方法,这可不是单纯的上下边沿判别,千万别搞糊涂了。

2.5.3 从分型第三元素与5周期均线关系上判断

分型成立后,有两种演化,一种就是破5日线延伸出笔,一种就是不破5日线,反而上破顶分型。

一般来说,如果顶分型后有效跌破5日线,那就没什么大戏了,就算不用搞个笔出来,也会用时间换空间,折腾好一阵子。

如果你是中线的,就看着5周均线,看看那些牛股票,当他们中线拉升时,什么时候跌破过 5 周均线的? 一旦跌破,就是一个较大的调整了。

短线的可以看 5 日线。看 5 日线破不破一般看 3 天确认。在单边势里,没有 3 天是收在 5 日线之下的。

激进是需要技术支持的,技术达不到,可以采取相对保守的做法,例如,跌破 5 日线,除非出现特别明显的较大级别背驰,否则还是持币等待。就算重新上涨,还有第二、三类买点可以介入。

例如缠师解盘:日线上因为今天顶分型形成,但 5 日线并没有确认有效跌破,因此,并不能马上断言这个休整必然在日线上留下向下的笔,所以明后两天的 5 日线是关键,一旦有效跌破,那么休整将至少形成向下的笔,也就是至少要等到底分型出现才会结束。如果没有有效跌破 5 日线,那往往只是中继。

如果你的中线股票已经出现周底分型的确认,那么就以 5 周均线为参照持有就可以,不必太注意大盘的震荡。当然,如果你手脚特麻利,那就可以来回短跑,一般人就算了。

至于大盘和个股的关系,是另一个问题,一般来说,水平不高的,最好还是买和大盘相关度高的。水平高的,就无所谓了。

2.5.4 有小级别背驰结构支持的分型转折性更强

2.5.4.1 分型成立的心理因素

一个顶分型之所以成立,是卖的分力最终战胜了买的分力,而其中,买的分力有三次的努力,而卖的分力,有三次的阻击。用最标准的已经过包含处理的三 K 线模型:第一根 K 线的高点,被卖分力阻击后,出现回落,这个回落,出现在第一根 K 线的上影部分或者第二根 K 线的下影部分,而在第二根 K 线,出现一个更高的高点,但这个高点,显然与第一根 K 线的高点中出现的买的分力,一定在小级别上出现力度背驰,从而至少制造了第二根 K 线的上影部分。最后,第三根 K 线,会再次继续一次买的分力的攻击,但这个攻击,完全被卖的分力击败,从而不能成为一个新高点,在小级别上,大致出现一种第二类卖点的走势。

由上可见,一个分型结构的出现,必定经过了三次反复心理较量过程。底分型的情况,反过来就是。

2.5.4.2 分型与小级别结构的关系

一个日分型的出现,意味着笔中对应的小级别走势里出现较大的中枢,因此,这个分型对应的中枢位置就很关键了,这几乎决定了这分型是否是最后真正的顶或底。

如果这个顶分型对应的小级别中枢是转折上来的第一个中枢,一般不会是真正的顶,第二个以后形成转折性分型的可能性大增。日线的顶分型没有出现,1 分钟走势中的第二个中枢也没出现就是一个睡觉局面。

1. 分型是由小级别的背驰或盘整背驰造成的。

由于本级别的分型通常对应着次级别的一笔,也对应着次次级别的走势类型,因此对于有小级别背驰支持的分型来说,相当于本级别的走势对应的小级别走势发生了我们后面要介绍的盘整背驰或趋势背驰。

所以可以用 MACD 指标来辅助判断分型的强弱性质。分型出现时如果伴随着 MACD 的红绿柱子的背离,如图 2－48,那么这个分型转折的味道就相当浓了。这种情况发生时,这个分型一般不会是一笔转折下来的第一个分型,只有在第二个以后的分型,才可以在次级别图上看到线段类盘整背驰或线段类趋势背驰,在次次级别上才会有盘整背驰或趋势背驰的发生。

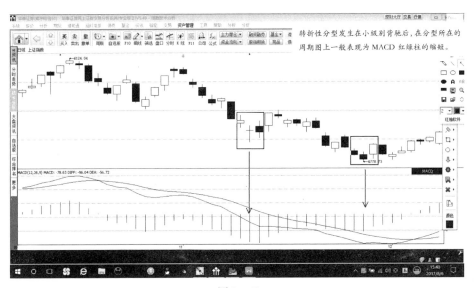

图 2－48

因此,小级别背驰段上找转折性分型是操作的关键。

2. 本质上,分型都是某小级别的第一、二买卖点成立后出现的。如果第二类卖点后小点级别下跌不形成盘整背驰,那么调整的力度肯定大,如果时间一延长,就搞出笔来了,特别日线上的向下笔,都是比较长时间的较大调整形成的,那肯定是要有效破5日线的;而第二类卖点后次级别跌破形成盘整背驰,那调整最多就演化成更大级别的震荡,其力度就有限,一般5日线不会被有效跌破。

如果你能有效地分辨中继分型,那么你的操作就会有大的进步。

2.5.5 中继顶分型的回补操作

利用分型,卖了以后一定要注意是否需要回补。一旦确认是中继的,就应该回补,否则就等笔完成再说。

1. 中继性分型回补的边界条件是小级别出现盘整背驰。如图 2-49 所示。日线上出现顶分型,在第三元素收盘时,5 分钟图上 0-1 段发生盘整背驰,则这个顶分型为中继分型,在 1 号点就可以回补。

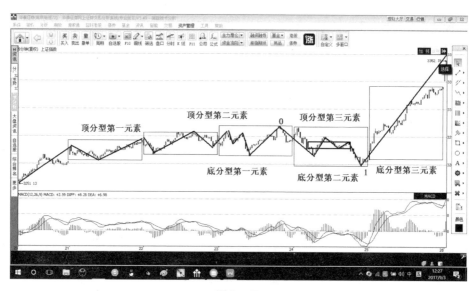

图 2-49

2. 一般来说,非盘整背驰的一定要等待趋势背驰出现才可以回补。

中继分型后如果第三类卖点后产生中枢下移,就一定会向下延伸成笔,那就一定要等小级别趋势背驰才能介入。

对于一个顶分型,该顶分型成立后,对于该分型区间在小级别里一定形成某级别的中枢,选择其中最大一个,例如日顶分型后,可以找到相应的 5 分钟中枢或 1 分钟中枢,一般最大的就是 5 分钟,30 分钟没可能,因为时间不够。如果该 5 分钟中枢或 1 分钟中枢出现第三类卖点,并该卖点不形成中枢扩张的情形,那么几乎 100% 可以肯定,一定在日线上要出现笔了。可以 100% 肯定的,要不出现笔并最终有效破坏该顶分型,那一定要出现某级别的第三类买点,否则就算有短时间的新高,也一定是假突破。

所以结合小级别的中枢判断,顶分型是否延伸为笔,是可以当下一目了然的。

一般来说,中继分型后如果第三类卖点后产生中枢下移,会在本级别图上看到一根标志性 K 线,而且如图 2-50 所示,这根标志性 K 线一定会产生在第三类买卖点之前。

如果是中继底分型,这根标志性 K 线应该是一根涨幅明显放大的带量阳线,如果是中继顶分型,则这根标志性 K 线,应该是一根跌幅明显放大的阴线,有无量的配合均可。这根标志性 K 线一般都要突破这个底分型区间的上边沿或者顶分型区间的下边沿。

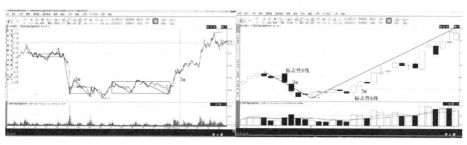

图 2-50

2.5.6 分型的买卖时机

2.5.6.1 买入时机

1. 底分型的买入时机 1:盘中操作

分型的操作。必须与小级别的第二买卖点配合看,如果小级别看不明白,只看今天冲起来没破前一天高位或没跌破前一天低位,这样操作的效果不会太好。

对于技术熟练的人来说,分型的操作,不是分型已经确认形成才操作,而是第三元素探底不创新低时就买。

一定要搞明白,不是在底部的区间上买,而是要在区间下探失败时买,这才是最好的买点。

2. 底分型的买入时机 2:临收盘操作

对于还不能熟练掌握三类买卖点的人来讲,一定要养成等待第三元素收盘前介入的好习惯。对于不能熟练运用动力学判断小级别背驰的人来说,判断分型的强弱只能用形态学判断时,第三元素的收盘位置对分型强弱判断至关重要。所以一定要等待临收盘的状态而定。

也就是在接近完成时再操作。否则可能会在股价冲高回落收长上影或包含 K 线时,在形态上达到了我们的标准,而在动力学方面使得这个形态大打折扣。

这里所说的 K 线的形态是指在使用分型的那个周期上的 K 线。

图 2-51

如图 2-51 所示,在第三根 K 线出现的那天上午冲高时,这个底分型是一个不错的底分型,可是到收盘时,它变成了一个弱势底分型了。原因是在第三元素形成的那个上午冲高时,所形成的 K 线是 15 分钟周期的,而我们需要的是日线周期的,二者不是一个周期的 K 线,是不能放在一起构造分型的。因此,如果用分型来操作,一定要等分型第三元素即将完成时操作,不能着急。

因为在盘中买入等于用小周期 K 线来代替大周期 K 线来组建几何结构,所以稳定性很差,只有收盘后,才能使 K 线搭建的几何结构看得更清楚,尤其是其中的动力学信息可以看得更清楚。

3. 如果你原打算在 5 分钟回调的一笔结束时买入,可是这个回调在 15 分钟或 30 分钟图上也形成了一笔,那么,在找买点时就应该等较大级别图上的底分型介入了。因为这种情况下 5 分钟图上的底分型有可能是中继分型的。除非你能精确地判断区间套的背驰点。反之亦然。

2.5.6.2 顶分型的卖出时机:盘中操作

1. 对于能够熟练掌握缠论技术的人,利用顶分型进行操作时,必须配合小级别的图。本质上,分型都是某小级别的第一、二买卖点成立后出现的。

如果小级别上对应的上涨出现明确的背驰完全地确认结束,那么整个震荡的区间,就要以小级别上涨的最后一个中枢为依据,只要围绕着该区间,就是强的震荡。

例如日线图与 5 分钟图,如果一个小级别的中枢震荡连日 K 线都没出现顶分型结构,那么,这个中枢震荡就没必要走了,后者就算打短差也要控制好数量,因为,没有分型,就意味着走势没结束,随时新高。

一旦顶分型成立,必然对应着小级别走势的第一、二类卖点,其后,关键看新形成中枢的第三类买卖点的问题:一般情况下,如果是中继的,都是第三类卖点后形成中枢扩展,也就是有一个绝妙的盘整底背驰让你重新介入。这样,利用分型搞了一个美妙的短差,又不浪费其后的走势,这就是一个比较及格的操作了。

从转折性分型和中继性分型出现的概率上说,中继性分型出现的概率远大于转折性分型出现的概率。这就告诉我们,在买入强势股的时候,一定要等回调阴线时买入。在卖出弱势股时,遇到反弹的阳线时卖出。

2. 利用上面的性质,实质上并不需要在顶分型全部形成后再操作,不需要等到收盘,而是在其冲高时,一看在前一天高位下形成小级别第一类卖点,就可以坚决出掉,然后下来形成顶分型,等跌破 5 日线后,看是否出现小级别的盘整背驰,一旦出现,就回补。

注意,大级别的分型和某小级别的第一、二买卖点并不是绝对的对应关系,有前者一定有后者,但有后者并不一定有前者,所以前者只是一个辅助。

小级别出现第三类卖点时,肯定要变成向下笔了,就是弱的震荡了。弱的震荡一旦确认,最好还是不参与,等出现底分型再说了。

3. 对于还不能准确判断小级别背驰的人,如果在高位出现放量的长阴或长上影的 K 线,收盘时也该卖出了。因为这根 K 线很可能是顶分型的第二元素。在第三元素临近完成时,根据上面我们学到的知识,如果是转折性分型的话,一定要在第三元素收盘前卖出。至于卖出后能否延续成笔,那是卖出后是否考虑回补的问题。

2.5.7 分型应用周期至少用在日线以上周期 K 线图上

在小周期 K 线图上用分型操作的可靠性非常低,一个分型成立后,另一根 K 线就足以改变走势的方向,尤其是在上涨过程中的中继顶分型和下跌过程中的中继底分型。

因此要求我们,在应用分型强弱性质来定义的买卖点操作时,考虑到 T + 1 的交易规则,至少要选择日 K 线周期进行买入操作。而且最稳妥的买卖时机是在小级别的第三类买点上买入。卖出就无所谓了。

当然,如果你不觉得麻烦,30 分钟也是可以的。但那些变动太快的,准确率就要大大降低了。

2.6 线段

缠师说过,如果分型、笔、线段这最基础的东西都没搞清楚,都不能做到在任何时刻,面对任何最复杂的图形当下地进行快速正确的分解,要掌握缠论是不可能的。缠论如同几何学,是可以 100% 严密地讨论的,这里没有权威,连缠师本人都不是,缠师错了也是错了,没有什么可说的。

有人说,错了也没什么,只是把一段给分错了,但这里的差别大了去了,因为这样,市场的真实力度等就分析不对了,原来是一个线段类上涨,搞成 1 分钟走势,那样,回拉的力度差别就大了。而回拉的级别越小,证明回拉力度越大,所以必须绝对准确才能真正反映市场的真实情况。

因此,必须用最严谨的态度来对待走势的划分,这样才能真正看清楚市场在干什么。

2.6.1 线段的基本概念

1. 线段的定义

所谓线段,就是至少由前三笔有重叠的三笔或三笔以上的结构组成的几何构件所形成的价格波动区间。

一个线段形成以后,会不断延伸下去,直到产生一个反向的新线段,才能将其终结。

定义解析:

线段的定义也包含两部分的内容:一部分是几何结构,一部分是波动区间。

波动区间是指线段完成时的最高点与最低点的波动范围。一个线段结束后,我们用这个线段波动的高低点来定义 1 分钟级别的中枢的几何构件。

几何结构是指构成线段的前三笔要重合。之后可以不断延伸下去,直到产生反向的新的线段为止。

2. 线段的特征序列及特征序列元素

所有的线段,无非两种:从向上笔开始的向上的线段,如图 2 – 52 所示和从向下笔开始的向下的线段,如图 2 – 53 所示。

用 S 代表向上的笔,X 代表向下的笔。那么以向上笔开始的线段,可以用笔的序列表示:$S_1 X_1 S_2 X_2 S_3 X_3 \cdots\cdots S_n X_n$。容易证明,任何 S_i 与 S_{i+1} 之间,一定有重合区间。而考察序列 $X_1 X_2 \cdots\cdots X_n$,该序列中,X_i 与 X_{i+1} 之间并不一定有重合区间,因此,这序列更能代表线段的性质,被称为向上段的特征序列。反之就是向下线段的特征序列。

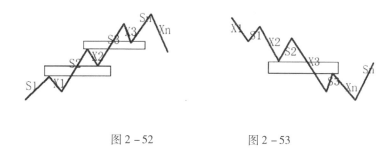

图 2-52   图 2-53

序列 $X_1X_2\cdots\cdots X_n$ 成为以向上笔开始线段的特征序列;X_1、X_2、$\cdots\cdots X_n$ 被称为向上线段的特征序列元素。

序列 $S_1S_2\cdots\cdots S_n$ 成为以向下笔开始线段的特征序列。S_1、S_2、$\cdots\cdots S_n$ 被称为向下线段的特征序列元素。

在一个特征序列中,两相邻特征序列元素间没有重合的区间,称为该特征序列元素间的缺口。

3. 标准特征序列

关于特征序列,如果把每一特征序列元素的波动区间看成是一根 K 线,那么,如同一般 K 线图中找标准 K 线的方法,也存在所谓的包含关系,也可以对存在包含关系的特征序列元素间进行标准化处理。经过包含关系标准化处理后的特征序列,特征序列元素之间相互不存在包含关系时,就称这个线段特征序列为标准特征序列,标准特征序列中的特征序列元素称为标准特征序列元素。

以后没有特别说明,特征序列都是指标准特征序列。

4. 特征序列分型

参照一般 K 线图关于顶分型与底分型的定义,可以定义特征序列的顶分型和底分型。

如图 2-54 所示,X_1,X_2 和 X_3 构成向上线段的特征序列顶分型,S_1,S_2 和 S_3 构成向下线段的特征序列底分型。

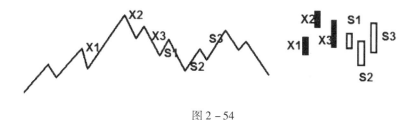

图 2-54

　　我们把标准特征序列分型中,某假设转折点前的线段的最后一根标准特征序列元素称为特征序列分型的第一元素,从该假设转折点开始的那根标准特征序列元素称为特征序列分型的第二元素。显然,这两个元素是同方向的。紧接着的一根与第二元素同方向的标准特征序列元素称为第三元素。注意,构成特征序列分型的三个标准特征序列元素必须是同一特征序列中的特征序列元素。

　　如果形成了线段的标准特征序列顶分型或底分型就意味着形成了新线段,原线段终结,否则原线段延续。

　　以向上笔开始的线段的特征序列只考察顶分型;以向下笔开始的线段,只考察底分型。

　　第二标准特征序列元素与第一标准特征序列元素间只有两种可能的关系。

　　第一种情况:第二标准特征序列元素与第一标准特征序列元素间无缺口,称为笔破坏。

　　从笔破坏的定义可以知道,笔破坏包括以下三种情况:

　　1. 第二元素与第一元素无缺口,无包含关系,如图 2 - 55 所示。

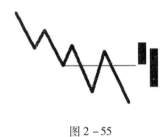

图 2 - 55

　　2. 第二元素与第一元素无缺口,有包含关系,如图 2 - 56 所示。

图 2 - 56

　　3. 第二元素与第一元素无缺口,有包含关系,且直接破了原线段的起始位置,如图 2 - 57 所示。

图 2 - 57

第二种情况:在标准特征序列元素的顶分型中,第一和第二元素间存在缺口。如图 2 - 58 所示,X_1 和 X_2 间存在缺口。

图 2 - 58

注意:在讨论特征序列顶分型和相邻的特征序列底分型时,特征序列元素的方向是相反的。

2.6.2 具有包含关系线段特征序列元素的标准化处理

对于特征序列元素间有包含关系的情况,一定要先进行特征序列元素的标准化处理,然后用标准特征序列元素确定特征序列分型。

2.6.2.1 不同特征序列之间的元素不需要进行包含处理

特征序列是有方向的,特征序列元素的方向,和其对应的线段的方向是刚好相反的。例如:一个向上段后接着一个向下段,向上段的特征序列元素是向下的,而向下段的特征序列元素是向上的,因此,不同特征序列之间的元素根本也不可能存在包含的可能。而且,在两个不同的特征序列之间的元素,讨论包含关系是没意义的。

在第一个特征序列中第二标准特征序列元素与第一标准特征序列元素间存在缺口的情况下,如果假设的反向第二个特征序列中,在构成第二个特征序列分型的三个标准特征序列元素中有一个直接破前一线段的结束位置,则破位的那个特征序列元素就不是第二个特征序列的特征序列元素,故这第二个特征序列分型就不成立,因此第二个线段不成立,第一个线段延续。下面的两种情况要牢牢记住。

1. 如图2-59所示,5-6与3-4存在缺口,9<5时,即9破了前一线段的结束位置5时,则8-9不是假设的5-8线段的特征序列元素,这样5-8线段没有形成特征序列顶分型就创新低,则5-8线段不成立,原1-5线段延续至新低9的位置。

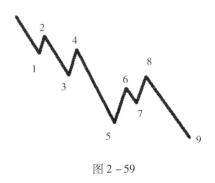

图2-59

反之,如果9>5时,那么8-9是5-8线段的特征序列元素,此时由于没有形成第二个线段的特征序列分型,所以还不能确认第二个线段5-8形成,第一个线段0-5的结束。

2. 如图2-60所示,3-4与1-2存在缺口,9<3时,即9破了前一线段的结束位置3时,那么8-9不是3-6线段的特征序列元素,因此,4-5,6-7和8-9不构成第二个特征序列顶分型,则第一个线段延续至新低9的位置。

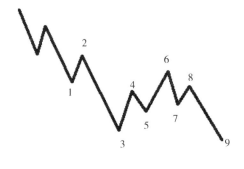

图2-60

反之,如果9 > 3时,那么8 – 9是3 – 6线段的特征序列元素,此时,4 – 5,6 – 7和8 – 9构成第二个线段的特征序列顶分型,则第二个线段3 – 6成立,同时第一个线段0 – 3终结。

2.6.2.2 同一特征序列中的特征序列元素需要进行包含关系的标准化处理

1. 在实际判断中,在前一段没有被笔破坏时,不能定义后特征序列的元素,这时候,当然可以存在前一特征序列的分型,这种情况下如图2 – 61所示,5 – 6和7 – 8由于还在同一特征序列中,因此,序列元素的包含关系是可以成立的。

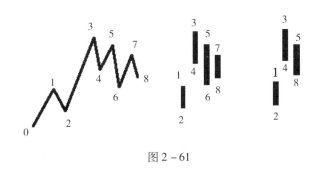

图2 – 61

2. 当前一段被笔破坏时,如图2 – 62所示,最早破坏的一笔如果不是转折点开始的第一笔5 – 6,那么,特征序列的分型结构也能成立,因为在这种情况下,转折点前的最后一个特征序列元素与转折点后第一个特征元素之间肯定有缺口,而且后者与最早破坏那笔肯定不是包含关系,否则该缺口就不可能被封闭,破坏那笔也就不可能破坏前一线段的走势。这里的逻辑关系很明确的,线段要被笔破坏,那么必须其最后一个特征序列的缺口3 – 6被封闭,否则就不存在被笔破坏的情况。

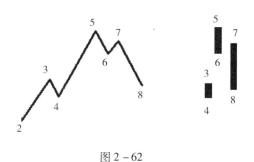

图2 – 62

3. 当前一段被笔破坏时,最早破坏那笔就是转折点下来的第一笔,这种情况下,这一笔有可能在后面延伸成为线段的走势,因此这一笔就属于中间地带,既不能说是前面一段的特征序列,更不能说是后一段的特征序列,在这种情况下,即使出现似乎有特征序列的包含关系的走势,也不能算,因为,这一笔不是严格地属于前一段的特征序列,属于待定状态,一旦该笔延伸出三笔以上,那么新的线段就形成了,那时候谈论前一线段特征序列的包含关系就没意义了。

如图 2 - 63 所示,7 - 8 属于中间地带,那么 7 - 8 与 5 - 6 间不需要进行包含关系的处理。

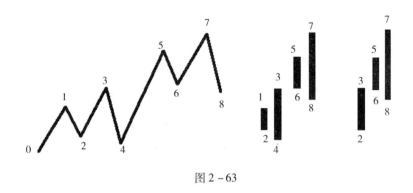

图 2 - 63

4. 笔破坏后的第三笔完全在第一笔的范围内,如图 2 - 64 所示,7 - 8 完全在 5 - 6 范围内,这样,这三笔就分不出是向上还是向下,这样也就定义不了什么特征序列,为什么？因为特征序列是和走势相反的,而走势连方向都没有,那怎么知道哪个元素属于特征序列？

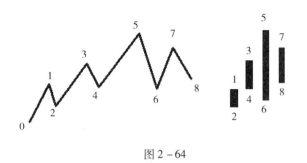

图 2 - 64

这种情况,无非两种最后的结果：

（1）最终,先破第一笔的开始位置 5,这样,旧线段只被一笔破坏,接着就延续原来的方向,那么,显然旧线段依然延续,新线段没有出现；

（2）最终还是先破了第一笔的结束位置6,这时候,新的线段显然成立,旧线段还是被破坏了。

分型结构中所谓特征序列的元素,其实是站在假设旧线段没被破坏的角度说的,就像所有的分型一样,就算是一般K线的,都是前后两段走势的分水岭、连接点。这和包含的情况不同,包含的关系是对同一段说的,而分型,必然是属于前后的,这时候,在构成分型的元素里,如果线段被最终破坏,那后面的元素肯定不是特征序列里的,也就是说,这时候,分型右侧的元素肯定不属于前后任何一段的特征序列。

这个道理其实很明白,例如前一段是向上的,那么特征序列元素是向下的,而在顶分型的右侧元素,如果最终满足破坏前线段的要求,那么后线段的方向就是向下的,其特征序列元素就是向上的笔,而顶分型的右侧元素是向下的,显然不属于后一段的特征序列元素,而该顶分型的右侧元素又属于后一段,那么显然更不是前一段的特征元素。所以,对于顶分型的右侧特征元素,只是一般判断方面的一种方便的预设,就如同几何里面,添加辅助线去证明问题一样,辅助线不属于图形本身,就如同顶分型的右侧特征元素其实不一定属于任何的特征序列,但对研究有帮助,当然是要大力去用的,如此而已。

从上面的分析知道,在这假设的转折点前后的那两个元素,是不存在包含关系的,因为,这两者已经被假设不是同一性质的东西,不一定是同一特征序列的。

5. 假设的转折点后的分型元素存在包含关系时,是可以进行包含关系处理的,如图2-65和图2-66所示。因为,这些元素间,肯定是同一性质的东西,或者就是原线段的延续,那么就同在原线段的特征序列中,或者就在新线段的特征序列中,反正都是同一类的东西,同一类的东西,当然可以考察包含关系。

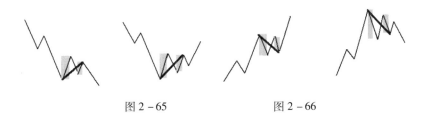

图2-65   图2-66

2.6.2.3 同一特征序列中的特征序列元素如何进行包含关系的标准化处理

在包含关系的处理方法上,参照K线的包含关系处理方法来确定新特征序列元素的方向和高低点。

1. 可以简单地说成求顶分型时取"高高",求底分型时取"低低"。

即向下线段如图2-65所示,就把这个包含处理为:取两者的中低点中较低的那个点为新的特征序列元素的低点,高点中较低的那个点为新的特征序列元素的高点。简称取"低、低"形成新特征序列元素。

向上线段如图2-66所示,就把这个包含处理为:取两者的中低点中较高的那个点为新的特征序列元素的低点,高点中较高的那个点为新的特征序列元素的高点。简称取"高、高"形成新特征序列元素。

2. 如果后面的特征序列元素与包含关系处理后的新的特征序列元素间还有包含关系,要按原线段特征序列方向依次做包含关系处理。如图2-67所示。

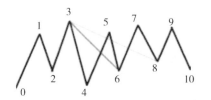

图2-67

3. 在讨论线段的特征序列分型时,一定要在三个特征序列元素都是标准特征序列元素的前提下。也就是说特征序列分型中的三个特征序列元素一定是包含关系标准化处理后的才行。如果第三元素后面继续存在包含关系,一定要继续处理,直到不存在包含关系为止。

例如缠师解图,如图2-68所示,由于3-4这一笔相对线段0-3来说是第一种情况的笔破坏,所以后面的特征序列就很清楚了,3-4、5-6、7-8和9-10,其中前两者可以进行包含关系处理,因此可以合并为3-6,所以7-8显然和1-2、3-6构成底分型,第一种类型笔破坏后延伸出标准的特征序列分型,那显然满足线段破坏的标准。因此,至少有两个线段。

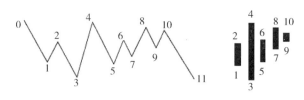

图2-68

　　由于 9 - 10 是 7 - 8 的包含关系,所以可以认为第二个线段延伸到了 10,而后面的 10 - 11,只有一笔,因此必须再看两笔才知道是否满足第一种情况后继续延伸出特征序列分型的线段破坏的基本要求,所以该图属于未完成的图。如果后面的一笔直接上破 10 点,则 3 - 10 继续延伸到 12 的位置。这里为什么要对 7 - 8 和 9 - 10 进行包含关系处理呢? 因为作为底分型的第三特征序列元素必须是标准特征序列元素才行。

　　如果 9 跌破 7(笔破坏),如图 2 - 69 所示,而 10 的位置不变,7 - 8 和 9 - 10 就不存在包含关系,8 - 9 是相对 3 - 8 线段的笔破坏,11 破了 9 的低点,那么后面也延伸出特征序列分型,所以第二线段也被破坏了,所以 0 - 3、3 - 8 和 8 - 11 就是三个线段了。

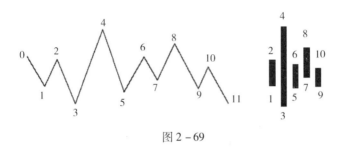

图 2 - 69

　　第一种情况一般不用看特征序列分型来辨别,所以包含处理也不很重要,知道就行了。

　　4. 对第一特征序列元素间包含关系标准化处理后的伪缺口问题

　　(1)向上的线段特征序列元素标准化处理后特征序列元素间无缺口。

　　向上的线段,经过特征序列元素的标准化处理,取"高高"后,形成的标准的第一特征序列元素与标准的第二特征序列元素间无缺口。

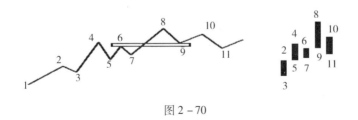

图 2 - 70

　　如图 2 - 70 所示,8 - 9 和 6 - 7 两个特征序列元素看似有缺口,但是判断特征序列分型结构的时候,是基于标准特征序列的,因此必须把 4 - 5 与 6 - 7 合并为 4 - 7,

这样线段 8 - 11 就是线段划分第一种情况,不存在特征序列缺口。

（2）第二种伪缺口的情况。

图 2 - 71

首先要选择原线段待破坏的顶点,如图 2 - 71 所示,这里显然是 1,3 还没 1 高,显然不构成待破坏的顶点。这样,5 下来破坏了 1,然后扩展成线段,那就是标准的第一种情况,和 3 没什么关系。上图里的 3,没有新高,对于原线段来说,就等于笔里面,顶接着一个更高的顶,前面那个就不算了。所以,3 对于原线段就不算一个顶,3 - 4 不看成是特征序列的元素。

2.6.2.4 线段特征序列的市场含义

线段的特征序列告诉我们,市场走势形成以后,我们只需要关心与市场走势相反的一方的作用力的大小。即上涨时关心回踩的幅度,下跌时关心反弹的幅度。反向的买卖力度小,则原走势延续,否则就会转折。

线段的特征序列元素的波动幅度反映了这个反向作用力的大小。

1. 线段特征序列元素间存在缺口,表明反向作用力小,无缺口表明反向作用力大。

2. 线段特征序列元素的高低点对股价的运行有压力和支撑作用。

2.6.3 第一种情况线段终结的判断

线段至少有三笔,但并不是连续的三笔就一定构成线段,这三笔必须有重叠的部分。由上面线段被笔破坏的定义可以证明:

缠中说禅线段分解定理:线段被破坏,当且仅当至少被有重叠部分的连续三笔的其中一笔破坏。

而只要构成有重叠部分的前三笔,那么必然会形成一线段,换言之,线段破坏的充要条件,就是被另一个线段破坏。即在一个反向的线段成立前,原线段走势将延续。

第一特征序列元素与第二特征序列元素间无缺口时发生的线段破坏我们称之为线段破坏的第一种情况——笔破坏。

操作上,这种情况说明转折点后走势回抽的力度较大。那么再次折返只要不创新低或新高,就是一个买卖点。

2.6.3.1 笔破坏后走势的完全分类

2.6.3.1.1 笔破坏后不走出反向线段,则原线段延续。

如果第一笔出现笔破坏后,接着的一笔上就创新高(低),如图 2 - 72 所示,这时候,显然构成不了线段对线段的破坏,因为没有形成反向的三笔重合结构,则原线段延续。

图 2 - 72

如缠师解盘:

今天的走势如图 2 - 73 所示,从纯技术的角度,连一个线段都不一定 100% 确认完成了,为什么? 因为都没 100% 满足线段完成的条件。该线段完成的判断,显然属于第一种情况,本来第一种情况是属于相对简单的。但由于特征序列的分型

图 2 - 73

一直没有最终完成,每一次上冲都新高,而下来都是一笔,形成所谓的向上倾斜三角形走势,该走势的特点就是99%回跌到三角形启动的位置,尾盘的跳水满足这一跌幅,但只是一笔,所以如果明早一下高开在5000点之上猛烈上攻,不再回跌到5000点下,那这线段还真一时完成不了。当然,一般情况下,这线段已经在今天的最高点处完成。

一般来说,1分钟线段都不会延续这么长时间,能延续这么长时间,反而是一个技术上的重要提示,证明多方上5000点的冲动比较大,反复闹,而上面,有人不断压制,所以才会走出向上倾斜三角形的走势。而到尾盘,差不到一点,见5000了,多方一股真气突然泻去,回到倾斜三角形起点位置。主要是如530般在亢奋状态突然被惊吓留下了后遗症,因此往往在关键时刻都来这么一下,尾盘收回去一半,只是表明多头上攻的欲望依然没得到满足,如此而已。

注:这个例子告诉我们,如果第一种情况是如图2-74所示的情况,2<a,4>2,此时1-4不构成段。线段0-1延续到5。

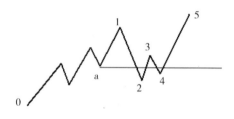

图2-74

2.6.3.1.2 笔破坏后走出反向线段,原线段终结

从转折点开始,如果第一笔就破坏了前线段,进而该笔延伸出三笔来,其中第三笔破第一笔的结束位置,那么,新的线段一定形成,前线段一定结束。

第一种情况下,第三笔只要破第一笔的结束位置就行,当然也可以破前一线段的起始位置。

特征序列的底分型中,第一和第二元素间不存在特征序列的缺口,那么该线段在该底分型的低点处结束,该低点是该线段的终点。

特征序列的顶分型中,第一和第二元素间不存在特征序列的缺口,那么该线段在该顶分型的高点处结束,该高点是该线段的终点。

1. 如图2-75所示,(2>5,4>6,7<5)即特征序列分型的第二元素与第一元素间无包含关系。第三元素破了第二元素的结束点,进而形成线段破坏。

图 2 - 75

对于 4 处的顶分型,其标准特征序列元素是 2 - 3、4 - 5 和 6 - 7,由于 5 低于 2 很显然属于标准的第一种情况,因此 4 处的顶分型可以确认。该图是两段。

2. 如图 2 - 76 所示,(5 < 3 且 7 < 5)即特征序列分型的第二元素与第一元素间有包含关系,进而形成线段破坏。

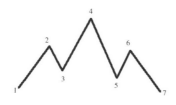

图 2 - 76

这个图 4 处的顶分型显然是第一种情况,特殊之处在于特征元素 4 - 5 完全包含了特征元素 2 - 3,但由于 4 - 5 并不属于线段 1 - 4 的特征元素,因此不能做包含处理,所以 4 处的顶分型是成立的。这个图是两段。

3. 在第一种情况下,转折点后的第一笔可以破坏前一线段的起始位置,继而形成线段破坏。

如缠师答疑:

Q:今天(2007 - 08 - 16)上证指数 44 处根据线段定义,似乎不是顶分型啊,因为随后一笔大幅下跌形成包含关系。

A:如图 2 - 77 所示,这里是第一种情况,也就是特征序列缺口被第一笔就封闭的情况,没必要探讨第二段特征序列分型的问题,那是第二种情况考虑的问题。

图 2 - 77

注:44 - 45 一段第一笔的笔破坏直接破向上线段的起点 43 创新低,说明笔破坏的第一笔是可以击穿前一线段起始点的。

4. 如果第三笔完全在第一笔的范围内,这种情况,无非两种最后的结果:

(1)最终,如图 2 - 78 所示,先破第一笔的开始位置,这样,旧线段只被一笔破坏,接着就延续原来的方向,那么,显然旧线段依然延续,新线段没有出现。

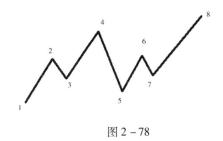

图 2 - 78

由于特征元素 6 - 7 和 4 - 5 是包含关系,标准化处理后是一个标准特征序列元素,没有形成第三个特征元素就创新高,则 4 处的顶分型不成立,因此该图只有一个线段。

(2)最终如图 2 - 79 所示,还是先破了第一笔的结束位置,这时候,新的线段显然成立,旧线段还是被破坏了。

只要最终突破了第一笔的结束位置,则反向线段形成。

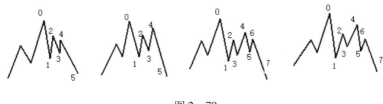

图 2 - 79

这种情况是 0 处的转折是第一种情况,特征元素 0 - 1 和 2 - 3 可以合并,合并后特征序列顶分型成立,这些图均可分成两段。

(3)对于一个向下的线段,如果笔破坏后最终不能突破第一笔的结束位置,那么一定要有低点逐渐抬高且高点逐渐抬高才能形成向上线段,否则不能形成向上线段。反之亦然。

如缠师解盘:

如图 2 - 80 所示,对于 80 - 81,出现了第一笔的笔破坏,然后接着是一个符合线段标准的走势 A,但没有创新低,这样当然不能算是原线段的延续,但线段的破坏也不能算,为什么? 因为没有符合要求的三笔。接着,一个反弹,然后就转头继续创新低。

如果这个反弹只是一笔,那么就没有破坏走势 A,后面接着的新低,就意味着走势 A 依然延续,所以走势 A 就是原来 80 - 81 的延续。

图 2 - 80

　　注:对于 f < d 的情况 1,经过包含关系处理后,81 - e,e - f 与 f - 82 看似形成了一个新的线段破坏了 80 - 81,由于 82 < a,d > f,所以 f 后面还需要有一个低点高于 f,然后再新高到 82 时,才能形成一个相对于 80 - 81 的反趋势,81 - 82 线段才能成立,否则 81 - 82 不构成反向的线段,则 80 - 81 继续延伸。从分型角度来看,g - h 与 f - 82 之间存在包含关系,处理后取 f - h,h < e,则 81 处不构成底分型,即 81 - h 不构成新的线段,原线段延续。

　　如果这个 f - 82 反弹,如图 2 - 81 所示,是一个线段类反弹,这个反弹把走势 A 给线段破坏了,因此,说走势 A 依然延续是显然不对的,所以后面的走势和走势 A 无关,因此,唯一合理的划分,就是把第一笔的笔破坏、走势 A、一个反弹合成一个线段,这完全满足线段的定义,所以就有了 81 - 82。

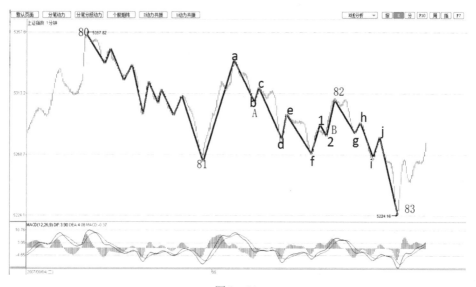

图 2 - 81

　　注:对于 f < d 的情况 2,由于 82 < a,d > f,而 f 后面出现一个低点 2 高于 f,然后再新高到 82 高于 1 时,形成了一个相对于 80 - 81 的反趋势 81 - 82,线段宣告成立。经过包含关系处理后 g < 2,在 81 处形成了一个底分型,这样 81 - 82 这个新的线段破坏了 80 - 81,82 - 83 是在 82 处形成一个顶分型,一个笔破坏形成的一个线段破坏。因此这段走势可能划分为 80 - 81,81 - 82 和 82 - 83 三个线段。

　　2.6.3.1.3　线段的标准化处理

　　由于特征序列元素存在包含关系时,线段的起止点有可能不在线段的最高点或最低点上。在对以线段为基础构件的 1 分钟级别的中枢进行分析时,我们只关注线段的波动范围,而忽略线段的波动细节。因此,我们要对已完成的线段进行标准化处理,使得处理后的线段的起止点位于这个线段的最高点或最低点上。

2.6.4 第二种情况的线段破坏

第一特征序列元素与第二特征序列元素间有缺口时发生的线段破坏,我们称之为第二种情况的线段破坏。

这种情况形成反向的标准特征序列分型是线段破坏的充要条件。

如图2-82所示,在标准特征序列元素的顶分型中,第一和第二元素间存在特征序列的缺口,如果从该分型最高点开始的向下一笔开始的序列的标准特征序列出现底分型,且这个底分型第三元素的结束位置不创新高,那么该线段在该顶分型的高点处结束,该高点是该线段的终点。

在标准特征序列元素的底分型中,第一和第二元素间存在特征序列的缺口,如果从该分型最低点开始的向上一笔开始的序列的特征序列出现顶分型,且这个顶分型的第三元素的结束位置不创新低,那么该线段在该底分型的低点处结束,该低点是该线段的终点。

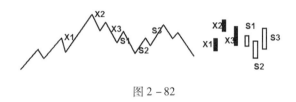

图 2-82

2.6.4.1 第二种情况线段破坏的完全分类

1. 第二种情况不出现反向的标准特征序列分型则原线段延续

(1)在第二种情况下,经过特征序列元素的包含关系处理后,没有三个标准特征序列元素构成第一个线段的特征序列分型,如图2-83所示,不构成对原线段的破坏,是原线段的延续。

图 2-83

73

特征序列的底或顶,首先必须要都属于这个特征序列才行,这是前提条件。其实,如果第二特征序列没有三个元素,就根本不存在出现分段中第二种情况线段破坏的可能。

第一、二两种情况是完全的分类,不是第一就必须是第二,先区分了第一、二两种情况,才有后面第二个特征序列的问题。对于第一种情况,这个问题根本不存在。

(2)如果对第二种情况,找不到第二特征序列分型,那就是原来的线段没被破坏,如图 2 - 84 所示,一个下跌,一个 ABC 的回拉是第二种情况的,然后一个新的一笔下跌直接就新低,那显然就不符合定义,所以就是原来的下跌没结束。

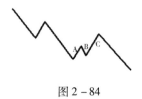

图 2 - 84

而如果 ABC 的回拉是第一种情况,那么原来的下跌肯定结束了,如图 2 - 85 所示,这就是第一、二两种情况的区别。

图 2 - 85

如缠师答疑:

Q:如图 2 - 86 所示,标注 17 - 18 之间 11:22 - 13:12 这个为什么不算一段?是 3 笔重合,而且破坏了上一笔。还有,18 要是没创新高的话怎么分段?

图 2－86

A:这当然不能算,这种情况要看该段特征序列的底分型,而这里没有,不构成。最后新高与否问题并不大,当然,如果不新高,这段有可能成为一个三角形。

(3)在第二种情况下,反向特征序列的第三特征序列元素就创新高或新低,原线段延续。

即构成第二特征序列分型的三个元素的第三元素如果直接破第一特征序列线段的终止位置,则原线段延续。也就是说第三特征序列元素不能破假设第二线段的起始点,否则是前面线段的延续。

如缠师答疑:

Q:如图 2－87 所示,大家现在对今天的 32－33 为什么不是三段有争论。毕竟符合其中的底分型成立的定义。

A:请先搞清楚底分型是从哪里开始算起,哪里开始结束。在这种前面是下跌的,对应的第二段是上涨的,其特征序列就是看向下的(注:bc、de 和 f33),这第三个向下的(f33),已经跌破原来第一段的底(a),怎么能属于第二段里的特征序列?

2. 在第二种情况下,后一特征序列不一定封闭前一特征序列相应的缺口,而且,第二个特征序列的分型,不分第一、二两种情况,只要有分型成立就可以判定前面的两个线段终结。

一定要注意,对于第二种情况的第二特征序列的分型判断,必须严格按照包含关系的处理来,这里不存在第一种情况中的假设分界点两边不能进行包含关系处理的要求。为什么?

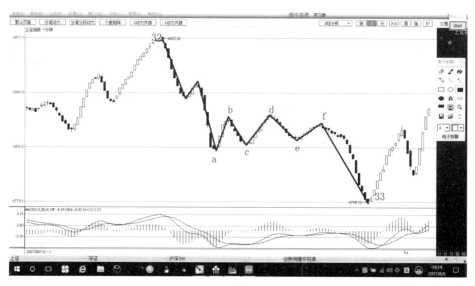

图 2 - 87

因为在第一种情况中,如果分界点两边出现特征序列的包含关系,那证明对原线段转折的力度特别大,那当然不能用包含关系破坏这种力度的呈现。

而在第二种情况的第二特征序列中,其方向是和原线段一致,包含关系的出现,就意味着原线段的能量充足,而第二种情况,本来就意味着对原线段转折的能量不足,这样一来,当然就必须按照包含关系来。

(1)第二种情况 8 > 5 且 8 < 6,10 < 4。

图 2 - 88

如图 2 -88 所示,对于假设 4 处的顶分型,其特征序列元素为 2 -3、4 -5 和 6 -7,由于 5 高于 2 属于第二种情况,这时只有 4 的顶分型成立还不能确认 1 -4 线段的结束,还需要一个向下线段的底分型确认。再往下看,对于假设 7 处的底分型,其特征序列元素为 5 -6、7 -8 和 9 -10,很显然 7 处的底分型是成立的。这时才能确认 1 -4 线段的结束,同时也确认了线段 4 -7 的结束,因此该图分成三段 1 -4、4 -7 和

7 – 10。

（2）如图 2 – 89 所示,第二种情况 8 < 5,10 < 4。

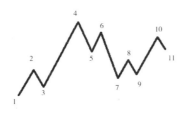

图 2 – 89

这个图的 4 处的顶分型是第二种情况,7 处的底分型也是第二种情况,因此 4 处的顶分型成立,但 7 处的底分型不用再区分第一种情况与第二种情况,只要出现分型就行,所以这里可以划分成三个线段 1 – 4、4 – 7 和 7 – 10。

2.6.4.2 为什么要区分第一种情况与第二种情况

笔破坏与线段破坏,是两个不互相包含的概念。并不是笔破坏就一定线段破坏,也不是线段破坏一定要笔破坏。

显然,在线段破坏的第一种情况下,必然是笔破坏的。

在线段破坏的第二种情况下,就不一定了。反之,线段破坏如果不是笔破坏,那么一定是第二种情况的。

那么,笔破坏为什么要单独提出来? 因为笔破坏有动力学上的意义。缠论有一部分和物理学有点类似,就是探讨动力学方面的东西,这方面,各位现在接触最多的就是背驰,而笔破坏和这一样属于动力学方面的内容,这在以后会逐步说到的。先形态学,再动力学,慢慢来。

线段的第二种情况,其实就包含这种情况。也就是,按第一种情况,线段 A 没有被接着的线段 B 破坏,但接着的线段 C 破坏了线段 B,因此,线段 B 是完成的,当然线段 A 也应该是完成的。注意,这里的线段 A、B、C 只是用结合律的原则先划分,因为其中满足线段的基本性质,在这破坏关系没被确认之前,这只是一个假设的称呼。

在第二种情况下特别强调,第二特征序列,其实就是对应着线段 C 对线段 B 的破坏,不再分第一、二两种情况了。这其实是一个简化的方法。为什么?

假如我们坚持线段的最终破坏回补特征序列缺口,那么,如果线段 C 对线段 B 还是第二种情况,则线段 C 的区间肯定就在线段 A 特征序列缺口与线段 B 特征序列缺口之间,如此类推,总会出现一个线段 X,使得对应前面的线段是回补特征序列缺口,否则,这些线段的区间就会无限缩小,最后就会形成一个点,这显然是不可能的,学过极限的都应该能理解。所以,在一串的相对前一线段是第二种情况的线段串中,比如最终会出现第一种情况的破坏,这样倒推回来,必然有这一串假定线段间的连续破坏。

正因为这样,所以在第二种情况中的第二特征序列判断中,就不再分第一、二两种情况了,这样是免得有一串线段串不断收敛后倒推回来的麻烦。这在数学上当然是绝对完美,但操作起来太麻烦,而且这种特殊的情况很少见,就更没必要了。

第二种情况中还包括了一种最特殊的,也就是所谓小级别转大级别后连最后的特征序列缺口都不回补的情况。为什么要区分第二种情况,因为就是不希望在线段的层次上出现小级别转大级别这样不确定的情况,用第二种情况就能解决这问题。

线段破坏的充要条件就是被另一个线段破坏,即出现特征序列的分型,是线段结束的前提条件。

按照这个划分,一切同级别图上的走势都可以唯一地划分为线段的连接,就像一切同级别图上的走势都可以唯一地划分为笔的连接一样。有了这两个基础,那么整个中枢与走势类型的递归体系就可以建立起来。这是基础的基础,务必要搞清楚。

2.6.5 缺口成段

如果前面是向上的线段,后面的缺口低开在前一线段的起始位置之外,然后向上形成一个反向的线段,此时的缺口应该处理为线段。如图2-90所示。

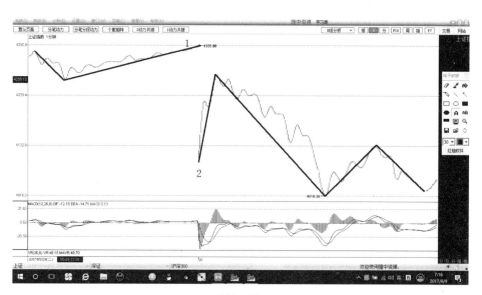

图 2 - 90

2.6.6 线段划分的原则和程序

像分型、笔、线段这些是有标准答案的,定义就是权威,其他一切都没意义。

2.6.6.1 线段划分的原则

1. 线段和笔一样,都是有方向的,从顶开始的笔一定结束在底,同样,以向上笔开始的线段一定结束于向上笔,不可能一个线段,开始是向上笔,结束于一个向下笔。缘于向上的笔的开始分型是底,而向下笔的结束分型也是顶,换言之,一个线段,不可能是从底到底或从顶到顶,这是一个最基本的概念。

线段被线段破坏,绝不能是被同一性质的线段所破坏,也就是从向上一笔开始的线段不可能被向上一笔开始的线段所破坏,必然是被从向下一笔开始的线段所破坏。

线段,不可能被同方向的线段破坏,任何同方向的线段,或者互相毫无关系,或者就是其中一线段(其实是前一线段)的延续,也就是说前一线段其实根本没完成。

有人可能要问,为什么有些线段延续上百点甚至更多,而有些很短。这没什么奇怪的,是否线段,关键看走出来的形态,如果任何低点比前一个高点都高,那么即使这情况无限延续下去,也依然只是一线段,这和幅度没关系。

由于线段都至少呈现上下上或下上下,所以线段不存在一条直线走平的可能,由此也知道,为什么一字涨停,无论如何延续,还是低于线段的级别,是最小级别的。

2. 线段的两端的分型的性质肯定是不一样的,和笔一样,一个完整线段的两端的分型不可能是同性质的。也就是说,和笔一样,线段也不可能从一个顶开始结束于一个顶,或者从一个底开始结束于一个底。由此可见,线段中包含笔的数目,都是单数的。而且,线段开的那三笔,必须有重合,开始三笔没有重合的,是构不成线段的。

3. 正如同一笔不可能出现顶低于底的情况,同一线段中,两端的一顶一底,顶肯定要高于底,如果你划出一个不符合这基本要求的线段,那肯定是划错了。

由于图形不断延续,因此,除非是新股上市后最开始的一段,否则任何一段都是破坏前一段的,如果你的划分,不能保证前面每一段都是被后一段破坏,那么这划分肯定不对。线段的破坏是可以逆时间传递的,也就是说被后线段破坏的线段,一定破坏前线段,如果违反这个原则,那线段的划分一定有问题。

2.6.6.2 线段划分的程序

首先搞清楚特征序列,然后搞清楚标准特征序列,最后是标准特征序列的顶分型与底分型。而分型又以分型的第一元素和第二元素间是否有缺口分为两种情况。一定要把这逻辑关系搞清楚,否则一定晕倒。

假设某转折点是两线段的分界点,然后对此用两种情况去考察线段划分是否满足,如果满足其中一种,那么这点就是真正的线段的分界点;如果不满足,那就不是,原来的线段依然延续。

特征序列的分型中,第一元素就是以该假设转折点前线段的最后一个特征元素,第二个元素就是从这转折点开始的第一笔,显然,这两者之间是同方向的。因此,如果这两者之间有缺口,那么就是第二种情况,否则就是第一种,然后根据定义来考察就可以。

实际划分中没必要都从上市第一天开始,一般都是从图 K 线中近期的最高或最低点开始。选择好了开始点,就可以进行分段了。如果熟练了,就可以直接分段,因为分型、笔都可以心算就知道,直接就可以进行分段;但如果不熟练,还是先从分型开始,然后笔,再线段,这样比较稳妥。

根据这两种情况的完全分类来,没有不能唯一去划分的。

线段的划分,其实一点都不难,关键是要从定义出发。而且用线段划分的两种情况的规定,不难证明,线段的划分也是唯一的。

2.6.7 线段的用法

1. 新股上市高开低走的股票,第一笔介入一定要等第一段线段结束,这是一个最基本的要求。

如缠师解盘:中石油短线看,今天,如图 2-91 所示,从 48 多到 41.7,一个标准的线段,然后是新的向上线段,这线段不管能否延伸上 45,都使得 41.7 到 43.7 与最终形成的 1 分钟中枢有了密切的关联。从短线的操作上,今天,当然是等下来的下降线段结束后介入,明天很关键,就是上冲回跌震荡后形成的 1 分钟中枢位置,因此,是不难操作的。操作上,比较激进的做法,当然是在看 41.7 的线段结束后就介入,但这样不能保证明天一定没有下跌的线段打穿该位置,毕竟是 T+1 的操作,线段太短了。比较稳健的,就是今天在线段结束时介入一定仓位,在形成 1 分钟中枢后,根据相应的位置再介入其他仓位,这样就至少可以用 T+0 的对冲保证仓位的安全。

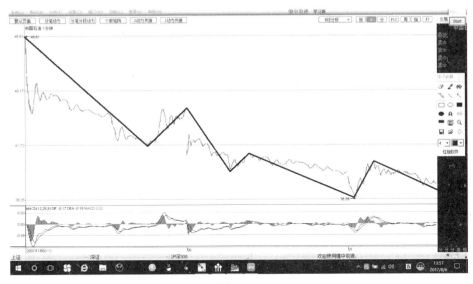

图 2-91

但这还不行,如果站在安全的角度,必须要分批,因为线段的级别太短,不能保证 T+1 的绝对安全。

2. 线段在大周期图上应用

如缠师解盘:线段在月线图上应用

如图 2-92 所示,目前月线上的第 1、2 段已经走出来,其中,按照线段里笔的类背驰,1 的结束那顶与 2 结束那底都是极为容易判断的。上海指数的历史大顶与底,根据这线段的划分,都不是什么难搞的秘密。那么,对现在依然进行中的第 3 段走势,有什么可百分百确定的呢?

(1)显然,这一段要成为段,那至少要三笔,而现在连一笔都没走完,因此,这轮行情的幅度,可想而知。也就是说,即使该笔走完,一个笔的调整后,至少还有一个向上的笔。

(2)2245 到 998 点是线段的类中枢,也就是说,只要调整那笔不跌破 2245 点,那么,将构成一个线段的类第三类买点,这也支持至少要走一笔。

因为在各周期图上都可以用定义构造出线段来,在各周期图上线段破坏的标准都是一样的,所以线段理论可以应用于任意周期图上。这是人的交易心理的自同构性保证的。

图 2 - 92

第3章

中枢和级别是走势类型的基石

打开走势图看到的就是走势。走势可以用不同周期的走势图来描述。这里的周期也叫作走势图的级别。

任何级别走势图上的任何走势均可分解为某级别的盘整和趋势两种走势类型的连接。趋势又分为上涨和下跌。这是一切有关技术分析理论的唯一坚实基础。

那么如何定义走势类型呢?若要定义走势类型,首先要定义走势中枢。

所谓缠中说禅走势中枢是指某级别走势类型中,被至少三个连续次级别走势类型所重叠的价格区间。

根据一段走势中含有的某级别走势中枢的个数,将走势分为该级别的盘整走势类型和趋势走势类型。

缠中说禅盘整走势类型:在任何级别的任何走势中,某完成的走势类型只包含一个缠中说禅走势中枢,就称为该级别的缠中说禅盘整走势类型。

缠中说禅趋势走势类型:在任何级别的任何走势中,某完成的走势类型至少包含两个以上依次同向的缠中说禅走势中枢,就称为该级别的缠中说禅趋势走势类型。该方向向上就称为上涨,向下就称为下跌。

如何判断趋势与盘整,是判断走势的核心问题。

一个最基本的问题就是,走势是分级别的,在30分钟图上的上涨,可能在日线图上只是盘整的一段甚至是下跌中的反弹,所以抛开级别前提而谈论趋势与盘整是毫无意义的,这一点必须切实把握。

下面的讨论,如没有特别声明,都是在同级别走势图的层面上展开的,只有把同级别走势图上的事情弄明白了,才可以把不同级别走势图或不同级别的走势类型组合在一起研究。

3.1 缠中说禅走势中枢

我们把某级别走势类型中,被至少三个连续次级别走势类型所重叠的价格区间,称为缠中说禅走势中枢。换言之,缠中说禅走势中枢就是至少三个连续次级别走势类型重叠部分所构成的价格区间。

定义解析:

中枢的定义包含了两个部分的内容,一部分是几何结构,一部分是价格区间。

几何结构即至少有 3 个次级别走势类型重叠,这里构成中枢的三个连续次级别走势类型不一定全是由趋势组成,也可以由盘整组成。

价格区间是指前 3 个次级别走势类型重叠的波动范围。

要定义某级别的走势中枢,一定要从次一级别走势类型来定义,而次级别的走势类型中一定要至少含有一个次级别中枢。所以如何定义最低级别中枢和最低级别走势类型就变得非常重要了。

3.1.1 最低级别的走势中枢与最低级别走势类型

所谓的最低级别,最严格去定义,每笔的交易是最低级别的,连续三笔相同价位的交易,就构成最低级别的中枢。

含有一个最低级别中枢的走势,就是最低级别的盘整走势类型;含有两个以上最低级别中枢的走势,就是最低级别的趋势走势类型,如果第二个中枢比第一个高,那就是上涨趋势走势类型,反之就是下跌趋势走势类型。

一般来说,假设依次存在着 $N(N \geq 2)$ 个中枢,只要依次保持着第 N 个中枢比第 N−1 个中枢高的状态,那么就是上涨趋势走势类型的延续;依次保持着第 N 个中枢比第 N−1 个中枢低的状态,就是下跌趋势走势类型的延续。

根据上面的定义,在最低级别的上涨里,只要也只有出现第 N 个中枢不再高于,即等于或低于第 N−1 个中枢的状态,才可以说这最低级别的上涨结束。最低级别下跌的情况与此相反。

走势类型级别生长的规则:

上面用最低级别的中枢把走势在最低级别上进行了完全分类,而三个连续的最低级别走势类型之间,如果发生重叠关系,也就是三个最低级别走势类型所分别经过的价格区间有交集,那么就形成了高一级别的中枢。

这样,依照在最低级别上的分类方法,同样在高级别上可以把走势进行完全的分类,而这个过程可以逐级上推,然后就可以严格定义各级别的中枢与走势类型而不涉及任何循环定义的问题。

我们把一个走势类型中含有的最大级别走势中枢的级别称为这个走势类型的级别。

走势类型的级别只与其中包含的中枢有关。例如,包含一个日线中枢的走势类型,那一定是日线级别的盘整,包含两个以上日线中枢的,那一定是日线级别的趋势。这和两个同级别中枢间的连接走势段的级别无关。两个同级别中枢间的连接走势段的级别可以是次级别及次级别以下的任何几何构件,如缺口、笔、线段和次级别走势类型等。

站在任意一个固定级别里,走势类型是可以被严格划分的。例如,5分钟走势类型,必须包含也最多包含5分钟级别中枢,至于是1个还是5个,都不影响是5分钟走势类型,只不过可被分类成是5分钟级别的盘整类型还是趋势类型而已。

一个5分钟的走势类型,显然不可能包含一个30分钟的中枢,因为按定义,一个单独的5分钟走势类型无论如何延续,也不可能出现一个30分钟的中枢。要形成一个30分钟的中枢,显然只能是3个以上5分钟走势类型的连接才可能。

中枢和走势类型及其连接。这两方面相互依存,如果没有走势类型,中枢也无法定义;而没有中枢,走势也无法分出类型。如果理论就此打住,那么一个循环定义就不可避免。要解决该循环,级别的概念是不可缺少的。有了级别,一个严格的递归式定义才可以展开。

3.1.2 中枢是一个递归性概念

对于中枢的定义,如果数学还行的,就知道中枢定义的关键在于定义的递归性。

如果我们能找到交易中每一分笔(注意,不是上面说的笔,而是实际交易中的每一分笔)的成交,然后按照递归定义,就可以构造出整个走势类型与中枢的级别序列来,但这没实际操作意义,只是理论上的。

一个对象的确立,特别是一个数学和几何对象的确立,首先要证明其存在性。例如中枢或走势类型这对象,如果不能证明其一定存在,而且是按级别存在的,那谈论就没意义了。关于中枢的递归定义,就是解决这个存在性问题的。也就是说,中枢是可以递归式地定义出来的,而该定义是可操作性的,该定义实际上是如何找出中枢的一种方法,按照这种方法,就肯定能找出定义中的中枢。

但是,光是存在性定义或定理没什么意义,所谓的可操作性,有时候只是理想化或者数学化的。例如,可以证明自然数的质数分解是唯一的,而且可以很理想化地去设计这种寻找,但实际上用最大的计算机也往往不可能完成,因此就需要变通的方法来方便实际操作。同样道理,对于中枢和走势类型,也就有了关于不同级别的走势图形的研究。否则,都从最原始的分笔成交去逐步定义、寻找,那这可操作的操作也没什么操作性了。

最低级别的走势中枢与最低级别走势类型的理论定义只解决了一个中枢的存在性问题,而不具备操作性意义。那么最小可分析级别中枢和最小可分析级别的走势类型该如何定义呢?

我们知道,一般的递归定义,是由两部分组成:

$f1(a_0) = a_1$;

$f2(a_n) = a_{n+1}$。

这个函数组给了我们两个规则:

一个是最小可分析级别中枢和最小可分析级别走势类型的定义规则;

一个是中枢和走势类型级别的生长规则。

下面就这个递归函数组中的每一个参数做一个详细的解析。

3.1.2.1 a_0 是指我们定义的最小分析级别走势图上的 K 线

1. 这个 a_0 可以是 1 分钟 K 线图上的 K 线,也可以是 5 分钟 K 线图上的 K 线,甚至可以是更大周期的 K 线图上的 K 线。

确定 a_0 实际上就是要确定一个最小分析级别走势图,就是缠师说的观察走势的最大倍数的显微镜。周期越小,观察到的走势细节越多。具体选择哪个周期的 K 线图作为最小分析级别的周期 K 线图,与你的操作级别有关。

在短线操作或者价格在剧烈波动时,我们一般都选择能够得到的最小分析周期,如股票市场中的 1 分钟周期,或者股指期货市场中的 15 秒 K 线图等。

如果是中线操作的,我们也可以选择 5 分钟 K 线图当作最小分析级别;如果是长线操作的,我们也可以选择 30 分钟或者 60 分钟 K 线图,甚至选择日线图作为最小分析级别图。

换句话说,每一个周期的 K 线图都可以当作走势最小分析级别图,只是分析的精度不同。不同级别的分析图是观察同一走势的不同倍数的显微镜。

在最小分析级别图上确定分型后,就可以在这个级别图上划分笔、线段和 1 分钟走势中枢及 1 分钟走势类型,进而用 f2 函数得到高级别的走势类型了。

2. 无论任何级别的图作为最小分析级别的基本图,在理论上是没有区别的。也就是说,用相同的理论工具可以对任何一个级别的图为最小分析级别的周期图进行相应的分析,准确程度是一样的。

在理论上,如果你真明白了缠论,而且你有这个本事,可以同时监控所有股票的任何级别的走势图上的走势,那么所有股票任何级别的上涨,你都可以把握到。

当然,在实践中是不可能达到这个程度的,你只能根据自己的实际情况,把监控的范围尽量缩小,级别尽量放大,例如只看日线图上的,这样,工作量就可以把握了。前提是你一定要把握好理论本身,多努力吧。先随便找一个日线图,利用你理解的去分析,有不明白的再问(微信号 houdezaizhi),这样才可能学到真功夫。

3. 如果你的短线是看 1 分钟图为最小分析级别的基本图,那你的操作频率就要多,如果你看 30 分钟图为最小分析级别的基本图,那频率就少。先确定看什么图为最小分析级别的基本图,然后再说下一步。

就算你看30分钟图玩短线,也可以利用1分钟图来打短差,就是有一部分筹码按1分钟图上的提示来操作。

为什么不使用日线图做最低分析级别图 a_0?缠师在答疑时曾经说到,可以用日线图做最低分析级别图,但前提是你永远不打短差,而且只弄特大型的行情,也就是只弄大牛市,从底部一直拿到顶部。而对于中线调整来说,因为很多判断必须用到次级别的走势,甚至次次级别的走势。对于一些快速的走势,如果不看5分钟或30分钟的图,根本就看不到其中的变盘信号。这里缠师用相邻周期图间的关系来观察变盘信号,实际上是用后面将介绍区间套的方法寻找次级别结构的转折点。

这就是说 a_0 的选择解决了一个在哪个级别走势图上定义可操作的最小可分析级别中枢的问题,实际上就是确定观察走势结构用哪个倍数的显微镜的问题,即确定了一个最小分析级别基本图。

3.1.2.2 a_1 是在最小分析基本图上定义的最小可分析级别的中枢

通常我们把这个可操作的最小可分析级别中枢 a_1 叫作1分钟级别的中枢。含有1分钟级别中枢的走势类型叫作1分钟级别走势类型。

3.1.2.3 $a_1 = f1(a_0)$

函数 f1 是递归的初始函数,它解决了一个1分钟级别的中枢和走势类型的定义问题。f1 可以是不同的函数。

在缠论中,缠师给出了两个 f1 函数,即在 a_0 确定的情况下的两种定义1分钟中枢的方法。

第一个 f1 函数是,在最小分析基本图上用3根重合的K线重叠区间定义1分钟级别中枢 a_1。

缠师说过,中枢的定义中有一个递归的问题,就是这次级别不能无限下去。在实际之中,对最后不能分解的走势级别,其缠中说禅走势中枢就不能用"至少三个连续次级别走势类型所重叠"定义,而定义为至少三个该级别K线重叠部分。

一般来说,对实际操作,都把这最低的分析周期图设定为1分钟或5分钟K线图,当然,也可以设定为1秒钟K线图,但这都没有太大区别。

如果你把1分钟当最小分析周期,那就是3根1分钟K线重合部分就是1分钟的中枢,当然,如果你把每笔成交当最低的,那就另算了。

注意,这里 a_0 的取值不同,$f1(a_0)$ 的结果 a_1 就不同,但是 a_1 的名字都叫1分钟级别的走势中枢。

有了1分钟级别中枢,就可以定义1分钟级别的走势类型,有了1分钟级别走势类型,就可以根据 $f2(a_n) = a_{n+1}$,定义出更大级别的中枢和走势类型了。

5分钟的中枢必须有三个1分钟级别走势类型的重合。而1分钟的走势类型,怎么都至少有一个1分钟的中枢,如果你把1分钟当成最低级别的,那至少要有三根K线重合,有些连续的拉抬,直上直下的,就没有K线重合,所以不能看成是中枢。

例如一只股票在1分钟图上,如果K线是连续暴跌的走势,互相不挨着,都是直上直下的波浪形走势,连续的3根单位k线没有重叠部分,这样就形成不了1分钟中枢,但最终都要形成中枢。要注意,如果不把1分钟看成最小分析级别的周期K线图,3根单位k线重叠也不等于有中枢。

在最小分析基本图上,三根重叠K线必须是连续,也是有方向的,例如从高位下来形成的,方向就是下上下,其实一般不用看1分钟图当最低的,看分时图更清楚。

第二个f1函数是,在最小分析基本图上用3个线段的重叠区间定义最低级别的1分钟中枢 a_1。

在这个前提下,线段就是1分钟级别走势类型的次级别几何构件了。

在最小分析基本图上定义分型、笔、线段,进而定义中枢,并没有违反中枢的递归意义,只是用一种方法来确认具有操作意义的最小级别中枢 a_1 与走势类型,即1分钟级别的中枢与1分钟级别的走势类型,其后的一切中枢级别和走势类型的生长,依然按照f2函数递归的定义来。

如在最小分析基本图上,三个相互重叠的线段构成1分钟中枢 a_1,包含1分钟中枢的走势类型称为1分钟级别的走势类型。然后这就是原料,再按定义构筑更大级别的中枢和走势类型,后面这些与线段无关。

要注意中枢的递归定义的存在性意义,与分型、笔、线段的操作性意义的区别。

1. 这里在f1相同的情况下,a_0 的取值不同,f1(a_0)的结果 a_1 就不同,尽管 a_1 的名字都叫1分钟中枢。

我们可以根据需要,在1分钟图上用3个线段的重叠区间定义1分钟中枢,也可以在任意周期图上用3个线段的重叠区间定义1分钟中枢。

如缠师解盘:60分钟图也是可以当作最小分析基本图的

如图3-1所示,6124点下来的60分钟图,大的走势就一目了然。这次下来,目前只走了4个线段,连一个1分钟的中枢都没形成。

注意,这里的60分钟图上的1分钟中枢是指以60分钟图做最小分析基本图,以60分钟图上的3个相互重合的线段构成1分钟中枢。

　　显然,一个标准的跌法,就是这第5线段中,有1笔对3进行反抽,形成一个类的第三类卖点,然后再破底,一旦当下满足区间套,那么真正的底部就可以精确定位。

图 3 - 1

　　2. 用3根线段构造的1分钟级别中枢的次级别几何构件是最小分析基本图上的线段。

　　缠师在写到背驰的时候曾明确地指出,笔、线段是为了在实际操作中构成最小级别的中枢,在笔和线段中,连中枢都谈不上,只能用类似中枢以及相应的背驰力度方法去确认笔与线段的结束,但这只是类似,并不是说笔与线段里就真有什么中枢与背驰。严格意义上说,把线段当成最小级别走势类型的次级别是不对的,当然,在不严格的意义上,可以类似地这样认为,但两者是有本质区别的。

　　缠师在分析大盘时一般用3个线段重叠的区间定义为1分钟中枢。为此,他还专门写了一篇"为什么不能由笔构成中枢?"的博文。

　　在我们讨论的走势分解的几何构件中,有两种类型:一、能构成中枢的。二、不能构成中枢的。

　　第一种,包括线段以及各种级别的走势类型。

　　第二种,只有笔。笔是不能构成中枢的,这就是笔和线段以及线段以上的各种级别走势类型的最大区别。

　　其实,这不是一个问题。实质上,我们是可以设计这样的程序,也就是用笔当成构成最小中枢的几何构件,但这样构造出来的系统,其稳定性极差。

　　注:本书第8.1课中缠师举的那个例子就是用笔当作构成最小级别中枢(即1

分钟级别中枢)的几何构件。我们经常称之为笔中枢。这时的笔就是 1 分钟级别的次级别走势，所以缠师在文中称之为线段。其实这种称谓只是比喻。后来缠师把它与用线段构成 1 分钟中枢所形成的 1 分钟走势类型做了个区分，称它为 1 分钟以下级别的走势类型。

众所周知，一笔的基础是顶分型和底分型，而一些瞬间的交易，就足以影响其结构。例如，突然有人打错单，或者有人给老鼠仓送货，那么全天走势的分析就大变样了。而由线段构成最小中枢，则不存在这个问题。为什么？一个线段的改变，不会因为偶尔一笔的错误而改变，也就是说，线段受偶尔性的影响比较少，想想要破坏一个线段的麻烦程度，就知道这一点了。

从心理上看，偶尔因素是允许发生的，只要不被再次确认，就证明偶尔因素对原来的心理合力没有大影响，反过来确认了该合力的有效性。所以，线段破坏本身，其实就反映着一种微妙的心理结构的变化。特征序列分型的引入，本质上就是去勾勒这种心理结构的变化的。就像一般的分型，三次的确认才能构成，特征序列的分型，本质上也是一样的，这样的确认，其有效性就极大增加了。由此构成最小中枢的零件，才是合适的。

如果说三个 K 线的折腾就可以决定一笔的转折，那么一个线段的破坏转折，就需要三个特征序列元素的折腾，这样，市场买卖双方都有足够的时间去反应，从而使之体现出合力的痕迹，当然具有了一定的延续性。一个线段，至少由三笔组成，这也使得转折后的新线段，同样可以让合力得到充分体现，而对比这两个不同方向的线段，买卖双方在相应时间内的心理、实力对比，就一目了然了。

更重要的是，线段破坏的两种方式，有着很大的心理面的不同。第一种方式，第一笔攻击就直接攻破上一段的最后一次打击，证明这反攻的力量是有力的，再回来一笔，代表着原方向力量的再次打击，但反攻力量抗住并再次反攻形成特征序列的分型，这证明，这反攻至少构造了一个停歇的机会。最坏的情况，就是双方都稍微冷静一下，去选择再次的方向。而这，就恰好构成了最小中枢形成的心理基础。

中枢，其实就是买卖双方反复较量的过程，中枢越简单，证明其中一方的力量越强大。中枢的复杂程度，是考察市场最终动向的一个很重要的依据。一个超复杂的中枢过后，就算一方赢了，其后的走势也是经常反复不断的。

而且，在同一趋势中，相邻两中枢的复杂程度、形态，经常有所区别。为什么？人都有提前量，而提前量，经常就是找最近的模本去抄袭，这样，等于在买卖的合力中，都加了一个提前的变量，从而造成整个结构的变化。这是一个很重要的原理，所谓不会二次跨进同一条河流，这本质上是由人的贪嗔痴疑慢造成的。

至于线段的第二种破坏方式,本质上是以时间换空间,反攻开始的力量很弱,需要慢慢积累,这一方面代表原方向的力量很强,另一方面,又要密切关注是否会形成骨牌效应,也就是开始的反攻力量很小,却能迅速蔓延开,这往往证明,市场原方向的分力,其结构具有趋同性,一旦有点风吹草动,就集体转向。这在投机性品种经常能看到,经常是一个小M头就引发大跳水。趋同性,如果对于一般性品种来说,往往意味着庄家控盘程度高。

一些猛烈上涨或下跌的股票,往往甚至由于一个1分钟的小顶分型就引发大跳水或大反弹,其原因,就是这种分力的趋同性所引发的骨牌效应。一般来说,这种第二类的线段破坏,一旦出现骨牌效应,至少要回到前一高、低点范围内,这就是市场上冲顶和赶底时发生的V字形走势。

分力的趋同性所引发的骨牌效应,基本上就是表现为所谓的多杀多、空杀空。特别在一些大的趋势之后,市场的力量一边倒,如果这时候突然来一个加速,一旦逆转,就会发生典型的多杀多、空杀空现象。

3.1.2.4 函数f2是中枢和走势类型级别的生长规则

我们把最小可分析级别中枢 a_1 叫作1分钟级别的中枢,含有1分钟级别中枢的走势类型叫作1分钟走势类型。有了1分钟级别的走势类型就可以按照f2升级规则即三个连续次级别走势类型有重叠,就形成高一级别的走势中枢和走势类型。

走势类型的级别在缠论中是极端关键的。因为缠论的递归函数是有级别的,是级别依次升大的。所以,搞不明白级别,根本就学不明白缠论。

走势类型的级别划分,只是按照缠论的规则将自同构性结构自组出来的或者叫自生长出来的一种分类方法。它是市场参与者交易过程中,交易心理的自同构性结构的一个生长与衰亡的过程。本质上与时间无关,也不是什么时间结构。

中枢级别的名称是借用时间概念来表达的,1分钟以上级别的中枢依次用5分钟、(15分钟)、30分钟、(60分钟)、日线、周线、月线、季线和年线级别来命名。同样,走势类型的级别名称也是如此。当然也可以用其他的方式为其命名,比方说用行政区划来命名为:家庭、街道、区级、市级、省级、国家级等也是可以的。

在这里的时间名词只是对走势类型的级别分类的一种划分手段,或者说借用时间名词给级别取了一个名字,这样比较符合看软件K线图的习惯,但绝不是软件上K线图的级别。二者不是一回事。

3.1.2.5 递归的中枢定义使得走势级别的分解与生长成为可能

考虑到日线的一笔有时候只是一个1分钟走势类型,有时又是一个5分钟走势类型,所以单单从日线上的一笔根本无法把握次级别走势类型的级别。

因而用大周期图定义 a_0 只适用于做较大级别的操作,这样即使产生误差,也是你所能接受的。用大周期图只是为了方便而已。要方便就一定要牺牲精确度。因此,在操作时至少要选次次级别周期图做最小分析级别的基本图,然后定义 1 分钟中枢,接下来一定要用递归的方式画出你的操作级别的走势类型,才能确认买卖点。

缠师说过,1 分钟以下级别,是把下面所有级别当成线段,是没有内部结构的,当然,你换了一种标准,下面可能还有无数级别。至于选择不同的最小分析级别基本图,等于用不同倍数的显微镜,关键是每张图上的标准是统一的。这标准的底线就是,先确认一个最低级别,然后把下面的都看成线段。例如,把两张不同的图并在一起,可能看的标准就有改变,如果用 5 分钟的标准看,那么需要忽略的东西就不同了,这道理很简单。

如果你用 1 分钟图做最小分析基本图,那么只需要在 1 分钟图上画笔和线段,3 个 1 分钟图上的线段重叠形成 1 分钟中枢,进而可以定义出 1 分钟走势类型,在 5 分钟或 30 分钟以上周期图上就没有必要画笔和线段了,在大周期图上只需要画出 1 分钟或 5 分钟走势类型的起止点即可。那么 1 分钟线段及以下级别的结构就可以粗略地看作没有内部结构的线段了。这种情况也可以把 3 根 1 分钟 K 线重合的区间定义为 1 分钟中枢。

同理,如果你用 5 分钟图做最小周期分析图,那么只需要在 5 分钟图上画笔和线段,3 根 5 分钟图上的线段重叠形成 1 分钟中枢,进而可以定义出 1 分钟走势类型,在 30 分钟以上周期图上就没有必要画笔和线段了,在大周期图上只需要画出 1 分钟或 5 分钟走势类型的起止点即可。那么 5 分钟线段及以下级别的结构就可以粗略地看作没有内部结构的线段了。

这种情况如果要判断 5 分钟一笔的结束点,还是要降低一个周期,看 1 分钟图上的结构的,最终要在 1 分钟图上找到最低的那个底分型的第二元素的低点。也就是说大级别的结束,一定要有符合区间套的背驰点出现才能真正地结束。

递归原则简单来说就是三个线段重叠形成 1 分钟中枢 A,加上中枢前后段 a 和 b 两个次级别走势段,合称为一个 1 分钟走势类型(这里中枢可以不止一个)。有了 1 分钟走势类型后,用相同的方法,三个 1 分钟走势类型重叠形成 5 分钟走势中枢 A',加上前后段 a 和 b(此时的 b 段也要同步升级为 1 分钟走势类型),合称为一个 5 分钟走势类型。其后以相同的方法递归。

或者说某级别图上 3 根 K 线重合构成 1 分钟中枢,含有这样中枢的笔就是 1 分钟走势类型,三个 1 分钟走势类型重叠形成 5 分钟走势中枢,含有 5 分钟中枢的走势类型称为 5 分钟的走势类型。

在小周期图上可以看到大级别的买卖点,而在大周期图上不一定能看到小级别的买卖点。比方说在1分钟K线图上能看到任何级别的买卖点,而在周线图上是看不到1分钟走势类型的买卖点的。

缠论所说的买点买、卖点卖中的买卖点的级别是指走势类型的级别。

比方说日线上一笔的上涨可以是1分钟走势类型级别的上涨,也可以是5分钟走势类型级别的上涨,因此买卖点的级别是不同的。因为买卖点的级别与持股周期有关,所以必须搞清楚才行。

一个走势的各级别走势类型之间既相互独立又相互关联。

例如5分钟出现下跌,日线出现上涨,站在日线的角度,那5分钟的下跌只构成一个小的回挡。至于看哪个级别的走势图,关键是你的资金量与操作频率,如果资金量小,频率快的,5分钟图上一旦出现危险,就可以退出来了。而对资金量大的,5分钟图的危险没什么意义,除非这种危险演化成日线上的危险。

3.1.3 在实际操作中,我们只需要找到当下操作级别的走势类型和次级别走势类型就可以了。

为什么可以用1、5、15、30、60分钟,日、周、月、季、年的级别分类走势类型来分析和操作?

如果按严格定义操作,必须从最低级别开始逐步确认其级别,太麻烦也没多大意义,所以才有了后面1、5、15、30、60分钟,日、周、月、季、年的级别分类。在这种情况下,就可以不大严格地说,三个连续1分钟走势类型的重叠构成5分钟的中枢,三个连续5分钟走势类型的重叠构成15或30分钟的中枢等话。在实际操作上,这种不大严格的说法不会产生任何原则性的问题,而且很方便,所以就用了,这一点必须明确。

一个最低级别不到的走势类型,可以生长100年不长成更高级别的,走势类型的级别与时间,本质上没有太大的关系。走势类型的级别的关键,就是缠论设计的那套规则 $f2(a_n) = a_{n+1}$。走势类型的级别,本质上不对任何时间结构有任何绝对的承诺,为什么? 因为这里没有任何的绝对的理论推导可以保证这一点,走势类型的级别被破坏了,就是因为被破坏了,只此而已,并不是因为有什么时间的因素、结构就被破坏了。这如同交易,时间只是给交易界定了顺序,并不决定交易。

请注意中枢的递归定义的存在性意义,与分型、笔、线段的操作性意义的区别。当然,如果我们能找到交易中每一分笔(注意,不是上面说的笔,而是实际交易中的每一分笔)的成交,然后按照递归定义,就可以构造出整个走势类型与中枢的级别序列来,但这没实际操作意义,只是理论上的。而分型、笔、线段,并没有违反中枢的递归意义,只是用一种方法来确认具有操作意义的最小级别中枢与走势类型,其后的一切,依然按照递归的定义来。

如果对数学有点了解的就知道,这样定义的走势类型级别的生长与用最低级别走势类型递归的方式生长出来的是一样的,都是 $f2(a_n) = a_{n+1}$,唯一不同的就是预先给出的 a_0。纯理论上讲,这 a_0 就是从每一分笔的成交开始的,但这没有实际可操作性,所以,就可以用分型、笔、线段来确认这个 a_0。而站在递归的程序上,这两者没有本质区别。其实,这些都是最简单的数学。

其实,随意设置任何一个最小分析级别的基本图,都不会改变中枢定义的递归性。而且,任何有点数学常识的都知道,$f1(a_0) = a_1$ 之前是不需要再有什么递归性的,也就是,一和二之间的 $f1$、$f2$ 可以是完全不同的两个函数。

有些人一直还搞不清楚中枢,就是一直都搞不清楚这点。例如,可以用分型、线段这样的函数关系去构造最低级别的中枢、走势类型,也就是一中的 a1,而在二中,也就是最低级别以上,可以用另一套规则去定义,也就是有着和 f1 完全不同的 f2。

因此,中枢最重要的是它的递推关系,有了递推关系才有级别和区间套。

理论是用来用的,只要不违反理论的基础与绝对性,当然要选择更简单的用法。对这个问题,必须要了解,否则一下 30 分钟、一下 1 分钟、一下又年线,非把自己换晕了。

当然,最精细最严格的方法,就是前面介绍的先确定一个最小分析基本图,然后从最低级别的分笔中逐步组合分析上来,这样就不存在上面的问题,但这样太累,而且毫无必要。

因此,级别的本质就是用次级别走势类型的终结,来判断本级别走势结构的转折点。这样就可以在较大周期 K 线图上直接定义次级别中枢,而不再关心这个次级别具体叫什么名字了。

例如缠师在答疑中提到的如何在日线图上找 30 分钟走势时说:

如图 3-2 所示,看日线图操作没必要去找 1 分钟图的,一般日线上很明显地看出三段,而且,每段中日 K 线有至少三根以上重合,那这三段的每一段基本都是 30 分钟的走势了。当判断次级别的背驰时,才需要去看次级别的图。这三段重合的区间即为日线中枢了。

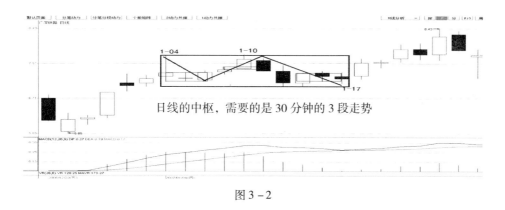

图 3 - 2

注:如果日线上的三段,每段中都是直上直下的,没有至少 3 根以上的重合 K 线,则不构成日线中枢,只能是 30 分钟的中枢。另外,这三段可能会是一笔,也可能不是一笔的结构。

其实在应用时没必要太在意一个中枢叫什么名字,只需要知道你操作的级别的中枢是哪个,它的次级别中枢是哪个就足矣。把它的次级别及以下级别的走势看成一个没有内部结构的线段来处理就行了。至于这个中枢的名字,不同的人有不同的叫法是正常的。因为给中枢取名的方法可能会不同。也就是前面我们说的 a_0 和 f1 不尽相同。

尽管如此,我们一定要清楚,走势图的级别与走势类型的级别是两个完全不同的概念。

1. 走势图的级别是指我们能看到的不同周期的走势图,如 1 分钟 K 线图,5 分钟 K 线图,30 分钟 K 线图等等。走势图级别的不同只是我们观察市场价格走势时所用的显微镜的倍数不同而已。K 线图的周期越小,我们能观察到的市场走势波动的细节越多。K 线图的周期越大,等于我们在观察市场走势波动时,忽略的细节越多。这个细节是指小级别走势的几何结构。

2. 走势类型的级别是指在一个走势类型中所包含的最大级别走势中枢的级别。

3. 相同的 a_0,不同的 f1,同一个中枢的名字是不同的。

例如,把 1 分钟图当作最低级别时,3 根 1 分钟 K 线重合即形成 1 分钟级别的中枢,那么含有这样中枢的一笔就是一个 1 分钟走势类型。那么一个 1 分钟的线段就是 5 分钟级别的走势中枢,3 个有重叠关系的线段重叠就是 30 分钟中枢了。与后面用 3 个有重叠关系的线段做 1 分钟中枢定义的走势类型的级别相差 2 个级别! 所以同一个走势中枢,相同的 a_0,不同的 f1,取的名字是不同的。

4. 同样的 f1，不同的 a_0，同一个名字所指的中枢也绝对不是同一个中枢。

例如，同样是 3 个线段重合形成的 1 分钟中枢，用 1 分钟图做 a_0 和用 60 分钟图做 a_0，虽然都叫 1 分钟中枢，但所指的中枢肯定是不同的两个级别的走势中枢。

所以说中枢的名字不重要，重要的是要清楚递归函数的初始值 a_0 和 a_1 是如何定义的。

再如，用三根 K 线重合定义最小级别中枢，既可以在 1 分钟图上 3 根 K 线重叠构成 1 分钟中枢，也可以在 5 分钟图上甚至 30 分钟或 60 分钟图上用 3 根 K 线构成 1 分钟中枢。这样，同一个名字所指的中枢也绝对不是同一个中枢。

如图 3 - 3 所示，如果以 1 分钟图上 3 根 K 线重叠构成 1 分钟中枢，含有这个 1 分钟中枢的走势类型叫作 1 分钟走势类型。以此递归，则这个中枢叫作日线中枢。1 到 6 的走势含有这个日线中枢的走势类型叫作日线级别走势类型。

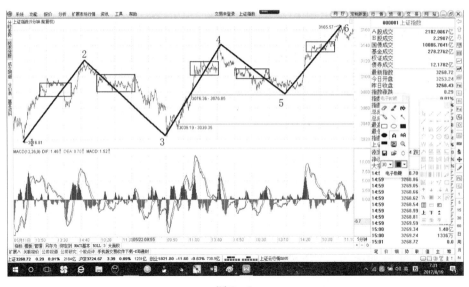

图 3 - 3

同一走势，如果以 5 分钟图上 3 根 K 线重叠构成 1 分钟中枢，含有这个 1 分钟中枢的走势类型叫作 1 分钟走势类型。以此递归，则这个中枢叫作 30 分钟中枢。1 到 6 的走势含有这个 30 分钟中枢的走势类型叫作 30 分钟级别走势类型。

一般都将 1 分钟图当作最小分析周期图。对于初学者，最好用 5 分钟图作最小分析周期图。

某级别图上三个线段重叠构成 1 分钟级别，然后以此进行递归，产生更大级别。

这样就可以在 1 分钟图上 3 个线段重叠构成 1 分钟中枢,也可以在 5 分钟图上甚至 30 分钟或 60 分钟图上用 3 个线段构成 1 分钟中枢。这样,同一个中枢所取的名字肯定是不同的。

同样是上面的 5 分钟图上的 2 – 5 这个中枢。

如果以在 1 分钟图上 3 个线段重叠构成 1 分钟中枢,含有这个 1 分钟中枢的走势类型叫作 1 分钟走势类型。以此递归,则这个中枢叫作 5 分钟中枢。1 到 6 的走势含有这个 5 分钟中枢的走势类型叫作 5 分钟走势类型。

如果以在 5 分钟图上 3 个线段重叠构成 1 分钟中枢,1 到 6 的走势含有这个 1 分钟中枢的走势类型叫作 1 分钟走势类型。以此递归,则这个中枢叫作 1 分钟中枢。

因此,中枢的名字并不重要,重要的是要清楚这个中枢的次级别是什么。

同一个走势中枢 a_0 的取值不同,给它取的名字就会不同,同样的道理,相同的 a_0,不同的 f1,给它取的名字也不同。

有些人一直还搞不清楚中枢,就是一直都搞不清楚这点。

一个最简单的例子,三个 5 分钟走势类型的走势重叠构成一个 30 分钟中枢,站在 30 分钟级别的角度,5 分钟的走势类型都可以看成就是一个线段,没有内部结构的,这线段的高低点就是对应 5 分钟走势类型的高低点。

而站在 5 分钟的次级别 1 分钟上看,每段 5 分钟的高低点都不绝对是在 5 分钟走势的结束或开始位置,当然,按 1 分钟的级别用结合律重新组合,总能让高低点分别在开始或结束的位置,但站在分笔的级别上,这又不行了。为什么?

因为当我们用 1 分钟的级别重新组合时,其实就先把分笔上的级别都看成没有结构的线段了。所以,这个原则是必须明确的,例如你决定用 30 分钟走势类型来操作、观察时,其实就已经先假定把所有完成的 5 分钟走势类型都看成线段了。

这里和区间套定理是没有冲突的,当 30 分钟进入背驰段,为了更精细地定位,用倍数更大的显微镜去看这段走势,这是极为自然的。只要知道该在什么时候用什么倍数的去看就可以。再例如,在看 30 分钟的第三买卖点时,由于要涉及次级别 5 分钟的判断问题,所以那时候就不能光用 30 分钟级别的显微镜,同样要转换成 5 分钟的。但无论这些显微镜如何转换,一个原则是不变的,就是当你用一个级别的显微镜时,就等于先把次级别的当成线段了,也就是说次级别不在该级别的观察中。

3.1.4 关于走势中枢的几个概念

3.1.4.1 中枢的方向

中枢的形成无非两种,一种是回升形成的,一种是回调形成的。

在一个向上的走势类型回调中,如图 3-4 所示,A、B、C 是三个次级别的走势类型重叠形成了一个本级别中枢。

显然,A、C 段,其方向与中枢形成的方向是一致的,由此可见,在中枢的形成与延伸中,由与中枢形成方向一致的次级别走势类型的区间重叠确定。

也就是说回调或上涨中的中枢从回落的高点算起。回升或下跌形成的中枢从回升的低点算起。判别中枢就是看图认字,只要符合中枢定义的就是中枢。中枢有点像钟摆,回升的高点,就像把钟摆拉高,然后放手,去回去三次确认。

图 3-4

1. 回调形成的中枢一定是下、上、下三个次级别走势类型重叠的方式形成的,当然,这里的下、上、下,可以有一段是以盘整的平走替代。向下的反之。

缠师解盘:如图 3-5 所示,今天的 9:51 到 10:08,构成 1 分钟上的中枢,也是第二个。该中枢的第三段,是很弱的那种(注:这就是盘整的平走形式的第三段),这在快速走势上很常见的,多看图就能分辨了。

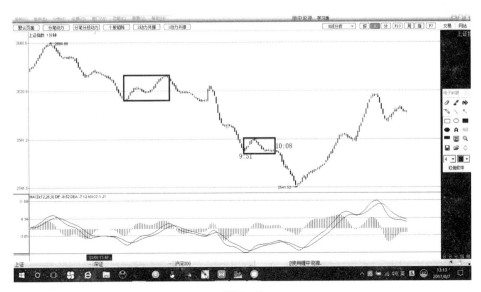

图 3 - 5

2. 中枢的起始位置一定是在次级别的结束位置。

缠师答疑:

Q:如图 3 - 6 所示,对中枢还是无法分辨出具体的区间,比如大盘 5 分钟下跌的第二个中枢为什么不是 09:50 - 14:10 呢?

图 3 - 6

A：你不能把前面的归到后面来。一个趋势完成，最后一段都至少在次级别以下出现背驰。按你那种分法的第一段，是前面一个走势类型的最后一个中枢，后面出现一个小背驰，然后再有一个大级别的中枢形成。请你把走势类型里的中枢延续，与"趋势＋盘整"分清楚。

注："趋势＋盘整"的分界点是在小级别的趋势背驰点上。而中枢的延伸过程中，分界点可以借用小级别趋势中的最后一个中枢。

3.1.4.2 走势中枢的区间

缠中说禅走势中枢由前三个连续次级别走势类型的重叠部分确定。

如果把与中枢方向一致的次级别走势类型称为 Z 走势段，按中枢中的时间顺序，分别记为 Z_n 等，而相应的高、低点分别记为 g_n、d_n，定义四个指标，$GG = \max(g_n)$、$G = \min(g_n)$、$D = \max(d_n)$ 和 $DD = \min(d_n)$，n 遍历中枢中所有 Z_n。

特别地，再定义 $ZG = \min(g_1, g_2)$，$ZD = \max(d_1, d_2)$，显然，$[ZD, ZG]$ 就是缠中说禅走势中枢的区间。

即构成本级别中枢的每段次级别走势类型，其起点和终点就是该次级走势的最高点或最低点，那么一段完成的走势类型，其起点和终点一定是该走势类型的最高点或最低点。这是线段的标准化处理后的结果。

如果后面有延伸，则以前三个次级别走势类型重叠的区间为准。

前三个之后的就是围绕这个中枢的波动了，这个波动，实际就是中枢的延伸，就是这个中枢还在继续，还没有走完，或者叫走势还没有完成，没有完美。虽然已经多于三个次级别走势类型了，但是中枢可以延伸，因为还没有跑出这个中枢去，只有新的走势中枢出现了，这个中枢才叫完成。

次级别的前三个走势类型都是完成的才构成该级别的中枢，完成的走势类型，在次级别图上是很明显的，根本就不用再看次级别下面级别的图了。

为什么要强调"完成的走势类型"，如果三段中有一段在次级别中不是完成的走势，那它在本级别重叠的三段就不能构成缠中说禅走势中枢？

1. 不完成的走势类型是无法知道它要演化成什么类型的

例如，出现第三个，那前两个肯定完成了，否则也没有第三个出现。但如果这第三个不完成，例如在30分钟的级别里，出现一个最低级别的缺口，直接就跳到前两个类型之外去。那根本就不能构成重叠了，中枢只能在其后的走势中形成。

一个最极端的例子，一个股票连续30天一开盘就涨停，30条横线向上，这样，在日线（K 线周期图）上就不可能形成中枢，最多只在 1 分钟图上形成 30 个中枢（注：这里的 1 分钟中枢是指 3 根 1 分钟 K 线重合形成的最小级别中枢）。而 1 分钟不是日线的次级别。

日线的中枢,只能在打开涨停后并且在30分钟图上形成三段完成的走势类型后形成。

如果第三个次级别走势类型没完成,有可能会走成连接两个较大级别中枢的连接段。

2. 一个没有完成的走势类型,是说不好是什么级别的

例如一个1分钟的中枢,如果没有完成,震荡出1000个出来,按9个1分钟就是1个30分钟,你说这是什么中枢。所以走势类型,必须等完成了,才能确定其级别。中枢级别和幅度没有必然的关系。

3.1.4.3 走势中枢的终结

走势中枢定理三:某级别走势中枢的终结,当且仅当一个次级别走势离开该走势中枢后,其后的次级别回抽走势不重新回到该走势中枢内。

由此可以得到第三类买卖点定理:一个次级别走势类型向上离开缠中说禅走势中枢,然后以一个次级别走势类型回试,其低点不跌破ZG,如图3-7所示,则这个低点构成第三类买点;一个次级别走势类型向下离开缠中说禅走势中枢,然后以一个次级别走势类型回抽,其高点不升破ZD,如图3-8所示,则这个高点构成第三类卖点。

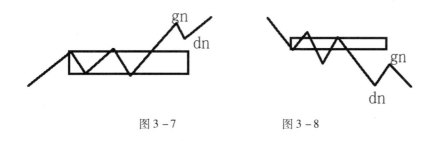

图3-7　　　　　　　图3-8

也就是说只要不跌破ZG,无论是否跌破GG都可以是第三类买点。第三类卖点反过来即可。

中枢是多空双方争夺最激烈的地方,一旦中枢被突破,就表明一方暂时胜出。能否对这种胜出进行确认和巩固,其标志是:第三类买卖点的出现。

缠师答疑:

Q:在盘整后(30分钟线的中枢),以次级别(5分钟)走势向上走,在5分钟线上还没有形成中枢前,可以看作是中枢(30分钟)的离开,但在形成第一个5分钟线上的中枢后,此时如何看待当下(30分钟)的走势?

A:注意,有几个概念必须搞清楚:

1. 即使形成一个 5 分钟的中枢,依然有回跌入原 30 分钟中枢的可能。

2. 离开中枢,并不意味着中枢不会继续延续,只要这个离开只是次级别的,而下一个次级别的回抽一样有可能重新回到原中枢而使得中枢延续。

3. 这里必须搞清楚第三类买点的介入时机,就是一定要使得回抽的次级别不能回到原中枢这一点得到确认,这可以参考次级别的第一类买点。

3.1.4.4 走势中枢的位置

走势中枢可以在走势类型的任何位置,没有人规定中枢一定在图形的中间位置的。

如图 3 - 9 所示,601333 的日线中枢从 1 - 04 开始到 1 - 17 最终形成,在 1 - 10 的高点,根据走势必完美,就知道必然有第三段的回拉。

下面给出了该段走势在不同周期图上的不同表现形式。

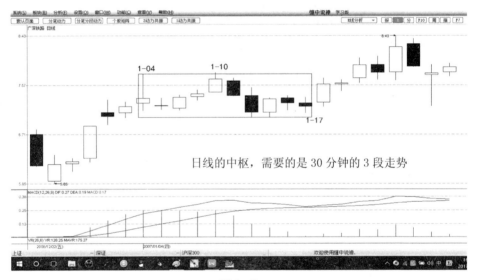

图 3 - 9

配合 MACD 15 分钟的背驰,如图 3 - 10 所示,就更明确了。从 a 处对应的 MACD 的面积来看,此处没有发生盘整背驰,后面还应该有一个新生的中枢。不过这个中枢结束的位置在 a 点之上。

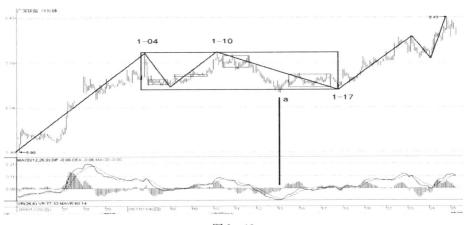

图 3－10

30 分钟的走势,如图 3－11 所示,需要的是至少有一个 30 分钟的中枢。30 分钟的中枢,至少需要三段 5 分钟的走势构成,而第三段下来,是一条直线的,在 5 分钟上也是一段单纯的 5 分钟的下跌走势,没有三段。其实这一段的 30 分钟走势,中枢是在后面的。

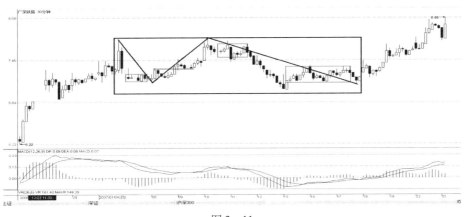

图 3－11

一定要注意,对于 30 分钟的走势,一定要至少出现 5 分钟的三段走势构成的中枢,才算是有了 30 分钟的中枢,一般在 30 分钟上看出一条直线下来的走势,是不会有 30 分钟中枢的。

图 3－12 是该段走势在 5 分钟图上的结构。第三段的结束不在最低位,因为第三段的最后一个中枢在后面。

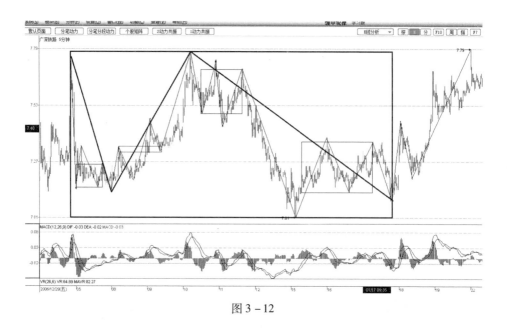

图 3 - 12

图 3 - 13 是第三段走势在 1 分钟图上的结构。最后一个中枢结束时不是这个趋势走势类型的最低位置。

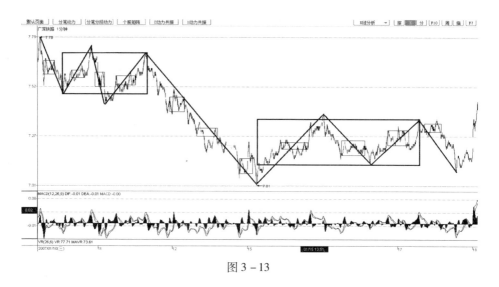

图 3 - 13

从 1 - 17 开始,就是开始对日线中枢的摆脱,能否成功,目前还不能下结论,但这不影响操作,如果不成功就可以出来打短差,否则就继续持有。

3.1.4.5 同一走势中枢在不同周期K线图上的表达方式是不一样的

1. 日线图上是3根K线重合,如图3-14所示。

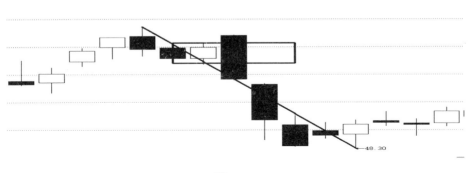

图 3 – 14

2. 30分钟图上是若干个顶底分型,如图3-15所示。

图 3 – 15

3. 5分钟图上是3笔重叠构成的中枢,每一笔中都有3根K线重合的结构,如图3-16所示。

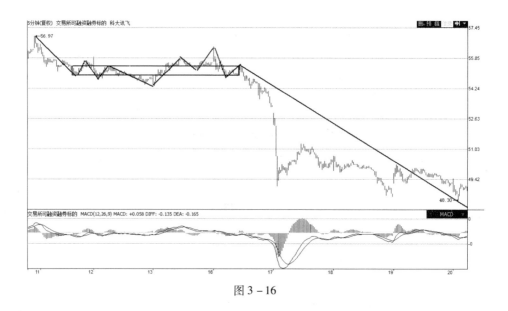

图 3 - 16

4.1 分钟图上是 3 个线段重叠形成的中枢,如图 3 - 17 所示。

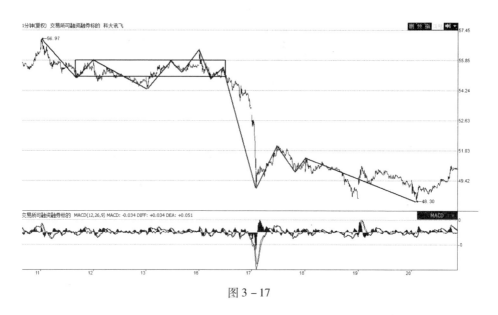

图 3 - 17

从上面的 4 幅图我们可以看到,同一个中枢在不同的周期图上的表现形式是不同的。大家思考一下,这个中枢应该叫什么级别的中枢呢?日线图上的这一笔,应该是什么级别的什么走势类型?

这也就告诉我们为什么可以用大级别走势图上的笔来代替某一级别的走势

类型了,从而有笔中枢这个概念了。

3.2 走势中枢形成后走势的完全分类

中枢形成以后的走势有两种完全分类:

一是中枢不被终结,使得中枢继续延伸;

二是中枢被终结,产生一个新的同级别中枢或者扩展成一个更大级别的中枢。

其边界条件是能否产生第三类买卖点。

3.2.1 中枢的延伸

中枢形成后,无论次级别及以下级别走势向上或是向下离开,中枢都有将其拉回的作用力,就好像中枢有着巨大的吸引力一样,对每一个试图离开中枢的小级别走势都会有巨大的引力以防止其逃脱。只有当离开中枢的力大于中枢的引力时,才能成功地脱离中枢的束缚。

一般来说,下跌中枢对后面的上涨会有影响,所以股市经常会出现所谓的对称性上涨,怎么跌下来的就怎么涨上去,这主要就是因为前面下跌中枢对走势吸引作用的影响。但在观察时,看上涨,还是只看上涨本身的中枢,前面下跌的中枢只是一个可能阻力的参考。

根据中枢终结的定义,只要不产生第三类买卖点,则该走势中枢延伸就会延续下去。这个过程也称为中枢震荡。

根据走势中枢的数学表达式有如下定理:

走势中枢中心定理一:走势中枢的延伸等价于任意区间 $[d_n, g_n]$ 与 $[ZD, ZG]$ 有重叠。换言之,若有 Z_n,使得 $d_n > ZG$ 或 $g_n < ZD$,则必然产生高级别的走势中枢或趋势及延续。

这种情况下,所有围绕走势中枢产生的前后两个次级别波动都必须至少有一个触及走势中枢的区间。否则,就必然产生一个新的三个连续次级别走势类型的重叠部分离开原来的走势中枢,这与走势中枢的延续矛盾。

如何预先给出有参考价值的提示,也就是如何去监控这震荡是在逐步走强,还是逐步走弱,这是一个有操作价值的问题。当然,顺便地,可以为每次的震荡高低点的把握给出一个大致的区间。

一个中枢确立后,中枢区间的一半位置,称为震荡中轴 Z。而每一个次级别走势类型震荡区间的一半位置,依次用 Z_n 表示,当然,最标准的状态,就是 Z_n 刚好就是 Z,但这是很特殊的例子。

显然,Z_n 在 Z 之上,证明这个震荡是偏强的,反之偏弱。震荡的中枢区间是

[A,B],那么,A、Z_n、B这三条直线刚好是等距的,Z_n 的波动连成曲线,构成一个监视中枢震荡的技术指标。

当然,只要有波动,就可以用类似中枢、走势类型之类的手段去分析。

一般来说,这个指标是一个监视。这里,存在着一种必然的关系,就是最终,Z_n 肯定要超越 A 或 B,为什么? 如果不这样,就永远不会出现第三类买卖点了,这显然是不可能的。

Z_n 超越 A 或 B 并不意味着一定要出现第三类买卖点的,这种超越可以是多次的,只有最后一次才构成第三类买卖点。(第一次超越构成的第三类买卖点最有操作意义)不过实际上的情况在绝大多数情况下没有这么复杂,一般一旦有这类似的超越,就是一个很大的提醒,也就是这震荡面临变盘了。

一般来说,如果这超越没有构成第三类买卖点,那么一般都将构成中枢震荡级别的扩展,这没有 100% 的绝对性,但概率是极高的。

这样,对于中枢震荡的可介入性,就有了一个大概的范围。

对于买来说,一个 Z_n 在 Z 之下甚至在 A 之下的,介入的风险就很大,也就是万一你手脚不够麻利,可能就被堵死在交易通道中而不能顺利完成震荡操作。

即在中枢之下介入的,如果在形成第三类卖点时不能及时卖出,就有亏损的风险。

那些 Z_n 缓慢提高,但又没力量突破 B 的,要小心其中蕴藏的突然变盘风险,一般这种走势,都会构成所谓的上升楔形之类的诱多图形。这种情况,反过来,同样存在下降楔形的诱空,道理是一样的。

中枢震荡中次级别的类型其实是很重要的,如果次级别是一个趋势类型,Z_n 又出现相应的配合,那么一定要注意变盘的发生,特别那种最后一个次级别中枢在中枢之外的,一旦下一个次级别走势在该次级别中枢区间完成,震荡就会出现变盘。如图 3 - 18 所示。

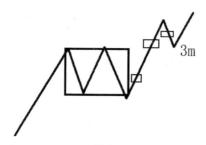

图 3 - 18

可以结合布林通道线对时间的把握,这样对震荡的变盘点的把握就有极高的预见性了。

除了特殊的情况,Z_n 的变动都是相对平滑的,因此,可以大致预计其下一个的区间,这样,当下震荡的低点或高点,就可以大致算出下一个震荡的高低点。

中枢震荡,最终一定以某级别的第三类买卖点结束。

操作上一定要坚持以下原则:中枢震荡的卖点都是出现在向上离开中枢时。在第三类买卖点出现之前,必须先卖后买,一旦出现第三类卖点,则坚决等待更大级别中枢出现或下跌完成后才再介入。

买卖段:离开中枢的一个次级别走势类型即为买卖段。中枢下为买入段,中枢上为卖出段。

Z_n 的数量不会过于庞大,不会超过 9 个,超过了,级别就升级了。

3.2.2 中枢的新生

中枢被终结,形成第三类买卖点后,产生新的同方向的同级别走势中枢,进而使得原来的盘整走势类型变成趋势走势类型或者使得原来的趋势走势类型得以延伸。

缠中说禅走势中枢中心定理二:前后同级别的两个缠中说禅走势中枢,后 GG < 前 DD 等价于下跌及其延续;后 DD > 前 GG 等价于上涨及其延续。

在趋势里,同级别的前后缠中说禅走势中枢是不能有任何重叠的,这包括任何围绕走势中枢产生的任何瞬间波动之间的重叠。

3.2.3 中枢的扩展

中枢被终结,即形成第三类买卖点后,又被拉回到原来的中枢波动范围内,产生更大级别走势中枢,进而形成更大级别的盘整走势类型的情况称为中枢的扩展。如图 3 - 19 所示。

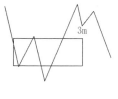

图 3 - 19

缠中说禅走势中枢中心定理二:后 ZG < 前 ZD 且后 GG ≥ 前 DD,或后 ZD > 前 ZG 且后 DD ≤ 前 GG,则等价于形成高级别的走势中枢。如图 3 - 20 所示。

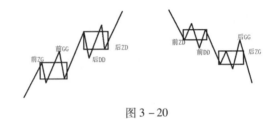

图 3 - 20

即如果三个连续次级别走势类型的重叠区间虽然不和前面的走势中枢有任何重叠,但围绕该中枢产生的波动触及前面走势中枢延续时的某个瞬间波动区间,这时候,就不能认为该走势类型是趋势,而只是产生一个更大级别的缠中说禅走势中枢。这种情况将走势生长为更大级别的盘整走势类型。

扩展后的中枢结构的划分和一般中枢正常的划分是一样的。

因此形成第三类买点后面并不意味着一定继续上扬,特别是第二个中枢后,演化成更大级别的中枢的可能是存在的。这一切不用预测,当下看就可以。

例如缠师解盘:今天走势是一个正常的中枢震荡,如图 3 - 21 所示。由于周一那缺口还在那里,因此成为行情发展的一个隐患,只要震荡触及 4192 点附近的46,那么中枢就将扩展。今天的走势已经触及该点,所以后面将是一个大的中枢震荡。短线还是看在 4224 点的 61,如果一个 1 分钟走势不能重新触及该点,就会形成一个 5 分钟的第三类卖点,那么震荡的区间就要往下扩展。如果能重新站稳4224 点,那震荡依然是强势的。

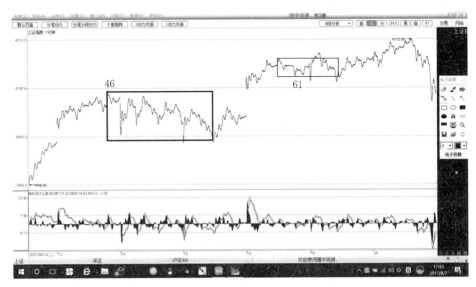

图 3 - 21

扩展后的中枢区间的划分方法：

1. 如果 1 分钟级别的前后两个中枢发生扩展则形成一个新的 5 分钟中枢，那么这个 5 分钟中枢的区间就可以用结合律来画出。例如原来九段的，三个三段结合起来看就行了。

2. 如果原来是日线的，现在变成周线的，那就在周线上找次级别也就是日线上三段走势，按中枢的公式去确定。

中枢的延续、扩展、新生之间的区别是很细微的，必须认真地研究三者对应的数学公式，那是最精确的。在新的中枢形成之前，中枢的这三种可能性都不可能完全从逻辑上排除，而第三类的买卖点的精妙之处，在于不依赖于这种不可确定性而确定了，里面的细微之处请好好理解。

缠师解盘：

今天的大盘，技术上十分标准，如图 3 - 22 所示，第三买点后出现标准顶背驰，然后就使得走势从 1 分钟级别向 5 分钟扩展。现在，一个新的 5 分钟中枢已经形成，后面就看这 5 分钟中枢的震荡过程。估计这次 4800 点上来的 1 分钟走势，虽然很标准，但也不一定都能分解对，其中 286、296 是第一、二两个中枢的第三类买点。297 顶背驰后，最少跌回 287 下，这点已经完成，所以这 5 分钟中枢的扩展是逃不掉了。

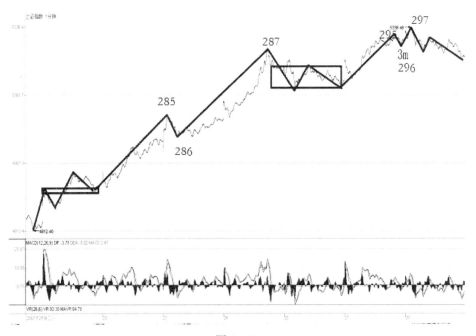

图 3 - 22

下面的问题,很简单,就是这 5 分钟的走势类型究竟是一个上涨还是盘整,如果是上涨,这是第一个中枢。后面的第一个问题,就是这 5 分钟中枢的第三类买卖点问题。

这里,必须把两种情况严格区分。

1. 走势中枢及其延伸。这种情况下,所有围绕走势中枢产生的前后两个次级别波动都必须至少有一个触及走势中枢的区间(ZG,ZD)。否则,就必然产生一个新的三个连续次级别走势类型的重叠部分离开原来的走势中枢,这与走势中枢的延续矛盾。

2. 一个走势中枢完成前,其波动触及上一个走势中枢或延伸时的某个瞬间波动区间,由此产生更大级别的走势中枢。

换言之,走势中枢的延伸与不断产生新的走势中枢并相应围绕波动互不重叠而形成趋势,在这两种情况下,一定不可能形成更大级别的走势中枢。而要形成一个更大级别的走势中枢,必然要采取第三种的方式,就是围绕新的同级别走势中枢产生后的波动与围绕前中枢的某个波动区间产生重叠。

3.3　中枢升级的三种方式

3.3.1　围绕新的同级别走势中枢产生后的波动与围绕前中枢的某个波动区间产生重叠而形成更大级别走势中枢。

如图 3 - 23 和图 3 - 24 所示。

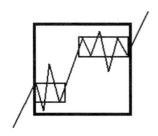 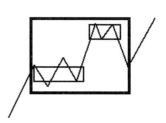

图 3 - 23　两中枢波动区间重叠　　图 3 - 24　第三类买点后又回到原中枢波动范围内

3.3.2　延伸超过 9 个次级别,就变成更大级别的中枢

延伸不能超过 9 个次级别,否则就变成更大级别的,这根据定义很容易理解。例如,如图 3 - 25 所示,9 个 30 分钟的延伸,每三个又构成日线级别,三个日线级别自然就是周线级别。注意,如果股价是一条直线没波动的,那不能这样加,例

如,直接封涨停的,就只能算最多 1 分钟级别的,因为要构成大级别的,首先要有波动,没波动就不存在扩展、延伸的问题。

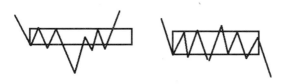

图 3 - 25　9 段延伸的两种方式

缠师答疑:

Q:9 个一分钟的走势类型重叠构成一个 30 分钟的中枢,那么这个 30 分钟的中枢点位和从一分钟递归上来的一样吗?

A:不一定。按 3 + 3 + 3 这样组合后确定 30 分钟的。如图 2 - 26 所示。

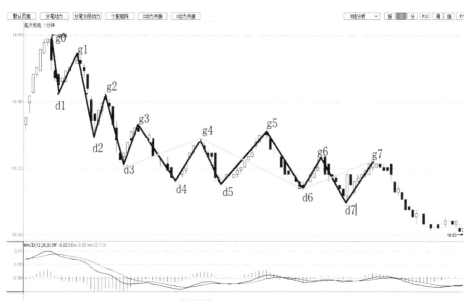

图 3 - 26

缠师解盘:

技术上,如图 3 - 27 所示。如果你把今天 13 点 40 分前后当成所谓的 1 分钟第三类买点,那么至少你需要补习两个知识点,一个是线段分类中的第二种情况的处理问题,第二是如果线段延伸 9 段后,需要考虑的就不是 1 分钟中枢,而是 5 分钟中枢的问题,这里的次级别变成 1 分钟走势类型了。

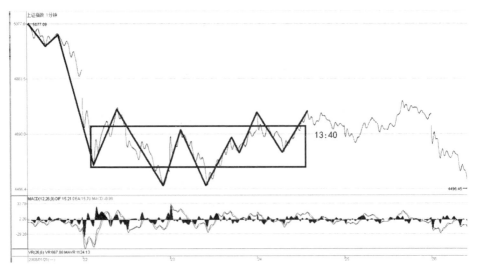

图 3 - 27

3.3.3 至少三个本级别走势类型所重叠的部分构造完成后生长成更大级别中枢

在更大级别中枢这一个角度,这是一个盘整的走势类型,而且这一个盘整走势类型随时都可以完成。

如图 3 - 28 所示。12,23 和 34 三个 5 分钟走势类型重叠,形成一个 30 分钟中枢。

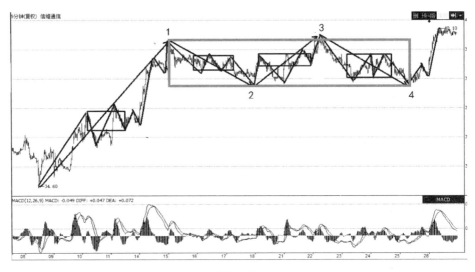

图 3 - 28

5 分钟中枢,只要 3 个 1 分钟走势类型有重合就可以,不是一定要里面的所有段都重合。所有都重合,只是其中一个特殊的情况,这叫作线段延伸 9 段后形成 5 分钟中枢,在这种情况下,同样可以看成是三个 1 分钟走势类型的重合。如图 3 - 29 所示。

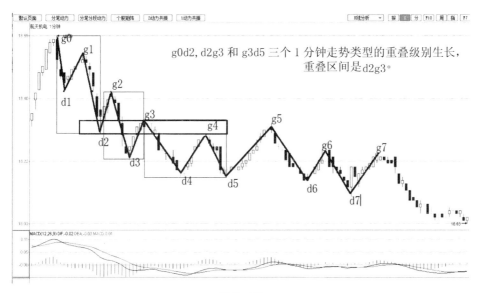

图 3 - 29

3.3.4 升级就按大级别处理

投资,往往碰到这样两难的事情,就是一个小级别的进入,结果出现大级别的上涨,这时候怎么办?

这时候有两个选择:

1. 继续按小级别操作,这样的代价是相当累,而且小级别操作的问题是对精确度要求比大级别高,而且资金容纳程度低;

2. 升级为大级别操作基础上,部分保持小级别操作。

对于资金比较大的投资,后者是比较实用的。

一般情况下,以 5 分钟同级别分解为例,如图 3 - 30 所示,只要从 A_0 开始到某个 A_t,使得 $A_0 + A_1 + \cdots + A_t = B_1 + B_2$,后者是 30 分钟级别的同级别分解,这时候就可以继续按后一种分解进行相应的操作。当然,是否换挡成后一种级别的操作,与你的时间、操作风格、资金规模有关。但缠论还是建议,可以进行这种短线变中线的操作。即使你的资金量很小,如果出现一种明显的大级别走好,这种操作也会让你获得稳定的大级别波动利益,因此,根据当下的情况去决定是否换挡,就如同开车时根据路况等决定档位一样。

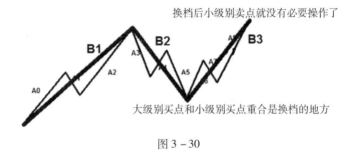

图 3 - 30

对于大资金来说,这种级别的操作可以一直延伸下去,可以变成 N 重层次的操作,每一重都对应着一定的资金与筹码,而相应对应着不同的节奏与波动。

在这种同级别分解的多层次操作中,可以在任何级别上进行操作,而且都遵守该级别的分解节奏与波动,只是在不同级别中投入的筹码与资金不同而已。而每一层次的操作都是独立又在一个整体的操作中。

重要的就是根据走势的分解去采取正确的反应。

有些人不断地问,为什么 1 分钟的顶背驰,有时候跌幅很大,有时候很小,究竟什么时候该走?如果你的操作级别是 1 分钟级别的,那么 1 分钟的顶背驰你就该走了,至于后面的跌幅是大是小,和你有什么关系?你只要耐心等待市场走出新的 1 分钟底背驰就可以。反之,如果你的操作级别是月线的,那么 1 分钟的顶背驰和你有什么关系?你既然已经决定是按月线进出的,那么 1 分钟级别的所有震荡都是可以接受的,可以忽略的。别说 1 分钟的,就算这次 530 所谓的大跌,如果你真是月线级别操作的,看都不用看,这种级别的震荡根本就在月线可忍受的范围内,如果你按年线的级别,那么你比巴菲特还要巴菲特,关键是你有没有这样的耐心。

3.4 走势中枢的形态

中枢,其实就是买卖双方反复较量的过程,中枢越简单,证明其中一方的力量越强大。中枢的复杂程度,是考察市场最终动向的一个很重要的依据。一个超复杂的中枢过后,就算一方赢了,其后的走势也是经常反复不断的。

形成中枢的三段从简单到复杂的形态依次为:之字形、奔走型、平台型、三角形。

在一个趋势走势类型中的相邻两个中枢形态上存在着交替性原则,即在一个趋势中,各个中枢形态是不一样的,对次级别回调的幅度也是不一样的。第一个形态复杂,第二个形态就简单,第一个波动区间小,第二个波动区间就会大些。反之亦然。

这种交替性虽然不是绝对的,但成功率特别高,这主要和人的心理有关,所以是重要的参考。

缠师解盘:

背驰出货都是上涨时出的,一路涨一路出。什么时候开始出? 除了看两段趋势之间的力度,还要看第二段趋势内部的背驰,特别两段趋势之间是一个狭窄的平台整理,如图3－31所示,为什么? 因为调整有交替关系,一个平台调整后,下一个调整往往是快跌型的,因此必须要配合第二个趋势的内部背驰看,这个背驰在1分钟或5分钟图上都太明显,根本不用等到下跌时才发现。

图3－31

3.4.1 之字形中枢

从构成中枢的复杂程度来说,之字形是最简单的。在第三类买卖点的形成过程中,其次级别回抽方式多是以之字形中枢的形式完成的,如图3－32所示。之字形中枢也叫锯齿形中枢。这种形态的走势类型等于只有一个中枢,而没有进中枢走势段和出中枢走势段。中枢一形成,调整就结束。这是最强的走势,反映了一方的单边强势。

图 3 – 32

3.4.2 奔走型中枢

这种情况构成中枢的下、上、下三个次级别,如图 3 – 33 其第三段的高低点都高于第一段的高低点,只有一小部分重叠。重叠的部分越少越好。

12 月 28 日那一周却是一个精确的周线上的第三类买点。这个日线上的次级别回抽有点特殊,形成一种奔走型的走势,就是 B 段的上冲比较厉害,C 段的回拉只是稍微跌破 A 段的高点。这种走势以后的个股一般都会出现快速上扬。

图 3 – 33

3.4.3 平台型中枢

如图 3 - 34 所示,三个重叠的次级别走势类型震荡高低点基本持平,或其中点基本上在中枢中轴附近。这样的中枢强弱一般。

例如缠师答疑:

Q:000503 的 30 分钟线在 12 月 1 号 10 点 30 分好像构成背驰是吧,怎么其后又没怎么下跌又创出新高?

图 3 - 34

A:你这种思维是不对的,背驰只是告诉你相应的升势告一段落,但没有承诺一定要调整多长时间与多大幅度,这个问题应该看低一级别的第一类买点回补。该股低一级别的 5 分钟图,如图 3 - 35 所示,在 5 日 10 点 25 分出现明显的第一类买点,这就是一个回补的最好时机,后面的上涨,一点都没耽误,看看这个短线的成果。

1 日 10 点 30 分的 9.7 元附近 30 分钟背驰卖出,5 日 10 点 25 分的低一级别 5 分钟图上 9.2 元第一类买点(注:看来缠师将盘整背驰形成的买点也称为第一类买点)回补,除了差价,还节约出两天的交易时间去干别的活,这个操作完全符合缠论所指出的操作程序。短线能有这样的效果,大概不会有任何其他的系统有如此高效了。

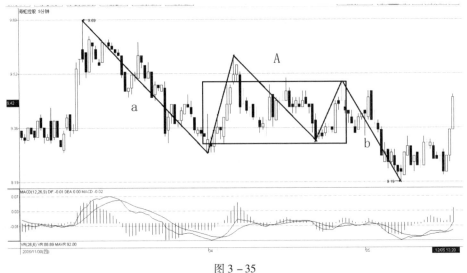

图 3 – 35

3.4.4 三角形中枢(包含压缩三角形和扩散三角形)

1. 三角形中枢往往就是趋势的最后一个中枢,如果出现在第一个,通常难以形成趋势。

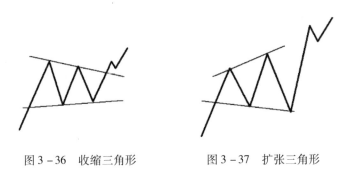

图 3 – 36　收缩三角形　　　　图 3 – 37　扩张三角形

三角形中枢,不论是收缩如图 3 – 36 所示还是扩张如图 3 – 37 所示,都反映了多空力量都趋于均衡。如果这种中枢出现在趋势的第二个及其后,往往会出现背驰。其后很可能剧烈震荡甚至大幅反转。

2. 三角形的判别不看均线,直接看图形。

缠师解盘:

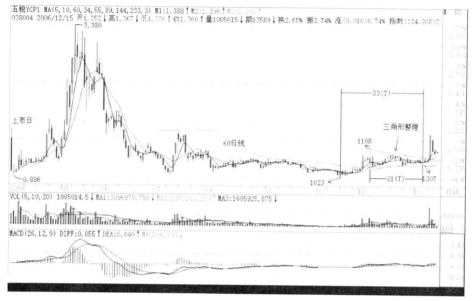

图 3 − 38

三角形的判别不看均线,直接看图形。如图 3 − 38 所示,11 月 8 日到 12 月 7 日,是一个完美的三角形。

必须提醒,三角形一般是一段走势的最后一个调整中经常出现的,因此,三角形出现后,其后的走势就要时刻小心了。当然,这只是对 30 分钟而言,而日线上要出现大调整,还早着。所以,密切关注 30 分钟或 60 分钟的图形,一旦出现背驰,就可以打点短差了。

3. 上升三角形走势买卖点的确定

Q:000897 这种典型的上升三角形的走势应该怎么用您的理论来判断呢? 它的卖点又应该在什么地方和情况下出现呢?

A:该周线中枢是一个延伸形态,在图形上是一个标准的三角形。如图 3 − 39 所示。

一般中枢的延伸,如果是收敛形态,都会走成三角形。三角形形成后就必然面临突破。

操作上要看次级别的图。中枢形成后的走势不一定要超越中枢的范围,例如收敛三角形的走势,就一定在中枢的范围内,这有点像空间的压缩,所以三角形的突破都比较迅猛,但回抽与骗线也较多。中枢形成后形成压缩性走势,意味着多空力量的平衡与强硬,即使突破后,反方向的压力也会很大,很容易就构成最后一段的走势。但这最后的走势往往特别疯狂,在期货中更是这样。

图 3 - 39

第三类买点只能在中枢之外,三角形最后的买点,只能是次级别的买点。对三角形的操作,只能是高位走了以后低位回补,这样来回弄,一旦接近或突破上沿次级别背驰就要走,回来下沿次次级别或次级别背驰,就买回来。一旦过上沿没有背驰,就是真突破了,如图 3 - 40 所示,这样就可以不走,等大图形的背驰出现。整个操作很有节奏的,短差也弄了,突破也不耽误,这才是正确的操作方法。

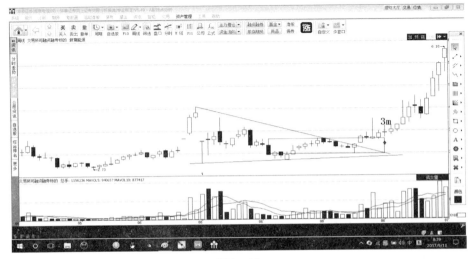

图 3 - 40

第4章

背驰是判断转折点的最佳方法

所有走势都可以分解成某级别的上涨、下跌和盘整三种走势类型的连接。这是一个最简单的道理,这也是市场分析唯一值得依靠的基础。

如何捕捉各级别的转折点是我们每个投资者都非常关心的问题。

在某级别的盘整中,或者说围绕某级别中枢的震荡、延续中,不存在转折的问题,除非站在次级别图形中,才有转折问题的探讨。

缠中说禅背驰－转折定理:某级别趋势背驰将导致该趋势最后一个中枢的级别扩展、该级别更大级别的盘整或该级别以上级别的反趋势。

这是一个十分重要的定理,这定理说明了某级别的趋势背驰必然导致该级别原走势类型的终结,进而开始该级别以上级别的另外一个走势类型。所以缠论对趋势背驰后的转折是有明确界定的。

对于上涨的转折,有两种情况:下跌与盘整。

对于下跌的转折,也有两种情况:上涨与盘整。

操作的关键是如何充分理解定义而使得操作有一个坚固的基础,其中的困难在于如何去把握高点和低点。尽管转折点都是从转折性分型开始的,因为高点、低点是有其级别的,在30分钟图上看到的高点,可能在周线图上什么都没看到。

首先必须明确的是,所有上涨、下跌、盘整都建立在一定的周期图表上,例如在日线的盘整,在30分钟上可能就是上涨或下跌,因此,一定的图表是判断的基础,而图表的选择与交易系统的选择是一致的,相关于你的资金、性格、操作风格等。

为此,转折必须要用均线系统来过滤,也就是长短期均线金死叉前后出现的高、低点才有意义。

如果一个走势,连短期均线都不能突破,那期间出现的高、低点,肯定只是低级别图表上的,在高级别图表上没有意义。也就是说金死叉是参与市场走势的多空双方趋势力度的增强或减弱的结果。

我们把由短期均线与长期均线二次相交所围成的面积称为缠中说禅趋势力

度。一般用 5 和 10 均线金死叉期间形成的面积为参考。

按这个定义,是最稳妥的办法。唯一的缺点是必须等二条均线再次交叉后才能判断,这时候,走势离真正的转折点会已经有一点距离了。

如何解决这个问题?

第一种方法,看低一级别的图,从中按此种办法找出相应的转折点。这样和真正的低点基本没有太大的距离。周期越小,相对误差越小。必须注意的是这里的所有判断都只关系到两条均线与走势,和任何技术指标都无关。

第二种方法,用缠中说禅趋势平均力度来判断。

所谓趋势平均力度就是当下与前一次相交的结束时短线均线与长期均线形成的面积除以时间。

因为这个概念是即时的,马上就可以判断当下的缠中说禅趋势平均力度与前一次缠中说禅趋势平均力度的强弱对比,一旦这次比上次弱,就可以判断为“背驰”即将形成,然后再根据短期均线与长期均线的距离,一旦延伸长度缩短,就意味着真正的低部马上形成。按这种方法,真正的转折点基本就可以完全同时地抓住。但有一个缺陷,就是风险稍微大点,且需要的技巧要高点,对市场的感觉要好点。

走势的趋势力度是各级别形态变化的内在动力,对形态和级别的生长起着决定性的作用。

趋势力度还可以用其他一些方法来辅助判断:如和大盘比较;趋势延伸的斜率、长短;MACD、BOLL 等一些技术指标。

判断力度大小最简单的方法是用 MACD 指标的黄白线、红绿柱高度,以及红绿柱的面积。

如果我们把笔、线段和走势类型称为构成缠中说禅基本形态的几何构件,那么在两相邻的同级别几何构件间比较缠中说禅趋势力度时,当下缠中说禅趋势力度比上一次缠中说禅趋势力度弱,就形成“背驰”。

这里所说的可比较的相邻的两个同级别的几何构件可以是笔与笔间、线段与线段间,也可以是相同级别的走势类型间的比较。可以是同方向间的比较,也可以是反方向间的比较。同方向间可以由中枢连接,也可以由反趋势连接。反方向间可以是中枢反转,也可以是趋势接反趋势。

由背驰的几何结构可以看到,任何结构的背驰都与中枢有关。包括由反趋势连接的两个同方向的走势段也是有级别的。因此背驰也是有级别划分的。背驰的级别就是这个背驰结构中含有的最大中枢的级别,也就是走势类型的级别。

在某级别的某类型走势,如果构成趋势背驰或盘整背驰,就把这段走势类型称为某级别的背驰段。

精确的背驰定义以及相关证明,必须用到测度论里的很多知识,一般人只需接受结论就可以。

1. 可比较的两个几何构件之间由中枢连接

由中枢连接的结构是将进中枢和出中枢的两个次级别几何构件间的趋势力度进行比较。如果出现趋势力度减弱,即为背驰。进中枢和出中枢的两个次级别几何构件可以是如图4-2所示,同方向的,也可以是反方向的。

2. 可比较的两个几何构件之间由反趋势连接

由反趋势连接的结构是由同级别的几何构件连接的两个同方向的同级别几何构件间的趋势力度进行比较。如果出现趋势力度减弱,即为背驰。

如图4-1所示,A、B、C是同级别的几何构件,B的方向与A和C相反,则同向的A和C之间可以比较趋势力度,B段将高位MACD黄白线回拉到0轴附近,然后C段再离开0轴的结构。这种情况下,C段的趋势力度比A的趋势力度弱,则称C段相对于A段发生了背驰。

图4-1

这种情况如果把A、B和C三段走势递归到高级别图上,表现为上下上的三笔间的连接,因此我把这种由反趋势连接的背驰归类为同级别的线段类盘整背驰,缠师把它归类于盘整背驰。

3. 应用背驰关键是要分清背驰段比较的对象

缠师答疑：

Q：目前日线的背驰段解除没有？

A：当然没有，如图4－2所示，本次这段要比的，是从去年8月到今年5月29日这段，为什么？因为这段前后两个中枢是同级别的，而今年春节前后那一个不是。从日线图的笔、线段上分可以看出，前后两个中枢是由三笔构成，而春节那个只有一笔，当然，仔细的划分，可以从1分钟图上的中枢级别来分辨。

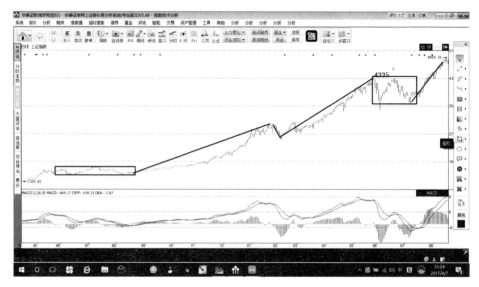

图4－2

如果用MACD来辅助看，拉回0轴后再离开，都可以先看成是进入背驰段，本级别走势图上股价创新高（或新低），黄白线也随之创新高（或新低）后，背驰段宣告结束，背驰可以随之解除。

例如现在大盘的日线上，最后是否黄白线创新高，在刚走的时候是不可能知道的，然后就要看小级别的结构，如果小级别的走势特别强，使得黄白线创出新高，那就不存在背驰的问题了。

除非大盘有能力以最强劲的动力一口气走到6000－8000点，否则，这一段在日MACD没突破前期高位之前，只能认为现在是处在背驰段中，除非背驰段被解除，否则一切就处在区间套的精确定位过程中。

4. 转折与背驰的关系

本级别的趋势背驰形成的转折点称为本级别的第一类买卖点。次级别的背驰一般只能改变本级别的运行节奏,而不能改变本级别的运行方向,所以调整后都是介入的机会,只不过介入的买点级别相对较小罢了。

可以证明缠中说禅买卖点定律一:任何级别的第二类买卖点都由次级别相应走势的第一类买卖点构成。

这样,任何由第一、二类买卖点构成的缠中说禅买卖点,都可以归结到不同级别的第一类买卖点。

由此得到缠中说禅趋势转折定律:任何级别的上涨转折都是由某级别的第一类卖点构成的;任何的下跌转折都是由某级别的第一类买点构成的。

注意,这某级别不一定是次级别,因为次级别里可以是第二类买卖点,而且还有这种情况,就是不同级别同时出现第一类买卖点,也就是出现不同级别的同步共振,所以这里只说是某级别。

背驰的背驰点可以用区间套的方法,逐级精确定位到最小级别的背驰段,甚至定位到某一笔交易。这一点就是背驰的精确转折点。是最小级别的顶或底分型的高低点的极限值。

根据最严格的定义,对背驰等概念,一定要存在最低级别的中枢后,才有最低级别的走势类型,才会有背驰等概念的存在,一般来说,在线段之下讨论背驰概念是没意义的,但可以根据类似背驰的力度比较方法来讨论线段之下类背驰的现象,但这和背驰是两回事情。

如果按最标准的背驰,就是在趋势中两段小级别趋势的比较。而这两段走势的比较,可以推广开。例如,在中枢震荡中,甚至同时向上的两段都可以用类似背驰的方法来比较。这就是背驰方法的推广。

5. 用MACD辅助判断趋势力度的变化情况

(1)MACD的0轴把DIF分为上下两个部分,上多下空。

一个最简单MACD指标,0轴分为多空主导。也就是说,一旦MACD指标陷入0轴之下,那么就在对应时间单位的图表下进入空头主导,而这是必须远离的。回避所有MACD黄白线在0轴下面的市场或股票,这就是最基本的防狼术。

当然,这涉及时间周期。例如,如果是1分钟,那就经常在0轴下又上的。这里,你可以根据自己的能力,决定一个最低的时间周期,例如:60分钟图上的或30分钟图上的。一旦出现自己能力所决定的最低时间周期的MACD在0轴以下的情况,就彻底离开这个市场,直到重新站住0轴再说。当然,如果你技术高点,完全可以在背驰的情况下介入。这是最高的技术。

(2)MACD在背驰判断中的表现形式:在股价创新高或新低时,红绿柱子的面积减小,红绿柱子的长度的缩短,黄白线高度的不及前高或前低,这些都是背驰的表现形式。不过,只有黄白线背驰才是当下级别真正意义的背驰。否则,只是次级别的背驰而已。

4.1　盘整背驰

我们把在盘整走势类型中,中枢两侧次级别走势段趋势力度比较发生背驰的情况,称为盘整背驰。

盘整背驰主要用在与中枢震荡相关的力度比较中。即在 a + A + b 中,a 和 b 的盘整背驰,其实都可以看成是 A 的中枢震荡,虽然 a 存在时,A 还没出现,但也不妨这样看。

盘整背驰适用的三种情况:

1. 盘整背驰既可以是在一个盘整走势类型中产生的(其中只有一个中枢),也可以在趋势的第一个走势中枢后产生。

2. 在一个趋势形成后,针对最后一个中枢,在第三类买卖点出现之前,出中枢的次级别走势段与进中枢的走势段间也可以用盘整背驰的方法来判断趋势力度的变化情况。

3. 在一个中枢形成后,在第三类买卖点形成前的中枢延伸的次级别走势段与其前一段相对应的同方向次级别走势段间都可以用盘整背驰的方法来判断趋势力度的变化情况。

盘整背驰真正的技术含义,其实就是一个企图脱离走势中枢的运动,由于力度有限,被阻止而回到走势中枢里。

如果只是围绕中枢震荡的前后两段发生盘整背驰,其回跌力度,也就是在中枢附近,只适合弄点短差。

如果在一个中枢形成后不发生盘整背驰,后面的走势有两种完全的分类:形成第二个中枢,或者是发生小转大形式的转折。

关于小转大部分的内容,请参阅本书 4.2.9 非标准的趋势背驰 a + A + b + B + c(c 内部小转大)。

4.1.1 a + A + b 结构的盘整背驰

4.1.1.1 MACD 对 a + A + b 结构盘整背驰的辅助判断要点

1. 一般来说,如图 4-3 所示,a + A + b 盘整背驰在各段中 MACD 上会表现出不同的形态:

(1) 转折后的第一个走势段 a,MACD 的黄白线从 0 轴上面下穿 0 轴,在 0 轴下方停留的同时,形成相应的中枢 A,同时形成第二类卖点。

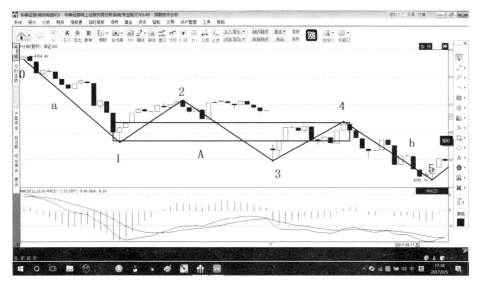

图 4－3

在这一段走势中既不会产生本级别背驰,也不会产生小转大的第一类买卖点。

(2)中枢形成后,黄白线一般会回到 0 轴附近。

(3)然后,离开中枢即进入背驰段 b 走势段,如果在背驰段 b 上,股价创新低时,黄白线不创新低,或柱子面积之和较 a 段小了,都是背驰的信号。两个只要出现一个就要注意了。如果两个都出现,那就更要注意了。

(4)背驰点的判断需要出现两重背驰关系,一是出中枢 b 段与进中枢 a 段之间的比较产生的盘整背驰,二是背驰段内部的次级别背驰,一般来说,这两者有着类似区间套的关系。

(5)盘整背驰不用考虑黄白线的问题。当然有黄白线支持的背驰更可靠。

(6)如果 b 段创新低时,对应的 MACD 的面积与 a 段对应的 MACD 面积相比,不背驰,或者黄白线创新低时,盘整背驰的背驰段宣告解除。

上涨反之。

2. 盘整背驰的判断要以结构为主,MACD 为辅。

(1)只有在出中枢走势段上发生的背驰才是本级别的盘整背驰。

用 MACD 判断盘整背驰,首先要有黄白线对 0 轴的回拉,否则,在该级别就不存在背驰,其他级别要相应去看了。对于本级别的结构来说,还只是在做 a 走势段或者是在做中枢的次级别走势段上。

缠师答疑：

Q：回抽是一定跌倒 0 轴以下才算吗？还是只要接触到就可以了？

A：上下一点都无所谓，回抽 0 轴可以破 0 轴，但不能太深，一般都在 0 轴附近。关键是分明的两个趋势之间的比较。

（2）1 分钟以下级别的，比较 1 分钟 MACD 的柱子面积就可以。如图 4－4 所示，前面是有两个绿柱子面积之和，后面是 1 个，这在恐慌性假突破中经常看到。

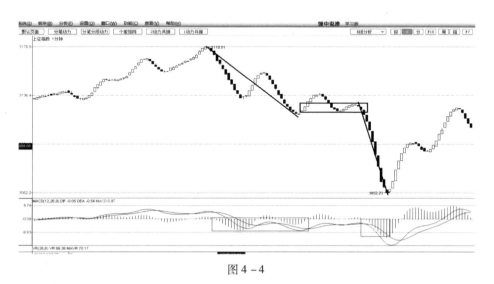

图 4－4

（3）在向上走势的背驰段上，如果回抽 0 轴后，离开 0 轴黄白线新高，则意味着 b 段背驰段被解除。背驰段内部小级别的背驰，只会导致次级别的反抽，不会结束本级别的行情。

缠师解盘：

大级别第一次上 0 轴，次次级别的背驰不用理睬。

如图 4－5 所示，5 分钟图上，大盘虽然一度背驰，但是日线上，这是突破原来中枢后的第一次上涨，根据走势必完美，这种背驰的威力肯定不大，弄不好踏空。比如 1 分钟的背驰，5 分钟黄白线创新高，也就是要配合黄白线和柱子一起看的。1 分钟的背驰，在盘中下午那次跳水已经化解了。

一般来说，只看柱子面积，不看黄白线的，都是代表着相应小级别的比较。

注：大级别不在背驰段上的小级别的背驰，只能引发小级别的调整，不会引起大级别的转折。

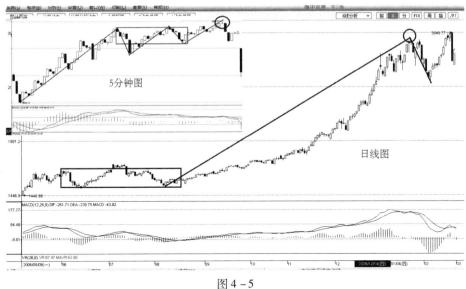

图 4 - 5

(4)盘整中的另类判断方法

缠师答疑：

Q:"从 171453 开始看,用中枢震荡的力度比较。你看是今早的强还是下午的强?"我怎么觉得是下午的看 MACD 的要强一点呢? 17 日的那段离开力度反倒弱一些呢。而下午的柱子是大力放长了。感觉是力度大了。根据中枢震荡力度比较,怎么觉得今天该是更往下一些呢?

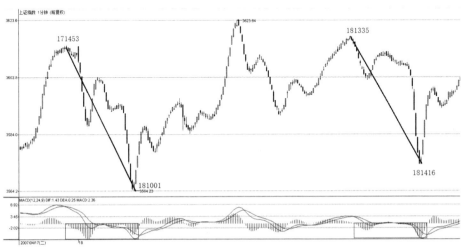

图 4 - 6

A：如图 4 - 6 所示，171453 到 181001 这段，和 181335 到 181416，两段谁强？绿柱子面积谁大？显然是前面的大，前面的强。也就是后面这中枢震荡，向下的力度没有前面的强，那前面的都能拉回中枢，为什么后面的不可以？

4.1.1.2 盘整背驰的操作要点

图 4 - 7

盘整中往上的情况如图 4 - 7 所示，往下的情况反之亦然。

1. 如果 b 段不破中枢，一旦出现 MACD 柱子的 b 段面积小于 a 段面积，其后必定有回跌。

2. 比较复杂的是如果 b 段上破中枢，但 MACD 柱子的面积小于 a 段的，这时候的原则是先出来。

其后有两种情况，如果回跌不重新跌回，就在次级别的第一类买点回补，刚好这反而构成该级别的第三类买点，反之就继续该盘整。

3. 盘整背驰一定要防止变成第三类买卖点，这要配合大级别综合看。例如一个 30 分钟上的下跌刚开始破位，那 5 分钟上的盘整背驰转化为第三类卖点的几率就 99% 了。所以这种盘整背驰，一般都没必要参与。如果 30 分钟是刚开始上涨的，5 分钟向下的盘整背驰反而是一个好的买点了。

盘整背驰，一般会在盘整中弄短差时用到，如果其间突破中枢，其回跌必须分清楚上面的两种情况。

创新高或新低才有背驰或盘整背驰的可能。未创新高的情况，其实可以按中

枢震荡的方式去看,等于达不到上次震荡的力度,也可以用 MACD 等辅助看,但和
背驰不是同一样东西。

4.1.1.3 盘整背驰后走势的完全分类

盘整背驰后回抽的幅度是不可预计的,没有必然保证,但是回抽结束时的位
置对后市走势的研判具有很重要的作用,所谓的分类其实就是根据盘背后回抽的
幅度对走势做一个完全的分类。

盘整背驰发生以后,根据次级别回抽的结束位置,有三种走势的完全分类。

第一种情况,盘整背驰后,一般会走成一个第三类买卖点,尤其是在本级别刚
刚处于强有力的起涨或起跌阶段发生的次级别的盘整背驰。

缠师解盘:今天的走势从纯技术的角度,如图 4 – 8 所示,62 – 71 的 5 分钟中
枢突破后,71 – 80 是一个标准的 1 分钟上涨,也就是次级别的离开,而 80 – 83 是
一个标准的 1 分钟盘整回拉,也就是说 83 是教科书式的 62 – 71 的 5 分钟第三类
买点,其后的走势无非两种:形成更大级别震荡,或者是 5 分钟中枢上移的延续。

图 4 – 8

现在,最坏的情况就是形成一个 30 分钟的中枢,最好的就是继续 5 分钟的上
涨,直到形成新的 5 分钟中枢。技术上的形态,就这两种情况,没什么可说的,根
据走势当下就可以判断。说得仔细点,就是明天不能新高,或新高后出现 1 分钟
的不构成第三类买点的盘整背驰,那么必须要在目前位置形成新的 5 分钟中枢
了,后面就很简单,就看中枢震荡后是出现第三类买点还是卖点了。至于明天如

果能形成 1 分钟的第三类买点,那么大盘就将上涨去延续寻找新的 5 分钟中枢的过程。

第二种情况,盘整背驰后重新回到中枢内,继续做中枢震荡,然后是再次离开中枢的走势。

再次离开中枢的比较段变为离开段与其前面的同方向的走势段相比较,同时离开段还要与进中枢的走势段相比较。

盘整背驰后中枢震荡的强弱划分,如图 4 - 9 所示:

1. 强势震荡,即盘整背驰后第一段次级别走势回到中枢 A 区间之内,但不低于区间一半高度。

2. 一般震荡,即盘整背驰后第一段次级别走势回到中枢 A 区间之内,并低于区间一半高度,但高于中枢区间低点。

3. 弱势震荡,即盘整背驰后第一段次级别走势回到中枢 A 区间之内,并低于中枢 ZD,但幅度不大。

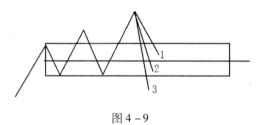

图 4 - 9

第三种情况,最强走势是盘整背驰后,直接上穿中枢的上轨,或者下穿中枢的下轨,之后形成二三类买卖点重合的情况。

1. 弱二三类买卖点重合,即盘整背驰后第一段次级别走势会穿越中枢 A 区间,而后回抽不进中枢,但进入到中枢的波动 DD 或 GG 范围内形成的第二三类买卖点重合。如图 4 - 10 和图 4 - 11 所示。

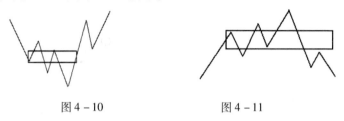

图 4 - 10   图 4 - 11

2. 强二三买卖点重合,即盘整背驰后第一段次级别走势会穿越中枢 A 区间,而后回抽不进到中枢的波动 DD 或 GG 范围内形成的第二三类买卖点重合。如图

4-12 所示。

图 4-12

　　盘整背驰发生后,如果重新进入原中枢,则原级别的盘整走势类型延续;这样就不会结束原级别的盘整走势类型。如果产生第三类买卖点,可能会形成同级别的趋势,或者更大级别的盘整走势类型,从而结束原级别的盘整走势类型。

4.1.2 (a1 + a2 + a3 + a4 + a5) + A + b 结构盘整背驰

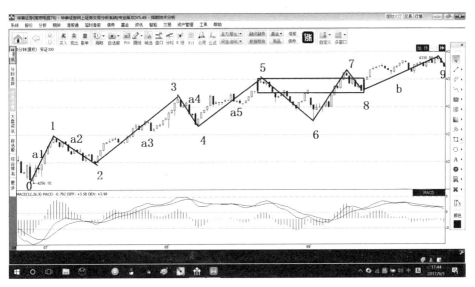

图 4-13

4.1.2.1 MACD 对这种结构盘整背驰的辅助判断要点

　　如图 4-13 所示,如果在背驰段 b 上,股价创新高出现转折性顶分型时,黄白线不创新高,或柱子面积之和较 a = (a1 + a2 + a3 + a4 + a5) 段小了,都是信号。两个只要出现一个就要注意了。如果两个都出现,那就更要注意了。

　　其他与 a + A + b 结构情况相同。

　　下跌反之。

　　这种结构的盘整背驰发生后,形成第三类买卖点的可能性较小,多数是继续进行中枢的延伸,以形成更大级别中枢,少数可以穿越中枢,形成第三类买卖点,实现趋势逆转。

4.1.3 a + A + (b1 + b2 + b3)结构盘整背驰

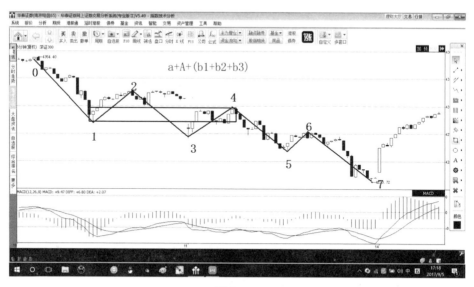

图 4 - 14

4.1.3.1 MACD 对这种结构盘整背驰的辅助判断要点

1. 如图 4 - 14 所示,在背驰段 b = (b1 + b2 + b3)上,股价创新低出现底分型时,如果黄白线不创新低,或柱子面积之和较 a 段小了,都是信号。两个只要出现一个就要注意了。如果两个都出现,那就更要注意了。

2. 到 5 点时相当于上面的第 1 种情况。

3. 在反抽到 6 点出现第三类卖点时,MACD 黄白线回抽 0 轴后,再次离开 0 轴,股价还有新低 7。

4. 到新低 7 点出现底分型时,6 - 7 与 4 - 5 相比发生线段类盘整背驰或者6 - 7 内部发生小级别背驰或小转大,且 b 与 a 相比发生盘整背驰时,即为背驰点。

5. 如果 b 与 a 相比不发生盘整背驰,将在后面形成第二个同级别中枢,除非小转大。

6. 小转大的情况是 b 与 a 相比较不背驰,而 6 - 7 次级别发生趋势背驰,此时如果反弹后回抽不创新低,则有形成小转大的第二类买点的可能。

其他与第 a + A + b 种情况相同。

上涨反之。

4.1.3.2 盘整背驰后走势的完全分类

这种结构下,如果符合区间套背驰,则回抽的一个次级别走势段结束时,一般会回到前面的中枢范围内。

4.1.3.3 有可能判断错误的情况

1. 如果仅是 b3 内部小级别的一个背驰,b3 与 b1 不发生线段类盘整背驰,只会形成一个次级别的反弹,而且反弹一般不会触及 b1 的结束位置。此时 b 与 a 相比可能背驰,也可能不背驰了,这里如果不出现小转大,多数要在这里做一个同级别的中枢了。如图 4 – 15 所示。

形成新的同级别中枢

图 4 – 15

2. b3 与 b1 相比发生的线段类盘整背驰,而 b 与 a 相比已经不背驰,反弹一般会触及 b1 的结束位置,形成一个新的同级别中枢,如图 4 – 16 所示。而后继续出中枢的次级别走势段。

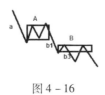

图 4 – 16

4.1.4 (a1 + a2 + a3 + a4 + a5) + A + (b1 + b2 + b3)结构盘整背驰

4.1.4.1 MACD 对这种结构盘整背驰的辅助判断要点

1. 如图 4 – 17 所示,如果在背驰段 b = (b1 + b2 + b3) 上,股价创新高后出现转折性顶分型时,如果黄白线不创新高,或柱子面积之和较 a = (a1 + a2 + a3 + a4 + a5) 段小了,都是信号。两个只要出现一个就要注意了。如果两个都出现,那就更要注意了。

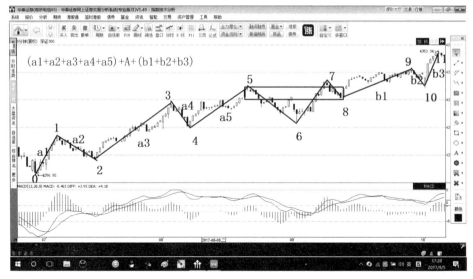

图 4－17

2. 到 b1 的结束点 9 时都相当于上面(a1 + a2 + a3 + a4 + a5) + A + b 的情况。

3. 在反抽未回到中枢形成第三类买点 10 点后,到新高 11 点出现顶分型时,b3 与 b1 相比发生线段类盘整背驰,b 与 a 相比发生盘整背驰,b3 内部发生小级别背驰或小转大时,即为背驰点。

下跌反之。

如果 b 与 a 相比不发生盘整背驰,将在后面形成第二个同级别中枢,除非小转大。

盘整背驰后走势的完全分类:

盘整背驰时,如果黄白线处于高位,形成中枢新生的可能性大,否则形成扩展的可能性大。

4.1.5 a + A + b(b 内部小级别趋势背驰)结构盘整背驰

如在某级别不背驰,本来期待它能走出第二个中枢,可是它却直接走出了小概率事件,即产生了第二类卖点。这种走出小概率事件的情况就是缠师所说的"早泄"问题。为什么发生"早泄"一定要先出来,因为第二类卖点出现了,持股的理由不存在了。

缠师答疑:盘整走势类型也可以有小转大

Q:今天一分图上 10:38 - 11:16 这段也没有形成盘整背驰啊? 像这样 11:16 这样的点该怎么分析?

A:为什么一定要盘整背驰? 那只是一种多数的情况。为什么不可以是小级别转大级别。而且如图4－18所示参照第一段的中枢,刚好就回拉到相应的位置,而用前面05221100开始的一个大中枢的一个震荡,就更容易判别。

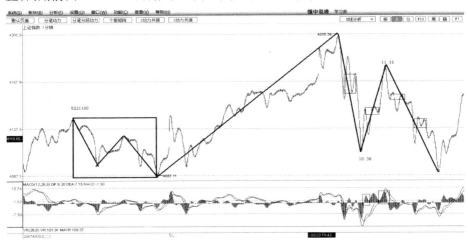

图4－18

4.1.5.1 MACD对这种结构盘整背驰的辅助判断要点

如图4－19所示如果在背驰段b上,股价创新低出现底分型时,黄白线创新低,或柱子面积之和较a段不减小,但是在b段内部出现有小级别趋势背驰时可以考虑小转大的情况。小转大一定要有同级别的第二类买点的确认。

上涨反之。

4.1.5.2 小转大盘整背驰后走势的完全分类

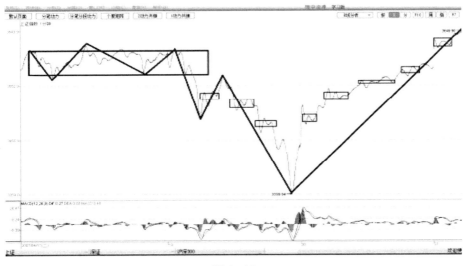

图4－19

1. 小级别趋势背驰后一个次级别走势进入到中枢范围内。如图 4 - 19 所示。

2. 小级别趋势背驰后一个线段类结构走势进入到中枢范围内。如图 4 - 20 所示。

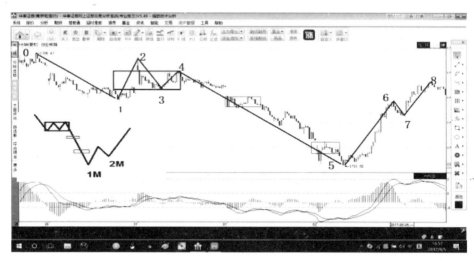

图 4 - 20

3. 小级别趋势背驰后以一个同级别走势类型结构进入到中枢范围内。如图 4 - 21 所示。

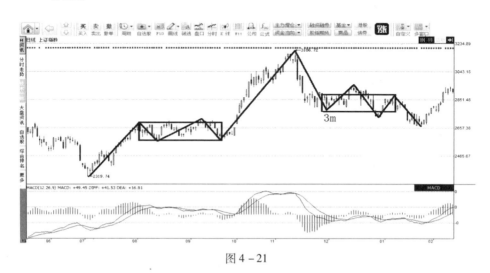

图 4 - 21

4.1.6 a + A 中枢逆转结构盘整背驰

4.1.6.1 MACD 对这种结构盘整背驰的辅助判断要点

1. A 中枢形成以后,出中枢的次级别走势 b 段与 a 段反方向,当 b 段结束时,与 a 段对应的 MACD 面积发生减小时,发生盘整背驰。

2. 中枢前后反向趋势比较:(a + A + b) + B + c

站在纯中枢的角度,a + A + b + B,其中 B 级别大于 A 的这种情况就很简单了,这时候,并不必然地 B 后面就接着原方向继续,也可以进行反方向的运行。

a + A + b + B 是向下的,而 a + A + b 其实可以看成是对 B 一个向上离开的回拉,而对中枢来说,并没要求所有的离开都必须按照上下上的次序,一次向上的离开后再一次向上的离开,完全是被允许的,那站在这个角度,从 B 直接反转向上,就是很自然的。

那么,这个反转是否成功,不妨把这个后续的反转写成 c,那么也只要比较一下 a + A + b 与 c 这两段的力度就可以,因为中枢 B 对这两段的回拉力度是一样的,如果 c 比 a + A + b 弱,那当然反转不成功,也就意味着一定要重新回到中枢里,在最强的情况下也至少有一次回拉去确认能否构成一个第三类买点。

a + A + b 与 c 的力度比较,与盘整背驰的情况没什么分别,只是两者的方向不同而已。如果用 MACD 来辅助判别,背驰比较的黄白线和柱子面积都在 0 轴的一个方向上,例如都在上面或下面,而 a + A + b 与 c 就分别在不同的方向上,这样,也不存在黄白线回拉的问题,但有一点是肯定的,就是黄白线至少要穿越一次 0 轴。

例如缠师解盘,这几天大盘的走势,就对这种情况有一个最标准的演示。简略分析一下。

如图 4 - 22 所示,a + A + b 是一个 1 分钟的走势。其中的 A 中枢的区间是 2877 到 2894 点,中枢波动的高点也就是 b 的起跌点是 2915 点。c 段大致从 02281100 算起,这个 c 要反转成功,在相同级别内至少要表现出比 b 的力度不能小,这可以从 MACD 来辅助分析,也可以从一个最直观的位置来分析,就是必须能重新回来 b 的起跌点,这就如同向天上抛球,力度大的如果还抛不高,那怎么能算力度大?至于 c 能不能回到 b 的起跌点,那可以分析 c 内部的小级别,如果 c 出现顶背驰时还达不到该位置,那自然就达不到了,所以这种分析都是当下的,不需要预测什么。有人问为什么要看 2915 点,道理就是这个。

而 c 的力度不够,那就自然要回到 B 里,所以后面的走势就是极为自然的。

站在这个角度,2888 点的第一卖点没走,那么 03011100 的 2859 点也该走了,那也可以看成是对 B 的再次离开,这力度显然更小,当然要走了,等回跌以后看情况再回补,而后面又出现了 100 点的回跌,然后出现底背驰,当然就是一个完美的回补点了。

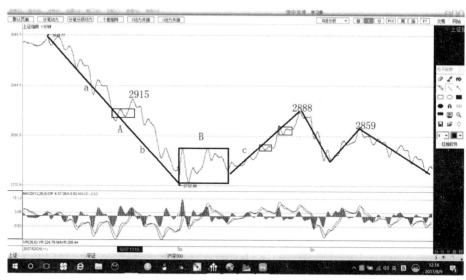

图 4 - 22

4.1.6.2 中枢逆转盘整背驰后走势的完全分类

1. 中枢逆转不成功:又回到原中枢内继续中枢震荡。如图 4 - 22 所示

2. 中枢逆转成功:形成第三类买卖点后,离开中枢,如图 4 - 23 所示。

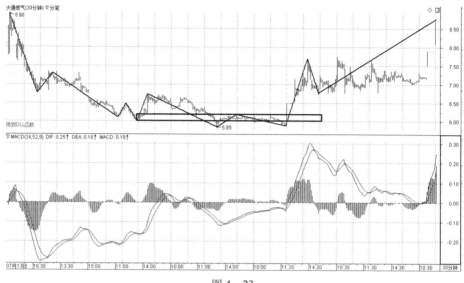

图 4 - 23

4.1.7 盘整背驰后的回补买点

1. 盘整背驰后利用小级别的第一类买点回补

航天电子如图 4 – 24 所示的日线图，b 和 a 相比发生了盘整背驰，在 0 号点卖出。

图 4 – 24

图 4 – 25

在0号点卖出来后,在次级别图30分钟上出现盘整背驰1号点时,重新买入。如图4-25所示。

2. 盘整背驰卖出后,回抽次级别形成第三类买点就回补。一旦次级别出现第三类卖点进入破位急跌,就要等跌透,等有一点级别的背驰再进入,这样才能既避开下跌,又不浪费盘整的震荡机会。

3. 在中枢延伸的过程中高低点的把握

(1)每一次离开中枢的次级别走势段,都可以用盘整背驰的方法对出中枢段与进中枢段进行趋势力度的比较。如图4-26所示。

(2)在中枢震荡中同方向的两段都可以用线段类盘整背驰的方法来比较。如图4-26所示,4-5与2-3,6-7与4-5,8-9与6-7都可以用线段类盘整背驰的方法来比较趋势力度。

在盘整中,中枢形成后就会有买点,但缠论是不赞成在盘整中买股票的,除非这种盘整是周线或月线级别的,这样才可以弄出大的利润来。

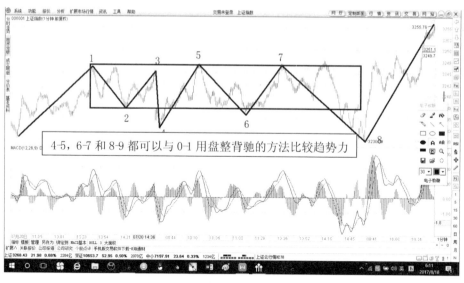

图4-26

(3)根据缠中说禅分解定理,盘整可以分解成小级别的走势类型的连接。

所以中枢震荡也可以分解成小级别走势类型的连接。如图4-27所示,也可以用小级别盘整背驰的方法来判断次级别走势的结束位置。即在中枢的上沿出现背驰就卖,在中枢的下沿出现背驰就买。

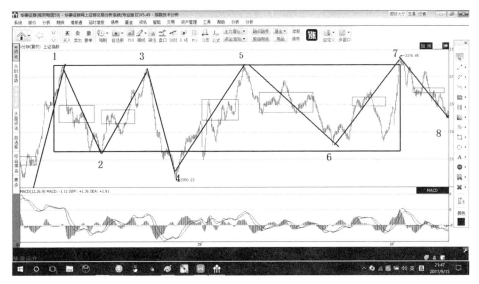

图 4 - 27

对盘整,就是制定好相应的操作策略,把筹码成本降下来,直到出现第三类买卖点为止。

日线是相对的大趋势,以日线买点进,看 30 分钟买卖点做短差降成本。30 分钟卖点后当然有买点。

卖了知道回补就可以,这叫打短差。如果是超级短线的,用 1 分钟图,卖了,5 分钟后就可以回补,当然前提是 T + 0,而且又重新出现买点。

4.1.8 大级别图上可以用盘整背驰来寻找历史大底

1. 盘整背驰构成的买点,在小级别中意义是不大的,所以也没专门当成一种买点,但在大级别里,这也构成一种类似第一类买点的买点,因为在超大级别里,往往不会形成一个明显的趋势,站在最大的级别看,所有股票都只有一个中枢,因此,站在大级别里,绝大多数的股票都其实是一个盘整,这时候就要用到这种因为盘整背驰而形成的类第一类买点了。这个级别,至少应该是周线以上。

(注:从这里可以看出,盘整背驰形成的买卖点不是缠论定义的三类买卖点中的第一类买卖点。)

2. 一般来说,小级别的盘整背驰,意义都不太大,而且必须结合其位置,如果是高位,那风险就更大了,往往是刀口舔血的活动。但如果是低位,那意义就不同了,因为多数的第二、三类买点,其实都是由盘整背驰构成的。而第一类买点,多数由趋势的背驰构成。

盘整背驰不一定比背驰差,例如第二类或第三类买点的盘整背驰,就不会太差。

4.2 趋势背驰

在一个趋势走势类型中,一定存在至少两个同方向的同级别中枢,在最后一个中枢形成后,出中枢的次级别走势段的趋势力度与进中枢的次级别走势段相比发生了趋势力度减弱,即为趋势背驰。

从纯粹走势中枢的角度对趋势背驰给出的释义:对 a + A + b + B + c,趋势背驰的大概意思就是 c 段的力度比 b 的小了。那么,站在 B 这个走势中枢的角度,不妨先假设 b + B + c 是一个向上的过程,那么 b 可以看成是向下离开走势中枢 B,而 c 可以看成是向上离开走势中枢 B。所谓趋势顶背驰,就是最后这个走势中枢,向上离开比向下离开要弱,而走势中枢有这样的特性,就是对无论向上或向下离开的,都有相同的回拉作用,既然向上离开比向下离开要弱,而向下离开都能拉回走势中枢,那向上的离开当然也能拉回走势中枢里,对于 b + B + c 向上的走势,这就构成趋势顶背驰,而对于 b + B + c 向下的走势,就构成趋势底背驰。

趋势背驰产生的转折点称为第一类买卖点。由此结束前一走势类型,开始新的走势类型。

我把趋势背驰分为标准的趋势背驰和非标准的趋势背驰。针对最后一个中枢而言,存在第三类买卖点的称为标准趋势背驰,不存在第三类买卖点的称为非标准的趋势背驰。一个趋势走势类型发生小转大时,也称为非标准的趋势背驰。

4.2.1 标准的趋势背驰 a + A + b + B + (c1 + c2 + c3)

4.2.1.1 标准的趋势走势类型背驰结构的几何特点

1. 当说 a + A + b + B + c 中有背驰时,首先要 a + A + b + B + c 是一个趋势。

对于趋势背驰来说,肯定不会发生在第一个中枢之后,肯定至少是第二个中枢之后,对于那种延伸的趋势来说,很有可能在发生第 100 个中枢以后才背驰,当然,这种情况,一般来说,一百年见不到几次。第二个中枢后就产生背驰的情况,一般占了绝大多数的情况,特别在日线以上的级别,这种就几乎达到90%以上,因此,如果一个日线以上级别的第二个中枢,就要密切注意趋势背驰的出现。而在小级别中,例如 1 分钟的情况下,这种比例要小一点,但也是占大多数。一般 4、5 个中枢以后才出现趋势背驰的,都相当罕见了。

一个趋势,就意味着 A、B 是同级别的相互之间波动区间没有交集的两个中枢。否则,就只能看成是其中较大中枢 a + (A + b + B) + c 的一个盘整走势类型而非原来级别的趋势走势类型。

2. A 和 B 必须是同级别的。

(1)如果 A 的级别比 B 大,就有 a + A + b + B + c = a + A +(b + B + c),a 与(b + B + c)就是围绕中枢 A 的一些小级别波动,是一个 A 级别的盘整走势类型。这样,是不存在趋势背驰的,只是一个 A 级别的盘整背驰。

(2)假如趋势的最后一个中枢延伸 6 段而扩展成高级别中枢,比如趋势 a + A (5 分钟级别中枢)+ b + B(5 分钟级别中枢),当 B 延伸扩展成高一级别的 A′(30 分钟级别中枢)时,走势 a + A + b 就变成 a′,也就是 5 分钟级别的走势 a + A + b + B 成为 30 分钟级别的 a′ + A′走势,这时,就没有 5 分钟级别的趋势走势类型了,当然也就没有 5 分钟级别的趋势背驰,而只有 30 分钟级别的盘整背驰了。

3. c 必然是次级别的,也就是说,c 至少包含对 B 的一个第三类买卖点,否则,就可以看成是 B 中枢的小级别波动,完全可以用盘整背驰来处理。

(1)如果没有第三类买卖点,其后的走势会有两种可能,一种是形成第三类买点,然后继续原方向运行而形成背驰,一种是回到 B 中枢内做中枢延伸,就有延伸扩展成高级别的中枢,而演化为大级别走势类型的可能。

(2)c 的力度比 b 大时,一般会产生一个新的中枢,也可能会发生小级别背驰转化成大级别转折的情况。当然,站在某种程度上,也可以说是产生新中枢,只是这中枢最后和原来的中枢有所重合,而真正的趋势中的新中枢,是不能够和前同级别中枢有任何重合的。

4. b 可以是次级别以下的任意几何构件,如缺口、笔、线段和次级别的走势类型。力度最大的就是连续的缺口,也就是说,b 在级别上是可以小于 c 的。

例如,如果 b 是次级别,而 c 出现连续缺口,即是 c 没完成,最终也是要延续成次级别,但 c 是背驰的可能性就很小了,就算是,最终也要特别留意,出现最弱走势的可能性极大。

换言之,如果 b 的级别大于 c,则 c 没有走完。一个大的级别的结束,必须是小级别先结束,一定要等它走完再去比较趋势力度。

5. 如果 a + A + b + B + c 是上涨,c 一定要创出新高,a + A + b + B + c 是下跌,c 一定要创出新低。否则,就算 c 包含 B 的第三类买卖点,也可以对围绕 B 的次级别震荡用盘整背驰的方式进行判断。

6. 对 c 的内部进行分析,由于 c 包含 B 的第三类买卖点,则 c 至少包含两个次级别中枢,否则满足不了次级别离开后次级别回拉不重回中枢的条件。这两个中枢构成次级别趋势的关系,是最标准最常见的情况,这种情况下,就可以继续套用 a + A + b + B + c 的形式进行次级别分析确定 c 中内部结构里次级别趋势的背驰问题,形成类似区间套的状态,这样对其后的背驰就可以更精确地进行定位了。

也就是说只有背驰段上出现第三类买卖点后,符合区间套的背驰才是本级别的背驰。否则,转折只能是次级别的盘整背驰或趋势背驰造成的。不会终结本级别走势类型的生长。除非出现第二类买卖点,宣告本级别趋势走势类型的结束。本级别的趋势背驰将结束本级别的趋势走势类型,开始一个至少是同级别的反向的走势类型。

创新高的股票,必须注意有没有大级别背驰,有的,一定要小心,小心中了多头陷阱。(注:防止小级别背驰同时也是大级别背驰形成的区间套定位)

顶背驰必须发生在中枢第三类买点之后,第三类买点不出现,不是真正的趋势背驰。

例如缠师解盘:今天大盘的走势,如图 4 - 28 所示,一开始走一个向下段后,就一直运行在一个向上段中,直到 2 点 17 分。站在 1 分钟走势类型的角度,这里不存在背驰的问题,顶背驰必须发生在中枢第三类买点之后,连第三类买点都没出现,哪里会有背驰?

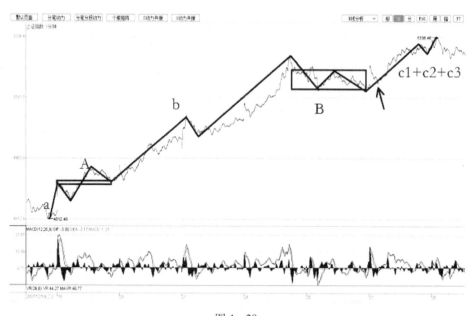

图 4 - 28

后面的走势,很简单,只要向下笔的回跌不回到 5240 点下,那么就是第三类买点成立,后面只有两种情况:一、顶背驰回跌构成 5 分钟中枢;二、没有顶背驰,继续中枢上移构成第三个 1 分钟中枢。

如果这次又回跌到 5240 点下,就会有 9 段线段的震荡,还将扩展成 5 分钟中枢,所以后面的走势,无论是否形成第三类买点,都只有两种选择:一、继续 5 分钟震荡;二、继续 1 分钟中枢上移。

你根本无须预测,让市场自动当下告诉你。当然,如果你看不懂市场的语言,那是你自己的问题,而不是市场的问题。

站在中线角度,其实哪种走势都没大问题。为什么? 即使是在这里震荡出 5 分钟甚至 30 分钟中枢,最终只要出现第三类买点,就可以延伸出 5 分钟或 30 分钟的上涨类型,这在中线上更牛。至于继续 1 分钟中枢上移,只不过把最终必然要形成的 5 分钟中枢位置也同时上移,站在中枢角度,第一个 5 分钟中枢太高,反而不一定是好事,因为,一旦不能构成第二个,就只能是盘整走势,这样,反而后面回杀的力量更大。

当然,站在日线角度,用分型去判别,现在根本没有任何值得担忧的地方,所以,可以继续睡觉。至于是明天大涨,还是元旦后大涨,这根本没有任何区别。只要图形没有信号,一切继续冬眠中。

趋势形成后,唯一需要干的就是等待趋势背驰。

4.2.1.2　如何用 MACD 判断标准的趋势背驰

一般来说,一个标准的两个中枢的上涨趋势,在各段中 MACD 上会表现出不同的形态:

1. 转折后的第一个走势段 a,MACD 的黄白线从 0 轴下面上穿上来,在 0 轴上方停留的同时,形成相应的第一个中枢 A,同时形成第二类买点。

a 段上既不会产生本级别背驰,也不会产生小转大的第一类买卖点。其中的转折都是次级别趋势力度背驰造成的。

2. 其后走 b 段突破中枢 A,MACD 的黄白线也快速拉起,这往往是最有力度的一段,一切的走势延伸等等,以及 MACD 绕来绕去的所谓指标钝化都经常出现在这一段,这段一般在一个次级别的背驰中结束。也可以在 b 与 a 的盘整背驰中结束。

b 段是盘整背驰的背驰段,当 b 段创新高时,对应的 MACD 的黄白线与 a 段对应的 MACD 黄白线不背驰时,盘整背驰的背驰段才能解除。

3. 然后进入第二个中枢 B 的形成过程中,同时 MACD 的黄白线会逐步回到 0 轴附近。

4. 最后,开始继续(c1 + c2 + c3)走势段突破第二个中枢 B,(注:从此开始进入了背驰段 c)MACD 的黄白线以及柱子都再次重复前面的过程。

当(c1 + c2 + c3)走势段的级别大于或等于 b 走势段的级别后,如果 c3 内部发生背驰同时 c3 与 c1 相比较发生线段类盘整背驰,并且股价创出新高,对应的黄白线不能创新高,或者柱子的面积或者伸长的高度不能突破前高,即出现背驰,这样结束了这个两个中枢的上涨过程。

因此趋势背驰的判断时,既要比较 MACD 红绿柱子面积之和,又要比较黄白线的高度。并且黄白线要有一个回抽 0 轴的过程。其后出现的背驰才是有效的。

没有趋势就没有背驰,背驰是趋势和趋势比,和盘整无关,不是所有的柱子面积都要去比的,盘整(中枢)里的绿柱子是没有意义的。

明白这个道理,大多数股票的前生后世,一早就可以知道了。

缠师答疑:

Q:您说没有趋势没有背驰,这个我知道,但是具体到哪段趋势与哪段趋势进行比较还是很模糊,至少两个中枢才能形成趋势,形成中枢的位置在 MACD 上反应一定会形成回拉 0 轴吗?

A:那是最标准的情况,85% 的情况,当然也有例外的,有些强势的股票,可能第一个中枢就根本不回抽 0 轴也是可能的,因为 MACD 毕竟只是辅助,如果都准确的,那还不如直接用 MACD 了。

注:那些奔走型中枢或者扩张三角形中枢,在形成中枢过程中就显示出一方力度强势,黄白线不回 0 轴,就是那 15% 的例外了。

4.2.2 次级别背驰的判断

对于背驰的判断要以结构为主,MACD 为辅。因为背驰是有级别的。不在背驰段 c 上是不存在本级别背驰的。

4.2.2.1 从结构上判断

1. MACD 如果从第一类买卖点刚上(下)0 轴,至少在本级别上不存在背驰的问题。因为这时趋势还没有形成,只是在一个趋势走势类型生长的 a 段上。这一段的转折一定是小级别背驰造成的。

缠师解盘:现在(2007 - 04 - 16)连周线的中枢都没形成过,怎么会有周线的背驰? 要背驰也最多是日线的,而且能不能形成还要打个问号,这没必要预测,看市场自己走出来。缠论这里没有什么子浪,只看中枢的运动。

你看看 1 分钟图,如图 4 - 29 所示,今天在 1 分钟上就没有背驰过,只是下午有一个很小的 1 分钟级别下的盘整背驰,这种情况下,就不一定要弄短差,就算弄,也是换股。有时候不能太短,如果你的技术特别好,1 分钟以下也是可以操作的,但前提是你能把 10∶55 到 13∶46 这中枢三段分清楚。

图 4-29

大盘为什么要出现 1 分钟底背驰才能回头？今天连 1 分钟的顶背驰都没出现过，只是 1 分钟级别以下的，下午的跳水，把那中枢第三段给完成了，当然就可以继续上。至于大盘加不加速，这属于预测，最好把这习惯给改了。

图 4-30

注：如图 4-30 所示，今天只走了一个线段。是 1 分钟级别的次级别盘整走势类型 b 段。

2. 黄白线没有二次回拉就是中枢还没有做成,因此,还没有进入背驰段,此时发生的背驰一定是次级别的。

要背驰,首先要黄白线二次回抽 0 轴(即做出两个中枢结构),然后离开 0 轴,股价创新高,黄白线不创新高,且柱子面积又小了。

缠师答疑:

Q:今天终于鼓起勇气,按照您的理论进行了第一次实战。

目标是宝钢,15 分钟 K 线下午两点出现明显背驰,买入后宝钢马上强烈反弹,2%的幅度。转而观察低级别 5 分钟,1 分钟 K 线,是否有卖点出现。可虽说无卖点出现,但是由于大盘忽然转弱,走势急转而下(5 分钟 1 分钟 K 线均没出现卖点),5 分钟再次出现均线死叉。按照 lz 所示,应严守纪律退出,这时是正好盈亏为 0。但是初次实战,犹豫了一下,走势急转下跌,−2%,于是坚定退出。再次等待机会。

图 4−31

A:你知道你的操作为什么有问题吗? 首先,如图 4−31 所示,你对背驰的判断是错误的,宝钢 15 分钟根本没有背驰,更谈不上标准。黄白线都没拉回去,(注:在 a 段没做中枢)怎么可能有背驰? 该背驰是典型的 1 分钟背驰,3 波拉上去后就是一个完美的卖点,为什么? 因为这卖点要看次级别的,而 1 分钟下面看不到,所以一般来说,3波上去就可以走,而且如图4-32所示,刚好碰到250的1分钟均线,最好的对冲出逃机会了。

图 4-32

3. 黄白线创新高不会是本级别的背驰。这种情况一般是 b 走势段或 c 走势段没有走完的情况。

缠师答疑:

Q:上午基本都出了,大盘一直5分钟背驰,可就是不跌下来。不会踏空了吧?

图 4-33

A：如图 4 – 33 所示,大盘 5 分钟没有什么背驰,黄白线创新高一般都不会是本级别的背驰。(注:黄白线创新高则本级别背驰段解除了)大盘其实只是一个 1 分钟的背驰,然后下午就有一个跳水,然后很快就把指标调整过来了。

缠师答疑：

Q：请问用 MACD 辅助判断顶背驰,是否存在红柱子长度、红柱子面积、黄白线判断的优先次序?

A：一般来说,最重要的是黄白线,柱子面积之和一般在复杂走势里重要。当然其实这都不是最关键的,最关键是要各级别配套地看,才能知道哪个背驰的力度大,否则,每一个 1 分钟以下的背驰都要动,那就会累死。但如果中枢就是 5 分钟或者 30 分钟的,每次离开都是次级别 1 分钟的,那 1 分钟以下次次级别的背驰当然就很重要,因为根据中枢的回拉力,次次级别的 1 分钟以下级别的背驰就引发大的回拉,这几天大盘的高低点都是由 1 分钟以下背驰构成的,原因就在这里。

4.2.2.2 次级别背驰的判断

1. 单纯的看柱子的长短,只能看小级别的趋势力度的变化,而不能判断本级别走势的结束。如果小级别的回抽不产生第三类卖点,一般不会结束本级别的走势。

缠师答疑：

Q：昨日第三类买点在 6.64 买入 600019,今日 7.36 卖出,原因是 30 分钟出现 MACD 背离,且量价也背离,但后市又拉起,我的这次操作有什么问题吗?

A：如图 4 – 34 所示,首先该股在 30 分钟上并没有什么趋势背驰,趋势背驰需要两段趋势的比较,而不是单纯看 MACD 红柱子短了。

图 4 – 34

本次回调只是一个次级别背驰造成的,但不是30分钟级别的。因此,站在30分钟的级别上,回跌后就要回补回来,然后等待30分钟真正的背驰出现。一般,如果你判断不太熟悉,只会MACD,那么如果MACD在高处形成双头下来,在0轴附近会有一个再向上的过程,因为那双头,一般是低级别背驰造成的,而真正的背驰,一般都要先回抽0轴,然后再上造成的。

2. 在黄白线没有回0轴前,柱状线面积缩小表示次级别趋势力度减弱。

如何看MACD的面积:

看MACD柱子的面积不需要全出来,一般柱子伸长的力度变慢时,把已经出现的面积乘2,就可以当成是该段的面积。所以,实际操作中根本不用回跌后才发现背驰,在上涨或下跌的最后阶段,判断就出来了,一般都可以抛到最高价位和买在最低价位附近。

所以背驰判断的关键是你一定要清楚地知道,当下是否在背驰段上运行。

MACD对背驰辅助判断的关键是:对于复杂的MACD面积之和,可以看大一个周期的K线图。

MACD只是力度比较的辅助,因此,是先定好比较哪两段走势,然后才去选择看是1分钟的还是30分钟的更适宜辅助判断。

例如,两段走势,在1分钟上形成很复杂的MACD柱子和黄白线变化,如果1分钟趋势背驰在1分钟K线图上看不清楚,可以看5分钟K线图。这种5分钟K线图上黄白线没回抽的,当然不会是5分钟的趋势背驰,但一定是5分钟以下级别的背驰,很清楚可以看出该是哪两段比较。

由于MACD与K线价格相关,所以一般情况下,30分钟级别的走势变化,经常对应在30分钟的MACD上,但这不能因此而改变先根据中枢与走势运动的分析,然后选出需要比较力度的走势段,最后才用MACD辅助判断的顺序原则。

3. 一分以下级别MACD红绿柱子高度极限乖离背驰,不看黄白线,代表DIF和它的均线间的极限心理乖离,这种情况下,黄白线和柱子面积都不显示背驰,但是柱子的高度达到极限产生回调。

一个太快的走势如何把握超短的卖点?

用MACD柱子长度到达的极限数值参考,快速上升时只看红线的极限长短,不看黄白线。

一个太快速的走势,1分钟图的反应也太慢了,如果弄超短线,那就要看实际的走势,如图4-35所示,600779的1分钟图从16.40上冲19.08的这段,明显是一个1分钟上涨的不断延伸。这种走势如何把握超短的19.08的卖点?不难发现,MACD 的柱子伸长,和乖离有关,大致就是走势和均线的偏离度。

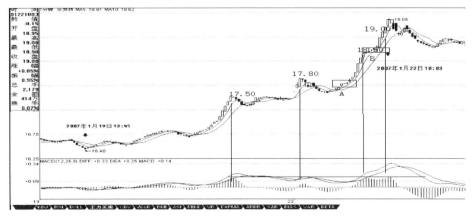

图 4－35

　　打开一个 MACD 图,首先应该很敏感地去发现该股票 MACD 伸长的一般高度,在盘整中,一般伸长到某个高度,就一定回去了,而在趋势中,这个高度一定高点,那也是有极限的。一般来说,一旦触及这个乖离的极限,特别是两次或三次上冲该极限,就会引发因为乖离而产生的回调。这种回调因为变动太快,在 1 分钟上都不能表现其背驰,所以必须用单纯的 MACD 柱子伸长来判断。

　　注意,这种判断的前提是 1 分钟的急促上升,其他情况下,必须配合黄白线的走势来用。从该 1 分钟走势可以看出,17.50 元时的柱子高度是一个标杆,后面上冲时,在 18.50 与 19.08 元分别的两次柱子伸长都不能突破该高度,虽然其形成的面积大于前面的,但这种两次冲击乖离极限而不能突破,就意味着这种强暴的走势,要歇歇了。

　　有缠友问,在 1 分钟图上长到 17.80 左右的时候,红柱已经明显缩短,按说应该出了,可明显后边又有一个拉升到 19 左右是为什么?

　　缠师回答说,背驰需要多少个条件?光柱子缩短就背驰?前面的黄白线有回拉 0 轴吗?背驰和柱子缩短不是一回事情,不能把问题简单化了。

　　一定要把 MACD 判断背驰的几个条件综合起来,不能光看柱子就完事,这样还不直接看 MACD 算了,还搞背驰干什么?如果柱子就有效,也不需要什么背驰了。就是因为柱子经常无效,所以才需要综合性的背驰概念。

　　注:在 17.50 时,红柱子和黄白线是最高的,在 17.80 时,红柱子虽然是背驰了,可是黄白线没有回抽到 0 轴附近,所以走势不在背驰段上,这种情况下一般会有二次回落,也就是说双回拉后再次上扬的情况,因此只是次级别以下小级别的

背驰,所以调整使得黄白线回到0轴后,再次离开0轴进入背驰段后还有新高是必然的走势。

最后一段离开0轴上扬过程中,虽然MACD面积和黄白线都没有背驰,但是如果细心观察,会看到其中有A和B两个次级别中枢,然后才发生了红柱子的极限长度没有17.50处的长的情况。这其实就是在1分钟级别趋势背驰后的小转大的情况。

4.1分钟以下级别的背驰在5分钟图上如图4-36所示,黄白线没有回0轴,只是绿柱子面积缩小。

600550今天尾盘低点是一个1分钟以下级别的背驰,在1分钟图上,如图4-37所示黄白线也没有回抽0轴,只是绿柱子面积缩小了。

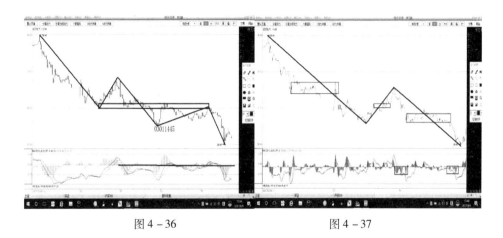

图4-36　　　　　　　　　　图4-37

5.1分钟以下级别的,比较1分钟MACD的柱子面积就可以。

缠师答疑:

Q:检讨一下这两天的操作,比较失败,节奏把握不住。上午11:20那个低点4根本没任何背驰迹象,怎么就上去了?

A:1分钟以下级别的,比较1分钟MACD的柱子面积就可以。

在1分钟图上,如图4-38所示,A是由1分钟图上的3根线段重叠形成的1分钟中枢。那么出中枢的b走势段,就是1分钟以下的,即次级别走势类型。在这个次级别盘整走势类型中,存在一个次级别中枢,即由3笔重叠构成的1分钟的次级别中枢,出中枢到达3的位置时发生了盘整背驰。

图 4-38

b 段结束后,至少有一个次级别 c 段的回抽。回抽的低点应该是一个次级别的盘整背驰或趋势背驰点。

c 段是与 b 段同级别的走势类型,则 3 笔重合相当于一个次级别中枢。且在中枢形成的时候,MACD 的黄白线从远离 0 轴的地方,向 0 轴方向做了双回拉的动作,所以再次离开 0 轴时就进入了次级别走势的盘整背驰的背驰段了。

次级别中枢前面是有两个绿柱子面积之和,次级别中枢后面是 1 个,这在恐慌性假突破中经常看到。

所以到 4 点出现时,就是一个完美的背驰点。

另外,用中枢震荡的角度就更简单。

3-4 可以看作是 A 中枢形成后中枢的延伸走势。在 1 分钟级别中枢 A 的第三类买卖点出现之前,这个 1 分钟级别的盘整走势类型是不会结束的。也就是说次级别的背驰是不会引发本级别走势类型的终结的,除非在背驰段或快速冲顶或赶底的时候。

不过,这都不是最重要的,最重要的是节奏,如果早上 5 分钟明显的顶背驰能先卖出,那么下面的回补,早点晚点都不是最重要的。

4.2.3 非标准的趋势背驰 a+A+b+B+c

第二个中枢形成后无第三类买卖点,直接产生第一类买卖点。这种情况下对于第二个中枢背驰(b+B+c)的判断方法同 a+A+b 结构盘整背驰的方法是一样的,需要强调的不同的地方是非标准的趋势背驰 MACD 黄白线也要发生背驰。

对于最后一个中枢 B,背驰与盘整背驰有很多类似的地方,用多义性,可以把 b、c 当成 B 的次级波动。但多义性只是多角度,不能有了把 b、c 当成 B 的次级波动这一个角度,就忘了 a + A + b + B + c 是趋势且 A、B 级别相同的角度。

也就是说无论是否存在第二个中枢的第三类买卖点,只要 A 和 B 是同级别中枢,之后发生的同级别转折都可以称为趋势背驰。当然也包括第二个中枢后的小转大的情况。

例:如图 4 - 39 所示,601628 人寿的 5 分钟图:11 日 11 点 30 分到 15 日 10 点 35 分构成一个中枢 A。15 日 10 点 35 分到 16 日 10 点 25 分构成 b 段。16 日 10 点 25 分到 17 日 10 点 10 分,一个标准的三段构成新的中枢 B,同时 MACD 的黄白线回拉 0 轴。其后就是 c 段的上涨,其对应的 MACD 红柱子面积明显小于 b 段的,这样的背驰简直太标准了。

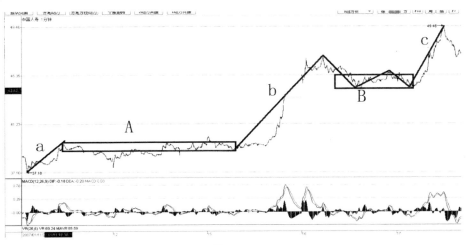

图 4 - 39

非标准的趋势背驰的判断方法与标准的趋势背驰基本一样,其后的走势与标准的趋势背驰不同的是背驰后的第一次反抽,多了一种形成第三类买卖点的可能。而标准的趋势背驰,反抽一定会进到最后一个中枢中去。也就是说标准的趋势背驰一定会结束原来的走势类型,而这种情况的趋势背驰不一定会结束原来的走势类型。

4.2.4 背驰的买卖时机

用背驰就要在上涨时看力度有问题了就要走,不是等均线都下穿了才反应,这是一个很简单的道理。

不是等跌了才问卖不卖,而是涨的时候一旦进入背驰段的区间套里,就要陆续走,当然资金小的可以等到最后几个价位,资金大的就不可能了,第一卖点没走,就要在第二卖点走。如果是第三卖点估计跌很多了。

下跌的 2 - 3 个中枢之后你考虑的应该是买点,上涨的 2 - 3 中,枢之后你考虑的应该是卖点。比较安全的原则就是把操作级别放大,因为这样才有足够的时间和空间让你面对一些走势的变化。

缠师答疑:

Q:要是下一个 30 分钟的下跌走势完成后的低点高过 2870,应该基本就是继续上升和震荡上升(在 2870 上震荡)的大盘行情了。

A:对,但操作上不能这样,而是冲高只要没力,也就是短线背驰,就出来,回试不破就回补,而不是看最后的结果,如果是结果破了,那时候再操作就有点太晚了。

在 30 分钟图上,如图 4 - 40 所示,如果你用 MACD 看背驰,它明显走出三次红柱,一次比一次低,这就是最明显的背驰信号,根本不需要等到跌破再有反应。

对那种短线走势特别猛的,如果资金不太大的,不能看日线,那反应太慢,看30 分钟线足矣。

图 4 - 40

4.2.5 趋势背驰转折的时间周期

只要你看到某级别的趋势背驰,必然意味着要有逆转。这是没任何商量余地的。究竟逆转多少?那很简单,就是重新出现新的小级别第一类买卖点为止。

例如,日线上向上的趋势背驰制造一个卖点,回跌后,在5分钟或30分钟出现向下的趋势背驰制造一个买点,然后由这买点开始,又可以重新上涨,甚至创新高,这是很正常的情况。

这里的第一类买卖点包括盘整背驰形成的准一类买卖点。

也就是说背驰了并不是说就跌个没完了,只要次级别再出现买点,就又涨回去,所以背驰后就是耐心等待次级别的下一个买点。

因此,背驰必定有调整,但不必然有大调整,如果是盘整背驰,那往往转化成第三类买点。对于小级别的背驰是否产生大调整,必须是从大级别看起,这也是区间套原理所决定的。背驰走了一定要找机会补回来,没人说背驰了以后一定下跌50%的,特别是大级别上涨里的小级别背驰,很多情况下就一个盘中回挡就完成了。要综合地看。

4.2.6 趋势背驰后走势的中阴阶段

缠论,对所有的走势都进行了一个最明确的分解,所有的分解,本质上只有两类,就是延续与转折。

某级别的背驰点确认后,标志着一个走势类型的终结,另一个走势类型的开始。后面的走势可以是同级别的反趋势,也可以是形成更大级别的盘整,然后再做方向的选择。

也就是说趋势背驰后,不一定就是真正的反转,也可以是继续延续前一走势类型的方向,形成更大级别的走势类型。例如上涨+盘整+上涨,这样的结构是完全合理的。但,上涨+盘整+下跌,上涨+下跌等等,同样是可能的选择。这时候,唯一正确的操作,只有一点:如果你技术好的,就在这个大的走势中枢震荡中操作一把;如果技术不好,就等市场自己去选择,然后再决定操作。

如果说前一个走势类型的趋势背驰或盘整背驰宣告了前一个走势类型的终结,那么背驰点到新的走势类型确立之前这个阶段称为中阴阶段。这个新的走势类型可以是同级别的反趋势,也可以是更大级别的盘整走势类型。这个中阴状态表现为一种特殊的中枢震荡。这个中枢我称之为中阴中枢,中阴状态以这个中阴中枢的第三类买卖点为结束的标志。

一定要注意。为什么很多人逃了顶,最后还是被套住了——又买了;抄了底,最终还是没赚到钱——被震出来了。这就是被相应级别的中阴阶段给折腾的。而且,越大级别转折后的中阴阶段,越能害人。行情走势的中阴阶段,是多空齐杀,不断折腾转换的阶段。

4.2.6.1 如何把握趋势背驰后中阴阶段的走势

要把握这阶段的走势,必须把前一段走势的部分走势结合起来分析。也就是说,前一段走势的业力在发挥着作用,这个业力与市场当下的新合力构成了最终决定市场方向的最终合力。

用一个例子,就能很好地说明这个阶段。如图4-41所示,91的背驰宣告前一走势类型的死亡。

按道理,新的走势类型,是从91开始分析的。但这时候,新的走势类型连第一段线段都没走出来,甚至走到93的位置,也依然轮廓不明,因此,这时候,就是典型的中阴阶段,必须借助前面89开始形成的走势中枢来完成分析与相应的操作。

如果从91开始,92、93都很难说有什么可依据的。当然,可以说93就是第二类卖点,这个自然没错,但站在89开始走势中枢的角度,这就存在一个走势中枢震荡的问题,这样,这个干瘪的第二类卖点,就有一个更大的可依靠的分析基础。一切关于走势中枢震荡的分析,都可以应用到关于92、93以及后面走势的分析中,这等于有了双重的分析保证。

当然,后面的95的第三类卖点,也是站在中阴阶段的角度说的。但这一点是一个中阴阶段与新的走势类型确立阶段的分界点,95出来以后,新的走势类型最开始的形态就确立了,也就是至少是一个线段的类下跌走势。这时候,分析的重心,就可以移到91开始的新走势类型上了。

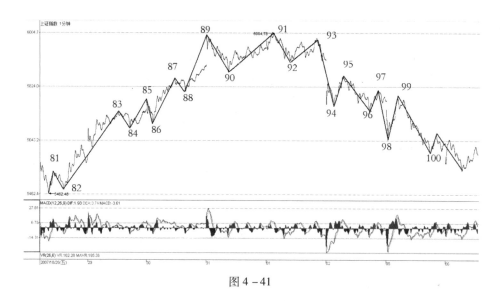

图4-41

这时候,就可以基本在这个线段级别上,不用考虑91之前的事情。但91之前的走势并不是没有用了,而是在更大级别上,例如在 1 分钟、5 分钟等级别上发挥作用了。91 后面出现的走势,就和91 之前的,结合出大级别的走势形态。

针对89－92 的 1 分钟中枢,95 是第三类卖点,但对于91 开始的线段类下跌,94－95 是第二个类中枢,所以后面的跌破,力度不够,出现明显背驰,然后就必然要在这个位置出现一个新的 1 分钟中枢。

下面的走势很简单,这个新的一分钟中枢是否继续向下延伸出新的 1 分钟下跌走势,也就是这 1 分钟中枢是否有第三类卖点。而从大的方面看,这次反弹的调整,级别将至少向 5 分钟级别扩展。

操作上第一个中枢的第三类卖点在该级别中是最后的走人机会,后面的都没意义了,也就是说,对于这次调整的逃避,91 是第一类卖点,因为前面线段类上涨走势出现类背驰,而 93 是第二类卖点,因为站在线段的角度,就是第二类卖点,而站在89－92 的 1 分钟中枢震荡的角度,任何的次级别离开,都将先构成卖点,然后再考虑是否回跌形成第三类买点的回补机会,这是中枢震荡的操作方法。

95 以后,针对这个调整来说,任何的卖出,都是太晚了,这意味着随时面临下跌走势的结束。很多人喜欢在第二个中枢才考虑第三类卖点,那是晚之又晚,所以经常卖了,就被反转夹空,那是一点都不奇怪的。当然,很有可能卖了以后继续延续下跌,但这已经是一个概率问题,而不是一个能被理论 100% 保证的技术问题了。

可见中阴阶段的处理方式就是采用级别生长的方式来处理。用中阴中枢的三类买卖点来确认突破方向。第三类买卖点的出现是中阴结束的标志。这里还可以再加上一个标准,就是转折后如果出现一个同级别的反向的中枢,中阴阶段也可以宣告结束。

其实任何转折,也就是第一类买卖点之后,都对应着某一级别的 V 型反转,例如,91 的转折,90－91 与 91－92,其实就是一个 V 型反转,只是级别特别小。这个 V 型反转的级别,决定了中阴的级别与力度。例如,站在日线图上看 6124 点前后 N 天的走势,其实就是某级别的 V 型反转,然后就同时进入中阴阶段。

4.2.6.1.1 标准趋势背驰后的中阴中枢与非标准趋势背驰后的中阴中枢在结构上略有不同

1. 标准趋势背驰后的中阴中枢,如图 4－42 所示的三种形态。

图 4 - 42

可见标准的趋势背驰在中阴阶段,可以借用最后那个类中枢形成一个中阴中枢,然后由这个中阴中枢的第三卖点来确认突破方向。

需要注意的是,一个标准的趋势背驰结构产生后,不一定会产生同级别的转折,关键是要能准确地判断出背驰的级别来。背驰的级别不同,转折的力度也不同。如图 4 - 43 所示,在一个标准的趋势背驰结构产生后,如果黄白线没有发生背驰,1m 处的转折一般都是次级别的线段类盘整背驰引发的,则一般都会生成第三个同级别的中枢 C,使得趋势得以延伸。

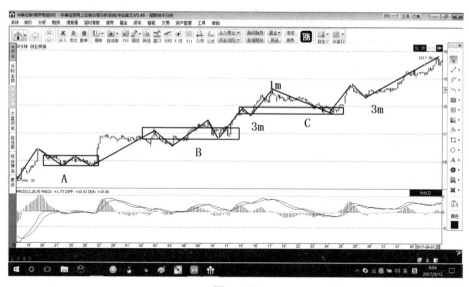

图 4 - 43

从上面的例子可以看出,对于背驰的判断,结构和级别同等重要,缺一不可。

2. 非标准的趋势背驰结构的中阴阶段,我们可以直接用最后一个中枢的第三类买卖点来确认突破方向。

所以中阴阶段在操作上可以先当作一个中枢震荡来处理。

非标准趋势背驰后的中阴中枢:

（1）上涨的非标准的趋势背驰后产生反向的同级别中枢原趋势终结。

（2）上涨的非标准的趋势背驰后产生第三类买点后形成新的同级别中枢,继续原趋势的延伸。这种情况告诉我们,非标准的趋势背驰不一定会结束一个趋势的上扬。因为在没有产生第三类买卖点的情况下,只有第二类买卖点的出现才能宣告趋势背驰的发生。

（3）上涨的非标准的趋势背驰后产生针对最后一个中枢的中枢延伸,之后产生第三类买卖点选择突破方向。如图4－44所示的两种中阴中枢延伸后出现第三类卖点的情况。

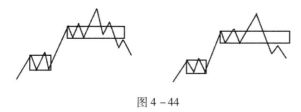

图4－44

4.2.6.1.2 中阴后走势生长符合结合律

走势结构,最重要的就是有中阴部分的存在。有人可能认为,中阴存在是理论不完善的结果,其实,这是典型的一根筋思维。对于这种思维,世界就是机械的,任何时候都只有一个机械精确的结果,而实际上,世界更多是量子化的,是测不准的,中阴的存在恰好客观地反映了走势的这种特性。

中阴状态的存在,反映了行情走势生长阶段的未确定性,这种未确定性,不会对操作有任何的影响,因为中阴状态都可以看成是一个中枢震荡的整理,根据中枢震荡的操作就可以了。

很多人,一碰到中阴状态就晕,因为这时候,你不能对走势给出明确的划分。注意,这里不是指同级别的划分,而是一般性的划分。

例如,一个线段类上涨趋势背驰后,必然首先出现一个1分钟的中枢,也同时进入一种中阴状态,但你不能说这走势必然就是1分钟类型的,因为,最极端情况下,两个年中枢之间也可以是一个线段连接,甚至就是缺口连接,这在实际上都是完全可能发生的。因此,理论必须包括这些情况,而且这些情况太常见了,并不是一个古怪的问题。

另外,如图4－45所示,根据结合律,连接中枢的走势,并不一定是完全的趋势类型,也就是说,一个线段类上涨后,可能第二个类中枢就消融在中阴状态的那个中枢里了。也就是说,a＋b＋c＋d＋e＋f＝a＋b＋c＋(d＋e＋f),a＋b＋c＋d＋e是一个线段类上涨,c＋d＋e的重合部分构成最后的一个类中枢,f是类背驰后的回调,这时候,就可以马上构成一个 1 分钟的中枢,然后继续上涨,构成 1 分钟的上涨是完全合理的。因为,最终的划分,就必须把 a + b + c + d + e 给拆开了。

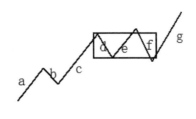

图 4 - 45

因此,一般划分中,如果中阴状态中从前面的背驰点开始已经构成相应的走势中枢,如图 4 - 46 所示,在 a + b + c + d + e + f 后又有 g、h,而 f、g、h 构成 1 分钟走势中枢,那么整个的划分就可以变成 a + b + c + d + e + (f + g + h),这样,原来的线段类上涨就可以保持了。

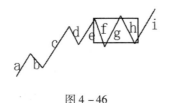

图 4 - 46

如果后面包括 d + e + f 延伸出 9 段,如图 4 - 47 所示,然后又直接上去了,划分中,必须首先保证 5 分钟走势中枢的成立。换言之,划分的原则很明确,就是必须保证走势中枢的确立,在这前提下,可以根据结合律,使得连接走势中枢的走势保持最完美的形态。

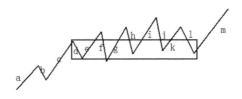

图 4 - 47

由此可见,因为划分中的这种情况,我们就很明确地知道,走势的最大特点就是,连接中枢的走势级别一定小于中枢,换言之,一个走势级别完成后必然面临至少大一级别的中枢震荡。例如,一个5分钟的上涨结束后,必然至少要有一个30分钟的中枢震荡,这就是任何走势的必然结论,没有任何走势可以逃脱。

有了这个必然的结论,对于任何走势,其后的走势都有着必然的预见性,也就是其后走势的级别是至少要大于目前走势的级别。这里,一个很关键的问题就是,这个大的走势级别的第一个中枢震荡的位置,极为关键,这是判断行情的关键。

任何一个后续的更大级别中枢震荡,必然至少要落在前一走势类型的最后一个中枢范围里,这是一个必然结论。换言之,只要这中枢震荡落在最后一个范围里,就是正常行为,也就是说,这种中阴状态是健康的。

一旦其中枢震荡回到原走势类型的第二甚至更后中枢里,那么,对应的中阴状态就是不健康的,是危险的,而原来走势的最后一个中枢,就成了一个关键的指标位置。

危险是相对的,对于原下跌走势的中阴危险,就意味着回升的力度够强,对多头意味着好事情。

4.2.6.1.3 中阴阶段的处理节奏

中阴阶段,无一例外,都是表现为不同级别的盘整(注意,这是指从截取这一阶段的形态说,并不是说新的走势类型一定是盘整)。也就是围绕前一走势的某一部分所构成的走势中枢震荡。即使是所谓的V型反转,也只是震荡的区域回得更深而已。虽然表现为走势中枢震荡,但并不是一般性的走势中枢震荡。

大概很多人都想,中阴阶段也没什么特别的,其实也是一个盘整,和其他的盘整也没什么不同。如果有这种想法,就有大问题了。

中阴阶段能否处理好,关系到操作节奏的连接问题。很多人的操作节奏特乱,就是因为不知道中阴阶段的问题。中阴阶段,虽然表现为中枢震荡,但并不是一般性的中枢震荡。

中阴阶段的存在,就在于市场发展具体形式在级别上的各种可能性。这些可能性的最终选择,并不是预先被设定好的,而是市场合力的当下结果,这里有着不同的可能性。而这些可能性,在操作上并不构成大的影响,因为都可以统一为中阴过程的处理。

如图4-48所示,这次从6004点开始的1分钟级别下跌背驰后,就进入中阴时段。首先,根据走势分解的基本定理,就知道,其后的行情发展,一定是一个超1分钟级别的走势。但超1分钟级别的走势,存在很多可能。

这些可能,首先一个最基本的原则是,必须先出现一个5分钟中枢,因为无论后面是什么级别的走势,只要是超 1 分钟级别的,就一定先有一个 5 分钟中枢,这没有任何特例的可能。而这个 100% 成立的结论,就构成我们操作中最大也是 100% 准确的基本依据。

1 分钟级别的走势后,你不能说它一定是下还是上还是盘,因为都有可能。但你一定能说,它最终必须先有一个 5 分钟中枢,这是 100% 的,而且,只有缠论才能明确给出这样的必然结论。

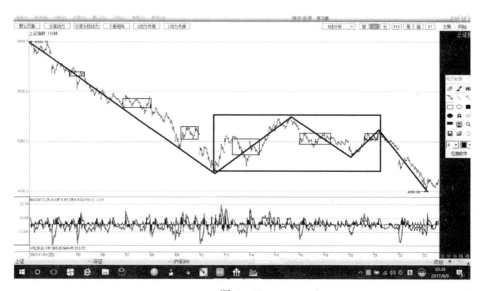

图 4-48

有了这个结论,一切关于行情后续演化的争论都没有了意义。不管后面是什么,首先把这 5 分钟中枢给处理好,这才是唯一重要而且有着 100% 操作性与准确性的事情。因此,你在操作中,脑子里必须有这样一个 100% 准确的判断。而 5 分钟的中枢震荡如何操作,那是最简单的问题。

当然,如果你是按 5 分钟以上级别操作的,那么这个 5 分钟中枢的中阴过程对于你来说可以说是不存在的,你可以根本不管。

而这 5 分钟中枢成立后,就必然 100% 面临一个破坏的问题,也就是一个延伸或者第三买卖点的问题。

当然,如果这中枢不断延伸,搞成 30 分钟中枢了,那就按 30 分钟中枢的第三买卖点来处理,如此类推,总要面临某一个级别的第三买卖点去结束这个中枢震荡。

一般性的,我们可以以 5 分钟中枢后就出现第三类买卖点为例子,那么,这个

1分钟的走势,就演化为5分钟的走势类型了,至于是只有一个中枢的盘整,还是两个中枢的趋势,那用背驰的力度判断就可以把握。

从上面就可以看到,缠论是这样把一个看似复杂,没有方向的中枢问题,以100%准确的逻辑链连接成一个可以100%具有准确操作度的简单操作程序,而这,不过是缠论的最低级威力而已。

4.2.6.1.4 中阴阶段结束时间的辅助判断

这里给出的是中阴阶段结束时间的辅助判断,并不是一个绝对性的判断,如同用MACD判断背驰一样,只是一个辅助性,但由于准确率极高,绝对的判断反而因为太复杂而不实用,所以就可以一般性地利用这进行判断。一般来说,这个中阴阶段结束时间的辅助判断的有效性可以达到接近100%,很少有例外。

这个辅助判断,可以利用布林通道指标。该指标一般都三条线,上、中、下三个轨道。一般性地,在上轨以上和下轨以下运行是超强状态,一般中枢移动时肯定会出现,唯一区别是前者是上涨超强,后者是下跌超强。

用这个指标有一个很好的辅助判断第二类买卖点,有时候也可以用来判断第一类买卖点。一般来说,从上轨上跌回其下或从下轨下涨回其上,都是从超强区域转向一般性区域,这时候,如果再次的上涨或回跌创出新高或新低但不能重新有效回到超强区域,那么就意味着进入中阴状态了,也就是第一类买卖点出现了。

但更有效的是对第二类买卖点的辅助判断,一般来说,在进入中阴状态,上轨和下轨都会滞后反应,也就是等第一次回跌或回升后再次向上或下跌时,上轨和下轨才会转向,而这时候转向的上轨和下轨,往往成为最大的阻力和支持,使得第二类买卖点在其下或其上被构造出来。布林通道最有用的,还是关于中阴结束时间的预判上。

一般来说,布林通道的收口,就是对中阴结束时间的最好提示。但这里有一定的技巧性,不是1分钟级别就一定要看1分钟的布林通道的。例如,一个5分钟的中阴过程,对应的是看30分钟的布林通道。

一般来说,某一级别的布林通道收口,就意味着比这低级别的某个中阴过程要级别扩展或结束了,一般都对应着有相应的第三类买卖点。

由于是辅助性判断,所以技巧性与熟练程度就很关键了。这个辅助判断,比MACD那个技巧性还要高点,必须不断看图,自己去总结自己的经验才会有所得。

4.2.7 趋势背驰后走势的完全分类

4.2.7.1 转折的级别等于背驰的级别

4.2.7.1.1 趋势背驰后形成一个反向的同级别的盘整走势类型

1.标准的趋势背驰后形成的同级别盘整走势类型的反弹。这个盘整走势类型的次级别走势类型可以是 3 段完成(如图 4 - 49 所示),也可以是 5 段或者 7 段完成(如图 4 - 50 所示)。

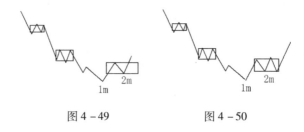

图 4 - 49   图 4 - 50

2. 非标准的趋势背驰后形成的同级别盘整走势类型的反弹。这个盘整走势类型的次级别走势类型可以是 3 段完成(如图 4 - 51),也可以是 5 段或者 7 段完成(如图 4 - 52)。

这种情况也包括小转大的情况。

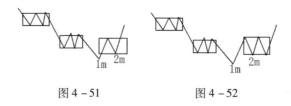

图 4 - 51   图 4 - 52

3. 非标准的趋势背驰后形成的同级别中枢后,出现该中枢的第三类卖点后形成更大级别的盘整走势类型。如图 4 - 53 所示。

图 4 - 53

4.2.7.1.2　趋势背驰后形成同级别的反趋势

1. 标准的趋势背驰后形成的同级别反趋势走势类型的反弹。这个反趋势走势类型的次级别走势类型可以是 7 段完成(如图 4 - 54 所示),也可以是 9 段以上(如图 4 - 55 所示)。

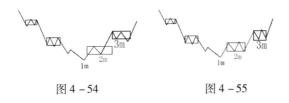

图 4 - 54　　　　　　　　　　图 4 - 55

2. 非标准的趋势背驰后形成的同级别反趋势走势类型的反弹。这个反趋势走势类型的次级别走势类型可以是 7 段完成(如图 4 - 56 所示),也可以是 9 段以上(如图 4 - 57 所示)。这种情况也包括小转大的情况。

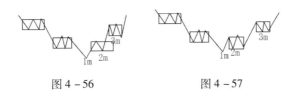

图 4 - 56　　　　　　　　　　图 4 - 57

一个趋势背驰后,接一个同级别的反趋势的情况,就是 V 型转势的情况。这种情况一般都是在最高点左右分别有一个上一个下的次级别走势,然后左右对称都形成一个中枢,在大图形上,就构成类似头肩顶或头肩底的走势,然后再突破中枢去形成新的同级别中枢构成反趋势。

至于从顶上直接打破上升最后一个中枢的情况,一般情况下都会回拉过来形成大的中枢。如果连回拉都不拉,直接在下面形成中枢,而同样需要再跌破这中枢然后在下面形第二个中枢才算下跌。但这种情况十分罕见,基本只出现在除权后,或者毁灭性利空的突发中。

4.2.7.2　趋势背驰后形成更大级别的走势类型

缠中说禅背驰 - 转折定理:某级别趋势的背驰将导致该趋势最后一个中枢的级别扩展、该级别更大级别的盘整或该级别以上级别的反趋势。

转折定理的证明有点抽象,估计大多数的人都没兴趣,那就用一个例子来说明,也大致知道证明的轮廓,更重要的是,这样可以对走势的形成有一个更深切的认识。例如,一个5分钟背驰段的下跌,最终通过1分钟以及1分钟以下级别的精确定位,最终可以找到背驰的精确点,其后就发生反弹。

当下级别的趋势背驰引发的同级别的调整,由于不允许"上涨+上涨"或者"下跌+下跌"的情况,所以,这定理对实际操作就很有意义了。

上面我们说过,一个1分钟级别趋势的顶背驰,就意味着必然导致一个至少1分钟级别的盘整或下跌趋势走势类型,而这个1分钟走势类型结束的位置,就为趋势背驰以后可能的走势以及级别给出了很明确的划定。

4.2.7.2.1 该趋势最后一个中枢的级别扩展

边界条件:趋势背驰后,同级别反弹结束时触及最后一个下跌中枢的DD,则该趋势最后一个走势中枢的级别发生扩展。

对于5分钟级别趋势发生背驰的情况,那这个5分钟级别的趋势里所有的走势中枢都是5分钟级别的。假设共有N个,显然,这个N≥2。考虑最后一个走势中枢的情况,最后的背驰段,跌破该走势中枢后,该背驰段显然是一个1分钟以下级别的走势,否则就和该走势中枢是5分钟级别趋势的最后一个走势中枢的前提矛盾了。

这个5分钟趋势背驰段上出现第一类买点后发生反弹,显然,该反弹一定是5分钟级别的走势类型,并且该反弹的结束点一定会触及前面下跌走势类型的最后一个走势中枢的$DD = \min(d_n)$,也就是围绕该走势中枢震荡的最低点。否则,如果反弹连这都触及不了,就等于在下面又至少形成一个新的5分钟走势中枢,这与上走势中枢是最后一个矛盾。

这种只触及最后一个走势中枢的$DD = \min(d_n)$的反弹,就是背驰后最弱的反弹。这种反弹,将把最后一个走势中枢变成一个级别上的扩展。例如,把5分钟的走势中枢扩展成30分钟甚至更大的走势中枢。

这情况的中枢扩展,至少需要9段次级别走势类型才能完成。

这种情况会有如图4-58和图4-59所示的两种可能的结构之一来完成最后一个中枢级别扩展。

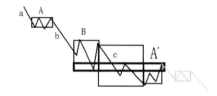

图4-58 由3段次级别走势类型构成的反弹

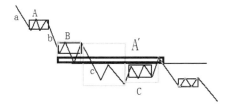

图 4 - 59 由 5 段次级别走势类型构成的反弹

1. 对于 5 分钟级别的标准趋势背驰,这种最弱的反弹,如图 4 - 60 所示,也至少是 5 分钟级别的盘整走势类型的反弹,换言之,这个 5 分钟级别的盘整走势类型,至少由 3 个 1 分钟级别走势类型构成,当然也可以由 5 个 1 分钟级别走势类型构成。有时候不是第一个 1 分钟走势类型上就能拉回到最后一个中枢波动的最低点,但这个 5 分钟级别反弹结束时一定可以拉回到这个位置,有时候第一个 1 分钟级别的反弹就能拉回到 DD,但随后的 1 分钟反弹的高点反而在第一个高点的下面。

图 4 - 60

2. 在上面的 a + A + b + B + c 里,如果 B + c 发生中枢扩展,从 5 分钟扩展成 30 分钟级别,那么 a + A + b 就是一个 5 分钟走势类型,把 a + A + b 用 a' 表示,而 B + c 发生中枢扩展用 A' 表示,那么整个走势就表示成 a' + A' 的 30 分钟盘整走势类型,其后的走势还可以继续延伸成一个 30 分钟级别的下跌趋势。

3. 趋势背驰产生的第一类买点是绝对安全的。即使是最低级别的反弹,也有足够的空间让买入获利,而且,一般这种情况出现得特别少,是很特殊的情况。但理论上,是要完全精确的,不能放过任何一种情况。如果不幸碰到这种情况,在资金利用率的要求下,当然是要找机会马上退出,否则就会浪费时间了。

反过来也是一样的。为什么 1 分钟顶背驰后还涨,那有什么奇怪的,只要有一个 1 分钟的盘整(注:最后一个中枢扩展的情况),那就可以继续涨,这是 1 分钟顶背驰后可能的情况之一。

4. 注意,这种情况和盘整背驰中转化成第三类卖点的情况不同,那种情况下,反弹的级别一定比最后一个走势中枢低,如图 4 - 61 所示,而这种情况,反弹的级别一定等于或大于最后一个走势中枢的。如图 4 - 62 所示,因此,这两种情况不难区分。

图 4 - 61 　　　　　　　图 4 - 62

4.2.7.2.2 该级别更大级别的盘整

边界条件:当反弹至少要重新触及最后一个中枢,这样,将发生转折,也就是出现更大级别的盘整与更大级别的上涨两种情况。

存在以下两种情况:

1. 趋势背驰后接一个反向的更大级别的盘整走势类型。如图 4 - 63,一个 1 分钟的趋势背驰后接一个反向的 5 分钟的盘整走势类型。

图 4 - 63

2. 形成一个更大级别的中枢。即 a + A + b + B + c 变成 a'(a + A + b + B + c) + A',从而使得原来的趋势走势类型,变成更大级别的盘整走势类型。即下跌 + 盘整。

　　注意,这里的盘整的中枢级别一定大于下跌中的中枢级别,否则就和下跌的延伸或第一种该趋势最后一个中枢的级别扩展搞混了。而上涨的中枢,不一定大于下跌中的中枢,例如,一个5分钟级别的下跌后反过来是一个5分钟级别的上涨,这是很正常的,但如果是盘整,那就至少是30分钟级别的。

　　一般有两种结构:

　　(1)3个次级别盘整走势类型重叠形成的更大级别中枢。

　　这情况的5分钟中枢不包括前一个1分钟下跌趋势的最后一个中枢。如图4-64,也就是以第一类买点为分界点,前面是两个中枢的1分钟级别下跌趋势走势类型(1-2),后面是5分钟级别的中枢(2-5),由3个1分钟级别走势类型重叠构成。这3个1分钟走势类型可以是盘整也可以是趋势。

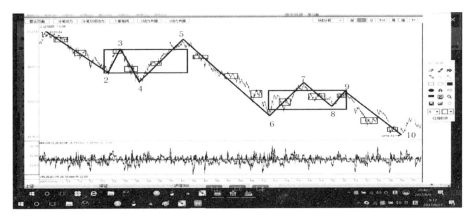

图4-64

　　(2)3个次级别盘整形成的大级别中枢,如图4-65所示。

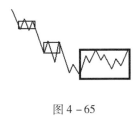

图4-65

　　这里有两个问题一定要搞清楚:

　　1. 为什么"下跌+盘整"中盘整的中枢级别一定大于下跌中的中枢?

　　这里不妨用一个例子说明一下:例如,还是一个5分钟的下跌,那至少有两个中枢,整个下跌,最一般的情况就是 a + A + b + B + c,其中的 abc,其级别最多就是 1 分钟级别的,其至最极端的情况,可以就是一个缺口。而 A、B,由于是 5 分钟级别的中枢,那至少由 3 段 1 分钟的走势类型构成,如果都按 1 分钟级别的走势类型来计量,而且不妨假设 abc 都是 1 分钟的走势类型,那么 a + A + b + B + c 就有 9 个 1 分钟的走势类型。

而一个 30 分钟的盘整,至少有 3 个 5 分钟的走势类型,而 1 个 5 分钟的走势类型,至少有 3 个 1 分钟的走势类型,也就是一个 30 分钟的盘整,就至少有 9 个 1 分钟的走势类型,这和上面 a + A + b + B + c 的数量是一致的。从这数量平衡的角度,就知道为什么"下跌 + 盘整"中盘整的级别一定比下跌的级别大了,如果级别一样,例如一个 5 分钟的盘整,只有 3 个 1 分钟的走势类型,那和 9 就差远了,也不匹配。当然,"下跌 + 盘整"中盘整的级别一定比下跌的级别大,最主要的原因还不是这个,而是上面说到的,如果该级别一样,那只有两种情况,下跌延伸或下跌最后一个中枢扩展,和"下跌 + 盘整"是不搭界的。

2. 下跌最后一个中枢扩展,例如 5 分钟扩展成 30 分钟,那和 5 分钟级别下跌 + 30 分钟级别盘整有什么区别?

这区别大了,因为在"5 分钟级别下跌 + 30 分钟级别盘整",也就是"下跌 + 盘整"中,下跌和盘整都是完成的走势类型,这意味着是两个走势类型的连接。而下跌最后一个中枢扩展,是一个未完成的走势类型的延续,还在一个走势类型里。例如,在上面的 a + A + b + B + c 里,如果 B + c 发生中枢扩展,从 5 分钟扩展成 30 分钟的,那么 a + A + b 就是一个 5 分钟的走势类型,把 a + A + b 用 a′ 表示,而 B + c 发生中枢扩展用 A′ 表示,那么整个走势就表示成 a′ + A′,其后的走势还可以继续演化,形成 a′ + A′ + b′ + B′ + c′,也就是扩展成一个 30 分钟级别的下跌,当然还可以有其他的演化,总之,是必须把走势类型给完成了,这和"下跌 + 盘整"的情况显然是不同的(注:下跌中扩展往往是下跌的中继,是未完成的走势。而下跌 + 盘整,盘整后有一半的可能是上升)。

4.2.7.2.3 次级别的背驰不改变本级别走势运行的方向

大级别是 a 走势段或者是已经解除背驰段的 b 走势段时,当出现顶分型时,大级别 MACD 黄白线远离 0 轴并创新高或新低的位置,次级别的趋势背驰只能引发一个次级别的调整。这个调整一般是以 3 笔重叠的方式形成一个本级别中枢的形式来完成。之后继续本级别走势结构的构建过程。如图 4 - 66,这也是一个级别生长的过程。

图 4 - 66

4.2.7.2.4 该级别以上级别的反趋势

趋势背驰后接一个更大级别的反趋势走势类型。

边界条件:反弹至少要重新触及最后一个中枢。

缠师答疑:

Q:估计又好像要跌一下,明天要不要先走,待跌后再接回?

图 4 - 67

A:5 分钟没背驰,是 1 号的 1 分钟背驰造成本次上涨的。并不是说 5 分钟的上涨就一定是 5 分钟的背驰造成的,1 分钟的背驰,通过中枢的扩展等最终形成 5 分钟、甚至是日线的上涨,都是可能的,如图 4－67 所示,600151 这次的回升就是这样构成的。

反过来也是一样,例如,最极端的,制造出一个年线级别的下跌,但不能说这个制造是由于 1 分钟顶背驰造成的,因为这是 1 分钟顶背驰后,形成的盘整或下跌逐步级别扩张,最后才慢慢形成的,如果随便看到一个 1 分钟顶背驰就说要形成年线级别大调整,那就是脑子水太多了。

如果市场的转折与背驰都有这种在级别上一一对应的关系,那这市场也太没意思、太刻板了,而由于这种小级别背驰逐步积累后导致大级别转折的可能,才使得市场充满当下的生机。

注意,这两种不同的转折方式的区分是十分关键的。所有的转折都与趋势背驰相关,但加上趋势背驰的级别与当下走势级别的关系,就有了这两种不同的转折方式。

由于趋势背驰的级别不可能大于当下走势的级别,例如一个 30 分钟级别的趋势背驰,只可能存在于一个至少是 30 分钟级别的走势类型中,所以就有这两种不同转折方式的明确分类。

在具体的操作中,对于"趋势背驰级别等于当下的走势级别",如果你刚好是以该级别为操作级别的,只要在顶背驰时直接全部卖出就可以。

例如 30 分钟级别的操作,只在 30 分钟进入背驰段后,用 5 分钟、1 分钟以及 1 分钟以下的背驰精确定位后卖出,这样就不用一见 1 分钟背驰都很紧张去卖,那太累了。

对于实际的操作,这两种情况并没有多大的区别。

例如盘整还是上涨,关键看突破第一个走势中枢后是否形成第三类买点。实际操作中,可以在第一、二类买点先买了,然后观察第三类买点是否出现,出现就继续持有,否则就可以抛出。因此不会造成任何困难。当然,如果是资金量特别小,那么完全可以在突破的次级别走势背驰时先出掉,然后看回试是否形成第三类买点,形成就回补,不形成就不回补,就这么简单。当然,要达到这种境界,首先要对缠论小学毕业。否则,你根本分辨不清楚盘整背驰与第三类买点的转化关系,怎么可能操作? 而且,这种操作,必须反复看图、实际操作才可能精通、熟练的。

例如,这次 20070206 的反弹,如图 4－68 所示,用 5 分钟背驰段,然后考察 1

分钟以及 1 分钟以下级别的背驰进行精确定位,可以极为精确地把握这个底部,而且在实践中,很多人按照缠论都把握住了,那么,其后的反弹,第一波是 1 分钟走势马上回到从 2980 开始的 5 分钟下跌的最后一个中枢里,这样就意味着第一种最弱的情况可能性可以完全排除了。

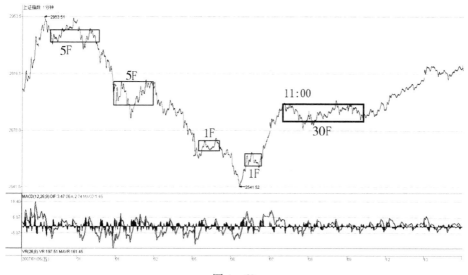

图 4 - 68

其后,1 分钟的走势继续完成,扩展成一个 5 分钟的上涨,在 20070207 的 11 点前后,一个 1 分钟的背驰制造了上涨的结束,其后进入一个中枢的震荡中,这个中枢,按照本章的定理,就可以断言,至少是 5 分钟级别的,而实际上演化成一个 30 分钟级别的,这意味着,一个快速的 5 分钟上涨的可能就没有了,后面只有两种演化的可能,就是一个 30 分钟以上级别的盘整,或者是一个 30 分钟以上的上涨,至于哪种情况,就必须看后面走势的演化。

那么,实际操作中,怎么才能达到效率最高。一个可被理论保证的方法就是:在第一次抄底时,最好就是买那些当下位置离最后一个中枢的 DD = min(dn) 幅度最大的,所谓的超跌,应该以此为标准。因为本章的定理保证了,反弹一定达到 DD = min(dn) 之上,然后在反弹的第 1 波次级别背驰后出掉,如果这个位置还不能达到最后一个中枢,那么这个股票可以基本不考虑,当然,这可能有例外,但可能性很小。然后在反弹的第一次次级别回试后买入那些反弹能达到最后一个中枢的股票而且最好是突破该中枢的而且回试后能站稳的,根据走势必完美,一定还有一个次级别的向上走势类型,如果这走势类型出现盘整背驰,那就要出掉,如果不出现,那就要恭喜你了,你买到了一个所谓 V 型反转的股票,其后的力度当然不会小。

背驰转折定理告诉我们:

1. 一旦出现趋势背驰,其回跌,一定至少重新回到当下级别的最后那个中枢里,这是可以预先知道至少的跌幅。

例如,一个 30 分钟的走势类型,出现一个 30 分钟级别的趋势背驰,那么这个趋势背驰至少把走势拉向该 30 分钟走势最后一个走势中枢,当然就会跌破或升破相应的高点或低点。这种情况包括进入背驰段的情况。

2. 无论是盘整背驰还是趋势背驰,理论只能保证之后的同级别回拉到原来的中枢范围内,这是正确的思维方式,那么,回拉之后如何,这涉及预测。正确的思维是,把回拉后出现的情况进行完全的分类,根据每种分类对应的后果,决定你自己的对策。

注:拉回之后如何,要根据拉回结束点相对于最后一个中枢的位置来进行完全分类。无论哪种分类,必然要形成一个更大级别的走势类型。

3. 反弹的级别不小于趋势背驰的级别。

趋势背驰后反弹级别至少等于趋势背驰的级别:任何走势的结束,一定由于趋势背驰,某级别的趋势背驰,至少结束该级别的走势类型,这是没问题的。但走势类型结束也可以由次级别及其以下级别的趋势背驰引发,否则研究 a′ + B 这些就没意义了。

所以说趋势背驰后,可以走成同级别的盘整或同级别的反趋势,也可以走出更大级别的盘整或更大级别的反趋势。

5 分钟的趋势背驰,至少制造一个 5 分钟的走势类型;但还可以制造更大级别的走势类型,但这都要通过中枢的扩展完成。因此,一个 1 分钟的趋势背驰,当然也可以构成大顶或大底。趋势背驰是制造底部,制造第一类买点的,而中枢扩展,延伸是制造第二、三类买点。

4.2.8 趋势背驰后转折的力度与背驰的级别和结构密切相关

一般情况下背驰级别越大越有力度,但如果转化为 a′ + B 的情况,往往最小级别的也不能轻视,有些走势的能量是逐步积累而来的。

趋势背驰有级别的问题,一个 1 分钟级别的背驰,在绝大多数的情况下,不会制造一个周线级别的大顶,除非日线上同时也出现背驰。

看当下级别的背驰,当然可以不看其他级别,但这背驰有多大效果,就要看其他级别的情况,这是两种不同性质的问题,请搞清楚。

1. 背驰的级别越大,反弹的力度也越大

驰宏锌锗:为什么从2004年6月2日到2005年7月27日,构成标准的"下跌 + 盘整 + 下跌"(注:盘整背驰结构)的走势。如图4-69所示。

图4-69

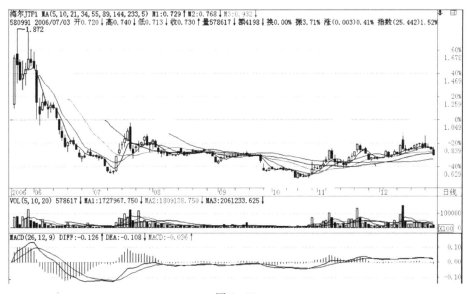

图4-70

而类似的图形在580991上不算,如图4-70所示,这唯一的原因就是因为后者在日线的下跌中并不构成日线级别的缠中说禅走势中枢,而在 30 分钟线上,这个中枢是明确的。所以 580991 只构成 30 分钟级别上的"下跌 + 盘整 + 下跌"(注:盘整背驰结构)。

其后的上涨,对 600497 驰宏锌锗,2005 年 7 月 27 日到 10 月 25 日,明确地出现在日线上的上涨趋势走势类型。而 580991 从 2006 年 10 月 23 日到 12 月 13 日,只构成日线上的盘整走势类型。

两者力度上有如此区别的技术上的原因就是下面两个:

(1)"下跌 + 盘整 + 下跌"走势的出现级别不同,一个是日线,一个是 30 分钟的。

(2)其后的第一段走势,一个是日线上涨,一个是日线盘整。

2. 趋势背驰的级别共振

用最近涨得最厉害的一个股票来说明,000572。该股票的力度,其实是和他在日线与周线上出现双重的第二类买点(两个级别买点共振)有关,相应地,就有了 MACD 双重在 0 轴停留形成第一个中枢的情况。在周线上,如图 4 – 71 所示,该股从 20051209 到 20060714,形成第一段,同时 MACD 也回到 0 轴上面。其后就开始形成第一个中枢,最终在 20061117 形成第二类买点,同时,黄白线在 0 轴附近横盘。然后,开始逐步摆脱该中枢,黄白线也逐步拉起。

图 4 – 71

在日线上,如图 4 – 72 所示,这个过程也是一样的,20061113 到 20061206,形成日线上的第一段,同时 MACD 回到 0 轴上面。然后三段回拉在 20070104 结束,形成第一个中枢,其后突破中枢,MACD 在 0 轴附近拉起,摆脱第一个中枢。该股以后的走势就很简单了,首先形成一个至少是日线级别的新中枢,同时 MACD 回抽 0 轴,然后再突破,出现背驰,构成一个大调整,从而导致一个至少周线以上级别的中枢,使得 MACD 出现回拉 0 轴,然后再拉起来,出现背驰,其后的调整就大了去了,至少是月线级别的。

图 4 – 72

趋势背驰,必须在趋势中,因为趋势背驰意味这一个趋势的结束,而盘整背驰不一定,可能还是同一个走势类型里。只要能比较力度,就可以用盘整背驰的方法。

如何判断背驰只是最基础的,关键是如何明确地根据综合的情况来利用背驰,这才是需要不断实践、提高的。

中枢形成以后,才会有背驰的概念,至于那连笔和线段都没分清楚,在线段上竟然敢大谈什么背驰的,就虚心点去读书吧。

4.2.9 非标准的趋势背驰 a + A + b + B + c(c 内部小转大)

4.2.9.1 小转大结构的几何特征

第二个中枢形成后小转大产生第一类买卖点。

小级别背驰引发大级别转折的情况是,在本级别上走势已经明显没有相应级别的背驰,但在次级别或次级别以下级别却出现一个小级别的背驰,从而引发了一个大级别的转折。小转大可以从次级别以下的任何一个级别开始,转大的过程也是一级一级别地转折,其标准就是逐级产生第二类买卖点,目标就是回抽到较大级别的最后一个中枢范围内。

例如,一个 30 分钟的走势类型,明确显示没有出现 30 分钟的背驰,也就是背驰段最终不成立,但却出现一个 1 分钟级别的背驰。

用一个最简单的形式向上的 a + A + b + B + c,A、B 是 30 分钟走势中枢,在 c 中出现 1 分钟背驰,而 c 对 b 在 30 分钟级别并没有出现背驰,这时候并不必然保证 c 的 1 分钟转折的最终走势就一定不跌回 B 里。

如果出现小转大回跌,必然要先形成一个比 1 分钟级别要大的走势中枢,然后形成 5 分钟级别的第三类卖点后向下突破,最终形成回跌到 B 这个 30 分钟中枢里的走势。

向上 30 分钟级别的 a + A + b + B + c,如果 c 是一个 1 分钟级别的背驰,最终引发下跌拉回到 30 分钟中枢 B 里,这种情况称为小级别背驰引发大级别转折,简称"小转大"。这时候,c 里究竟发生了点什么事情?

首先,c 至少要包含一个 5 分钟的中枢,否则,中枢 B 就不可能完成,因为这样不可能形成一个第三类的买点。

不妨假设 c' 是 c3 中最后一个 5 分钟的中枢,显然,这个 1 分钟的顶背驰,只能出现在 c' 之后,而这个顶背驰必然使得走势拉回 c' 里,也就是说,整个运动,都可以看成了围绕 c' 的一个震荡,对于那些小级别背驰后能在最后一个次级别中枢正常震荡的,都不可能转化成大级别的转折。如果这个震荡要出现大的向下变动,显然要出现 c' 的第三类卖点。

这个结论很重要,所以可以归纳成如下定理:

缠中说禅小背驰－大转折定理:

小级别顶背驰引发大级别向下的必要条件是该级别走势的最后一个次级别中枢出现第三类卖点;

小级别底背驰引发大级别向上的必要条件是该级别走势的最后一个次级别中枢出现第三类买点。

注意,关于这种情况,只有必要条件,而没有充分条件。也就是说不能有一个充分的判断使得一旦出现这种情况,就必然导致大级别的转折。小级别顶趋势背驰后,最后一个次级别走势中枢出现第三类卖点并不一定就必然导致大级别的转折。在上面的例子里,并不必然导致走势一定回到最后的该级别走势中枢 B 里。

显然,这个定理比起"背驰级别等于当下的走势级别"必然回到最后一个该级别中枢的情况要弱一点,但这是很正常的,因为这种情况毕竟少见点而且要复杂得多。因此,在具体的操作中,必须有更复杂的程序来对付这种情况。而对于"背驰级别等于当下的走势级别",如果你刚好是以该级别为操作级别的,只要在顶背驰时直接全部卖出就可以。

缠师答疑：

Q：文中举例如下："向上 30 分钟级别的 a＋A＋b＋B＋c，如果 c 是一个 1 分钟级别的背驰，最终引发下跌拉回 B 里。"

请问，c 如果发生一个 5 分钟级别背驰（但 c 对 b 不背驰），最终引发下跌拉回 B 里，这种情况和 a＋A＋b＋B＋c 发生 30 分钟背驰而必然拉回到 B 里有什么区别呢？

A：这没什么不同，即使是 1 分钟以下背驰，道理也是一样的，那 1 分钟背驰只是一种举例，并不是说一定要是 1 分钟背驰。

4.2.9.2　当下级别如果是 5 分钟趋势背驰引发的回跌，也会形成一个比 1 分钟级别大的中枢，那和小转大有什么区别？

这区别太大了，当下级别如果是 5 分钟趋势背驰，其回跌是必然的，而小转大，在形成一个比 1 分钟大的中枢后，并不必然回跌，可以往上突破，使得 a＋A＋b＋B＋c 继续延伸。

缠师答疑：

Q：假如在 30 分钟的买点进入的，是不是要等 30 分钟背驰才出，有没有不等到 30 分钟背驰就发生转折的，如果有这种情况该怎么操作？

A：如果是 a＋A＋b＋B＋c，那自然就是 30 分钟背驰。如果演化成 a′＋B，那可能就是一个最低级别的背驰引发一个 B，然后跌破或升破 B，这就不一定要等什么 30 分钟的背驰，因为这时候的 B 已经是日线级别以上的，就要按这个大的中枢来判断了。好好理解一下，这是两种不同的情况。

4.2.9.3　只有以下两种情况会发生小转大

第一种情况，在急促的走势里（注：一般都在冲顶或赶底的过程中），小级别的背驰往往反转的幅度特别大，这也是特别值得关注的。

一个快速赶顶的股票，最后段的上升往往就是一分钟上的趋势的延伸，这时候，一旦出现背驰，就会急促下跌到延伸的启动位置。

看背驰，一定要结合趋势来看。特别在快速的市场变动节奏中，往往一个很低级别的背驰就造成很快速的下跌，因为是和上涨同样快速和幅度大的。

第二种情况是在大级别走势的趋势背驰段里，否则，小级别的背驰不会引发大级别的反转。不在背驰段上不存在小转大的问题。

股价创新高，但是红柱却没有变长，在小级别上是出现卖点了，但大级别上，如果你要用 MACD 来辅助判断，那至少需要 MACD 回抽 0 轴附近后，再上去产生背驰才是真的。

这种小级别背驰最终转化成大级别转折的情况，最值得注意的是出现在趋势走势的冲顶或赶底之中,这种情况一般都会引发大级别的转折,如图 4 - 73 所示 20070122 的水井坊。

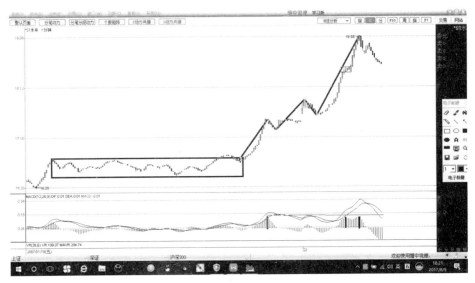

图 4 - 73

4.2.9.4 两种情况背驰引发的反弹对走势的分解是很有意义的。

例如对一个 30 分钟的走势类型,其完结也同样有相应的两种情况。

1. 最普通的一种,例如出现一个 30 分钟的背驰,从而完成一个 30 分钟级别走势类型,在这种情况下,对该走势类型的分解就不存在任何含糊的地方,前后两个走势类型,就以该背驰点为分界。

2. 至于小级别背驰引发大级别转折的情况,这种情况比较复杂,但分解的原则是一致的,就是走势类型分解原则:一个某级别的走势类型中,不可能出现比该级别更大的走势中枢,一旦出现,就证明这不是一个某级别的走势类型,而是更大级别走势类型的一部分或几个该级别走势类型的连接。

不妨还是以上面向上 30 分钟级别的 a + A + b + B + c 为例子:

(1)在 c 中出现一个 1 分钟级别背驰,不妨假设后面演化出一个 30 分钟中枢 C,如果 C 和 B 没有任何重叠,那就意味着原来的 a + A + b + B + c 并不是一个完成了的 30 分钟走势类型,该走势类型将延伸为 a + A + b + B + c + C,相应的分解要等到该走势类型完成了才可以进行。

(2)如果 C 和 B 有重合,那么 a + A + b + B + c + C = a + A + b + (B + c + C),其中(B + c + C)必然演化成一个日线中枢,那么 a + A + b + B + c 只是一个日线级

别走势类型的一部分,如果一定要按 30 分钟级别来进行同级别分解,那么该分解点就是那 1 分钟的背驰点,$a + A + b + B + c + C = (a + A + b + B + c) + C$。

(3)一种特殊情况是不出现盘整背驰就小级别变大级别的情况。

缠师答疑:

Q:某级别走势的结束是由什么背驰造成的呢?我怎么觉得既有次级别的趋势背驰也有盘整背驰呀?另外,某级别的盘整背驰是由次级别的趋势背驰造成的吗?

A:任何走势的结束,一定由于背驰,某级别的背驰,至少结束该级别的走势,这是没问题。但不一定就由于次级别的背驰,也可能是更小级别的背驰趋势引发的,否则研究 $a' + B$ 这些就没意义了。

小级别背驰出现后,首先会有一个 5 分钟级别的向下走势完成,然后有一个反抽,一个 5 分钟级别的向上走势,注意,这些走势都不一定是趋势,盘整也可以的。第二个 5 分钟的背驰或者盘整背驰就构成了第二类卖点。

第三类卖点,一般是没有马上形成下跌形成一个盘整,最后盘不住了,跌破中枢,次级别反抽不上中枢后形成的。

因此,对卖点来说,最好还是在上涨中抓住背驰,这样的技巧要求当然很高,但其效益与回报也是最高的。要达到这,必须进行艰苦的学习与实践,没有捷径。

4.2.9.5 小转大的操作程序

为了简单起见,不妨还是用上面的为例子。

如果一个按 30 分钟级别操作的投资者,那么,对于一个 5 分钟的回调,是必然在其承受的范围之内,否则可以把操作的级别调到 5 分钟。那么,对于一个 30 分钟的走势类型,一个小于 30 分钟级别的顶背驰,必然首先至少要导致一个 5 分钟级别的向下走势。该走势有如下完全分类:

1. 如果这个向下走势并没有回到构成最后一个 30 分钟中枢的第三类买点那个 5 分钟向下走势类型的高点,那么这个向下走势就没必要理睬,因为走势在可接受的范围内。

2. 在最强的走势下,这个 5 分钟的向下走势,甚至不会接触到包含最后一个 30 分钟中枢第三类买点那 5 分钟向上走势类型的最后一个 5 分钟中枢,这种情况就更无须理睬了。

如果你是 30 分钟级别操作的,一个 5 分钟级别的背驰是在你操作的忍受范围内。5 分钟背驰,正常情况下只引发对 5 分钟走势类型的修正,一旦该修正的第一中枢级别大于 5 分钟,那就要先出来,因为这里至少要形成 30 分钟的盘整,这也是为什么需要第二类卖点的原因。

3. 如果那向下的 5 分钟走势跌破构成最后一个 30 分钟中枢的第三类买点那个 5 分钟回试的 5 分钟走势类型的高点,那么,任何的向上回抽都必须先离开。

注:如图 4 – 74 所示,跌破那个高点后会扩展成更大级别日中枢,这是一个进行时非完成时。

小级别背驰后回跌,一旦碰到包含大级别中枢 3 买的 GG,同级别分解的角度,中枢就要扩展,原走势结束,必须先离开。这样原来的上升趋势就变成一个更大级别中枢的进中枢段了。

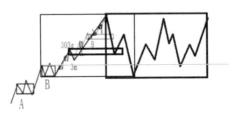

图 4 – 74

以上这种是全仓操作的处理方法,如果筹码较多,那么当包含最后一个 30 分钟中枢第三类买点那 5 分钟向上走势类型的最后一个 5 分钟中枢(c′)出现第三类卖点,就必须先出一部分,然后在出现上面所说的情况时再出清。当然,如果没有出现上面所说的情况,就可以回补,权当弄了一个短差。

有人可能问,为什么那 1 分钟背驰的时候不出去,这是与你假定操作的级别相关的,而走势不能采取预测的办法,这是不可靠的,由于没有预测,所以不可能假定任何 1 分钟顶背驰都必然导致大级别的转折,其实这种情况并不常见,你不可能按 30 分钟操作,而一见到 1 分钟顶背驰就全部扔掉,这就变成按 1 分钟级别操作了。如果你的资金量与操作精度能按 1 分钟操作,那就没必要按 30 分钟操作,而按 1 分钟操作,操作的程序和按 30 分钟的是一样的,不过相应的级别不同而已。

当然,对于有一定量的资金来说,即使按 30 分钟操作,当见到 1 分钟的顶背驰时,也可以把部分筹码出掉,然后根据后面的回调走势情况决定回补还是继续出,这样的操作,对一定量的资金是唯一可行的,因为这种资金不可能在任何一定级别的卖点都全仓卖掉。至于底背驰的情况,将上面的反过来就可以。

4.2.10 非标准的趋势背驰:趋势形成后的中枢逆转 a + A + b + B

一个下跌趋势形成后,在最后一个中枢形成后,没有次级别的出中枢走势段,就在最后一个中枢之上形成第三类买点,从而结束下跌的走势。

逆转成功的标志是产生第三类买点后,离开中枢。

如果逆转不成功,则在第三类买点形成后,再次回到原中枢内,形成中枢级别的扩展。

如缠师解盘:破位后的第二中枢反弹将有两种演化可能

大盘今天(2008 - 08 - 12)走得极为规范,如期出现昨天说的盘中反弹以构成2700 点那中枢破位后的第二中枢反弹,后面严格说将有两种演化可能:

不大规范的,就是直接从该中枢第三类买点扩展成更大级别的反弹。这等于标准的下跌走势 a + A + b + B + c 中的 c 不出现,只要有 A 和 B,a、c 不出现不改变下跌的性质,趋势与盘整在于中枢数量,这是最基本的常识。这种情况的概率也不超过 10% 。

最规范的就是破该中枢,然后再分两种可能,形成背驰见更大级别底形成更大级别反弹,如图 4 - 75 所示。

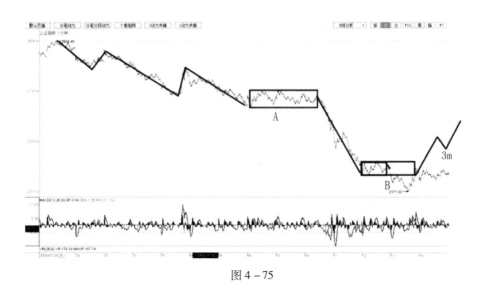

图 4 - 75

或者不形成背驰就继续下跌去形成第三中枢,一般来说,后一种情况出现的概率不会超过 10% ,而且是否形成背驰,可以很直观地判断。

4.2.11 在本级别趋势不背驰,就面临两种选择:

1. 形成新中枢

如果 c 与 b 相比较没有发生盘整背驰,之后产生第三类买卖点,然后形成了一个与 B 同级别的中枢 C。

没背驰,就意味着走势类型没结束,还可以继续下去,就没必要操作。

缠师解盘:从最严密的分析角度,大盘(2008 - 07 - 01)如图 4 - 76 所示,当然有可能走第三中枢,但这个前提就是这次按部就班的破底不能形成标准的区间套背驰,而这,只要看过缠论课程的,都应该能当下轻松判断,不构成任何的操作困难。

这里,必须把理论上严密确认的最后一跌后最小的反弹幅度事先指出:按照缠论,一旦这次的下跌最终完成,针对 6124 点下来的最低反弹理论确保幅度是必然回到 2990 点之上,换言之,只要这反弹以相应级别回到过 2990 点之上,那么,继续下跌下去,都是理论所允许的。

缠论就是几何性的,有 100% 的严密性,因此,上面的分析一定要清晰,否则就白学了。而在具体的操作中,是在 2990 点还是 3700 点,或者更高的位置再结束反弹,那是由最终反弹走势的内部结构决定的,而前面中枢对应的中枢角度构成双重独立的判断角度,这两个不同的角度,就构成了一个双确认的理论保证,如同一个联立方程,理论确认的可能结果就只有极少甚至唯一的可能。

图 4 - 76

2. 小级别背驰引发大级别转折

如图 4 - 77 所示,A 和 B 是两个同级别的中枢,第二个中枢出中枢的背驰走势段 c 与进中枢走势段 b 相比,没有背驰;但是次级别走势段 c 的内部发生了趋势背驰,从而导致了一个转折。

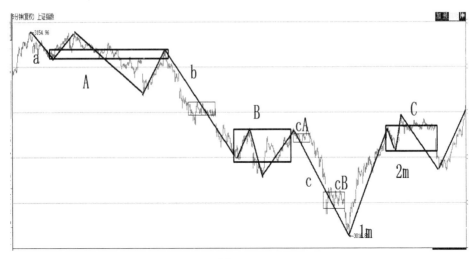

图 4 - 77

一般来说,次级别走势段 c 的内部发生趋势背驰,只能引发一个次级别的反弹。而且这个次级别转折反弹的高点一般都在 c 段的最后一个中枢范围内,而不会反弹到 B 中枢的范围内,即产生 B 中枢的第三类卖点。然后接着的一个次级别下跌还会创新低。

如果在次级别反弹的过程中,产生了 cB 中枢的第三类买点,而且在反弹结束时进到中枢 B 的范围内,次级别再次离开中枢 B 时,不创新低即产生第二类买点后,生成一个与 B 同级别反向的走势中枢,则宣告小转大成功。

4.3 线段类盘整背驰

我们把只有一个线段类中枢连接的 3 笔重叠形成的线段结构称为线段类盘整结构。

缠师答疑:

Q:怎么能够在当下准确判断一线段的结束点,而不需等到下一线段反抽很远了才能确定?

A:线段必须被线段破坏才是确认结束。当然,可以用类似背驰的方法预先确认段的结束,但那不是实际的确认。但最好不要用线段操作,太短了。

4.3.1 线段类盘整背驰的几何结构

如果在第一个线段类中枢前后就出现趋势力度减弱,称为线段类盘整背驰。

这个结构的实质就是一个线段形成后,同方向的两笔间趋势力度的比较。

可以将这个结构进行一个扩展,只要是同级别的三段走势的连接,那么同方向的两段同级别的走势类型间都可以用线段类盘整背驰的方法比较趋势力度。比方说缠师把线段类盘整背驰归到盘整背驰的情况。

如图 4-78 所示,缠师把这情况描述为两个同方向的趋势中间有一个反趋势连接。

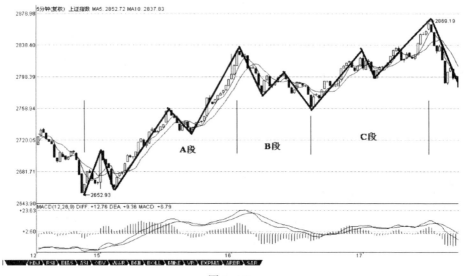

图 4-78

A、B 和 C 都是同级别的走势类型。如果把它推而广之,那么只要是同级别的走势类型间都可以用这种方法来判断各走势段间的趋势力度的比较。如用反向笔连接的同方向的两笔间、用反向线段连接的同方向的两段间或者用反向的走势类型连接的两个同方向的同级别走势类型间的趋势力度比较等。

缠师答疑:

Q:是不是中间必须以走势类型进行回抽。我的理解是。如果不是以走势类型回抽就构不成两段趋势。这样理解对吗? 还是直接回抽将 MACD 回抽至 0,就可以比较了?

A:当然,中间也是一个走势类型,可以明显看出三段来。你看看那个图,极为标准,教科书一样。各位如果还不明白,就看看 000002 的 15 分钟图,也是一个标准走势,今天这个调整,完全可以提前避开。

图 4 - 79

注:图 4 - 79 是 000002 的 15 分钟图,从次级别成笔的角度我们可以清楚地看到,本级别图上的一笔,在小级别上是一个走势类型。也就是说这个图上的每一笔都是小级别走势类型递归上来的。在小级别走势图上是 3 个同级别的趋势 + 反趋势 + 趋势走势类型的连接,在大级别走势图上只是一个 3 笔有重叠的线段类盘整的结构。因为这是同一段走势在不同级别走势图上的表现形式,所以这两种结构所蕴含的能量结构是一样的。

图 4 - 80

可以用这种方法在大周期走势图上寻找历史性大底：

由于在大级别走势图上很难形成一个大级别的中枢，所以这种方法如果应用在大周期图上，比方说季线图上，这是一个寻找历史性大底的一个很好的方法。如图 4 - 80 所示 000001 的季线图。

4.3.2 线段类盘整背驰的判断

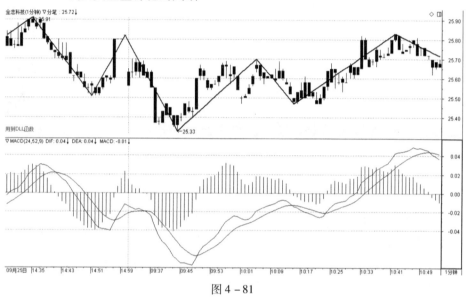

图 4 - 81

1. 线段类盘整背驰，只考虑 MACD 红绿柱面积背驰，不必考虑黄白线背驰。如图 4 - 81。

2. 只要是线段类盘整背驰或者股价不创新高的情况发生，都可以先卖出。当然，是在操作的级别上。类似的，在大级别里，如果不出现新低，但可以构成类似第二类买点的买点，在 MACD 上，显示出类似背驰时的表现，黄白线回拉 0 轴上下，而且后一段走势柱子面积小于前一段走势柱子的面积。

构成线段类盘整的 A、B、C 三段，C 段不一定创新高（或新低），没有规定 ABC 三段，C 一定比 A 高（或低）的，无论盘整背驰，还是趋势背驰都是比较其力度，如果连新高都创不出，那力度就最弱，当然更不行。这种情况经常是形成第二类买卖点的情况。这时，根本连 MACD 的辅助都没有必要。MACD 主要是辅助创新高的情况。如图 4 - 82 所示的 4 和 7。

图 4 – 82

3. 线段类盘整也存在着小转大的转折方式

(1)如图4 – 83所示,3 – 4与1 – 2相比没有背驰,但是5 – 6不创新低,7反创新高,构成小转大。

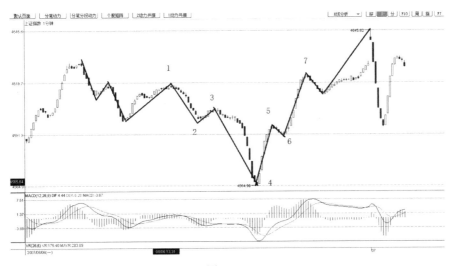

图 4 – 83

(2)线段类小转大的操作要点

线段类小转大反弹时观察最后一个下跌的小平台。

　　背驰的概念,标准的在最低级别之上用,线段上的,只能是类背驰的判断。因为,在线段里,如果是类小转大的,判断起来就不能光靠 MACD 了,那时间太短,不够灵敏度。一般来说,线段类小转大都有一个小平台如图 4 - 84 所示,等小平台确认向上再介入更好,因为小转大的平台是可以往下突破的。不过还是要强调,除非已经技术很好,不要参与 1 分钟以下的操作。

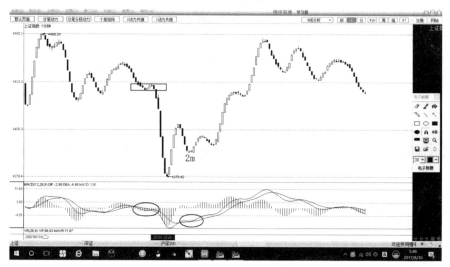

图 4 - 84

4.3.3　线段类盘整背驰后走势的完全分类

1. 形成一个反向的线段。这种情况一般都会有黄白线参与的背驰出现。

图 4 - 85

如图 4-85 所示,2-3 与 0-1 两笔相比较 MACD 绿柱子面积与黄白线均发生背驰,之后形成反向的一个线段。

2. 形成一个笔破坏,继续延续原方向的线段。

这种情况一般都是只有 MACD 柱子面积的背驰,而无黄白线的背驰出现。如图 4-86 所示。2-3 与 0-1 相比 MACD 面积发生背驰,黄白线不背驰,反弹形成笔破坏后,继续向下。

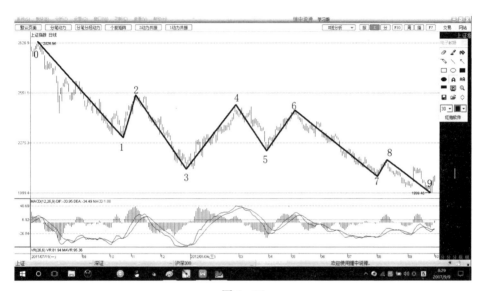

图 4-86

此时如果线段中每一笔都是小级别走势类型的递归笔,相应演化出高一级别的中枢,则此"线段"较原来的"线段"级别上已经生长了,从而演化为高一级别的盘整走势类型。

如图 4-87 所示,如果 A_{i+1}、A_{i+2}、A_{i+3} 是三个 5 分钟级别的递归笔,它们之间有重叠关系就构成一个 30 分钟的中枢,这样就保证了在同级别分解下,一个小级别的操作可以按一个自动模式换档成一个高级别的操作。

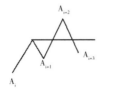
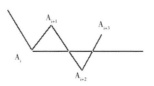

图 4-87

第一类买点,多数由趋势背驰构成。一般来说,第二、三类的买点,都有三个走势段的走势,第三段往往都破点第一段的极限位置,从而形成(线段类)盘整背驰,注意,这里是把第一、三段看成两个次级别走势类型之间的比较,这和趋势背驰里的情况有点不同,这两个走势类型是否一定是趋势,都问题不大,两个盘整在盘整背驰中也是可以比较力度的。

可见,线段类盘整背驰结构是第二、三类买卖点形成中的一种常见结构。

4.4　线段类趋势背驰

如果在线段类上涨或下跌的最后一个类中枢前后发生趋势力度减弱,称为线段类趋势背驰。如图4-88所示。

图4-88

4.4.1 线段类趋势背驰的判断

1. 不仅要看 MACD 的面积,还要看黄白线。 如图 4-89 所示。

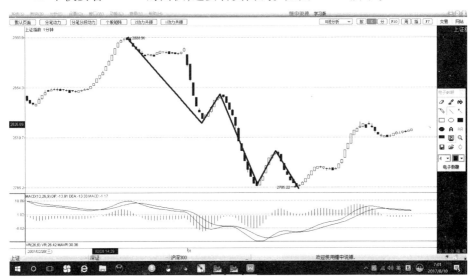

图 4-89

2. 线段类趋势的小转大

这种情况下,线段类趋势的最后一笔转折时,黄白线不背驰,反弹后出现了第二类买卖点,然后延伸出一个反向的线段来。

图 4-90

如图 4 - 90 所示,对于 0 - 13 这个线段,12 - 13 与 10 - 11 两笔相比较,无论是 MACD 的面积,还是黄白线都没有背驰。但是考虑到 8 - 13 是 5 - 8 这个中枢的出中枢段,10 - 13 进入到背驰段。所以要考虑向下的急跌会有小转大的可能性。此时 8 - 13 与 0 - 5 相比 MACD 面积上是背驰的。在 15 点不创新低,出现反弹形成一段,则可以确认在 13 处发生了小转大。

缠师解盘:如何判断一个线段的结束

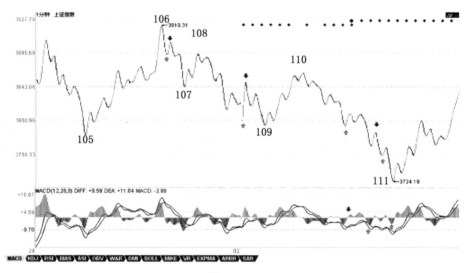

图 4 - 91

如图 4 - 91 所示,至于 110 - 111。红箭头那两个为什么不是最终精确定位的背驰点?

第一个红箭头位置,第一次略微跌破 109 那位置,这时候把已经出现的面积和前面 108 - 109 的对应面积之和比,已经十分接近,也就是说 110 - 111,刚起跌,这力度已经和前面的 108 - 109 差不多,这恰好说明这一段的力度是很强的,不但不可能是对 108 - 109 的背驰,而且站在走势中枢震荡的角度,这种力度,一定是小级别转大级别以时间换空间或与更大力度的对比产生的背驰才能化解的。

后面这种情况,在这个实际的图形中,就是与前面 104 - 105 的下跌力度比。110 - 111 这段,相比较的是 104 - 105 这段,中间的走势中枢是 105 到 110 这个。因此,这里根本不存在与 108 - 109 对比的问题。站在 105 - 107 这个走势中枢的角度,110 虽然不构成第三类卖点,但也极为接近,这种对走势中枢的离开,力度一般都很大,所以就算你搞不清楚和哪段比,也至少要等这段的结构被终结,才有介入的可能,而后面,上下上的两次反抽,根本就没有终结其结构,因此后面的破位下跌就是天经地义的。

至于第二红箭头那个,就更不可能是了。绿箭头那次反抽,等于对前面破位前那上下上的微型类走势中枢(注意,站在严格意义上,线段以下是没有走势中枢的,所以说是类走势中枢)的一个类第三类卖点,后面有两种变化,就是转大级别类走势中枢或类走势中枢移动直到形成新类走势中枢为止。而下面的黄白线,是一个典型的下上下结构中的第二下刚破上的低点,这是力度最大的一下,怎么可能有背驰出现?MACD第一个红箭头就指这大的下上下破的一下,这时候除非出现线段结构的突发性终结,否则不可能有什么背驰出现。而后的回拉,其实刚好构成一个奔走型的上下上结构(也就是第二上刚和第一上的低点稍微重合),这其实也就构成另一个微型类走势中枢。这和第一个红箭头指的那个一起,刚好构成两个类走势中枢的下跌走势。然后,后面的背驰判断就很简单了,和一般的趋势中背驰的判断一样。针对第二那奔走型的微型走势中枢的前后两段,MACD两个红箭头对应的绿柱子的比较,一目了然。

注:这里把1分钟K线图作为最小分析级别基本图,以3个有重叠关系的线段的重叠区间作为1分钟中枢。那么这里缠师说的微型类走势中枢其实就是1分钟以下级别的中枢,即1分钟的次级别中枢,也就是我们常说的有3笔重叠区间形成的笔中枢。下面的类第三类买点就是指针对这个笔中枢的第三类买点。

4.4.2 线段类趋势背驰后走势的完全分类

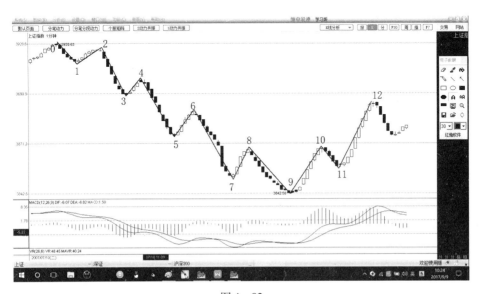

图4-92

1. 一个线段类趋势形成后,最后一笔与前一笔相比,MACD 面积与黄白线均发生了背驰,将形成一个反向线段的转折。如图 4 - 92 所示。

2. 一个线段类趋势背驰后,形成了一个笔中枢。此时 MACD 黄白线一般都在远离 0 轴的地方。做中枢的过程是将黄白线拉回 0 轴的过程。再次离开 0 轴时,原线段还将延续。如图 4 - 93 所示。

图 4 - 93

3. 放大一个级别也一样:形成一个 1 分钟走势中枢

缠师解盘:一个线段类背驰发生后,将形成一个 1 分钟中枢

如果了解了缠论的一些最简单结论,那今天的走势,简直就是一个现场教科书演示。你可以清楚地看到,走势是如何从线段扩张成一个 1 分钟中枢的,而其中利用背驰等关系,又是如何能在火海刀山中逍遥游的。

第一个绿箭头的那一笔,没有发生笔破坏,那必然要回落去完成线段的走势,这是理论上 100% 保证的。如图 4 - 94 所示,而 92 这一处,出现线段破坏,但该线段不能拉回 85 处,那么这就构成了 85 - 88 这 1 分钟中枢的第三类卖点,后面的继续下跌也是理论 100% 保证的。

93 处,标准的线段类背驰,这就意味着 92 这 1 分钟第三类卖点,将出现中枢扩展,至少形成一个 1 分钟中枢,这也是理论 100% 保证的。

也就是说 88 - 93 的下跌已经完成,后面必然有一个针对这下跌的反弹。后面的演化,都如教科书般标准,学过缠论的,都知道这一切都可以当下判断,无须事后分析。

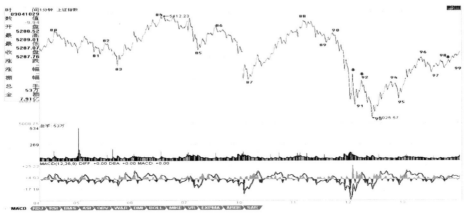

图 4－94

别看不起短线,看不起短线的,不过是因为你没这水平。当然,没这水平,就别太短线了。

4.4.3 线段类趋势背驰的操作

一个走势类型至少有一个本级别走势中枢后才能结束。如果一段走势没有形成本级别的中枢,则说明这段走势没有完成,必将在后面的走势中形成本级别中枢以后才能完成,可以耐心等待其完成。

缠师解盘:

别小看了最基础的分段技术,5522 点下来,近 500 点,就是一个线段的类下跌,你明白了,就主动了,就享受了。为什么?最猛烈的中枢移动中,往往就是一个线段的类趋势,所谓的单边跌势或涨势就是这玩意。

如图 4－95 所示,今天(2008－01－17)一大早的急拉,只构成了笔,没有破坏下跌段,如果明白这点,操作就太简单了,因为你绝对不会错过下午那明显的类背驰。

但注意,由于这个类背驰不是在两个类中枢间的,而是单纯一线段中出现的,所以,这个回拉如果不能重新站住 5209 点,那么后面还要二次探底。

线段下跌结束后,中阴形成 1 分钟中枢,那么,最坏的情况,就是这中枢是 1分钟下跌的第一个中枢,如果这样,这跌势还早着,至少要等到这 1 分钟下跌背驰才完。还有就是先扩展成 5 分钟中枢,因为 30 分钟级别的震荡,最大的级别只能是 5 分钟的,因此一旦那 5 分钟形成,最坏的情况,就是那是 5 分钟下跌的第一个

图 4 - 95

中枢。无论后面的中枢是 1 分钟还是 5 分钟的,都要走出第三类买点才算真正摆脱下跌的压力。

如何去把握线段的结束呢?

一般来说,线段的结束与大级别的走势段(注:同级别的几何构件)是一样的,在趋势中用趋势背驰来确认,其他情况用盘整背驰来确认,如果有突发性事件,就要看第二类的买卖点,其道理是一样的,只是所用到的级别特别小而已。

缠师解盘:本 ID 前天明确告诉有 1 分钟底背驰,昨天一个教科书走势,如果都不能把握,那你就面临两种选择:一、你不需要再来这里了,等你被市场再戏弄 N 次后再说吧;二、抓紧学习,这是最基本的技能,连这都不能把握,不学习不继续锻炼哪里有更好的办法?

那么,昨天按理论进入的人,今天的操作,这后面无非面对两种情况:一、1 分钟回升构成 5 分钟的第三类卖点;二、1 分钟回升不构成 5 分钟的第三类卖点。无论哪种情况,都对应一个 1 分钟的走势类型,现在唯一需要市场去确认的,是这个走势类型是盘整还是上涨。

图 4 - 96

如图 4 - 96 所示,今天的走势,在 4331 点上下形成第一个 1 分钟的中枢,因此,后面的走势,就是这中枢的演化,一旦这中枢能形成第三类买点,那么,构成上涨并重新回到原来 5 分钟震荡的几率就极大了。

操作上,就很简单,你根本不需要慌忙抛出,因为你可以根据这中枢的演化再做决定。当然,如果你的胆子特小,那最稳健的做法,就是今天下午开盘后那线段类背驰先抛出一半,为什么? 因为线段类背驰后必然形成 1 分钟中枢,这表明你不想全仓参加这 1 分钟的震荡,等其后走势确认再说。

当然,对于一般心态好的,其实没必要如此,1 分钟的震荡你都受不了,那还怎么搞股票。不过,对于有一定操作水平的,其实也可以利用那线段的类背驰,进行换股操作,这是效率最高的玩法,不过这对水平要求更高,并不是每个人都可以达到的。

缠论给予的操作指示都是最明确、最精确的,没有任何含糊的地方,关键是你的心态和能力,有什么样的心态和能力就参与什么样的活动。但前提是,基本的操作和分析,你必要彻底明白。

4.5 笔内次级别背驰

4.5.1 从本级别图上判断笔结束的 6 种几何形态

1. 构成一笔中的 K 线之间,如图 4 - 97 所示,都是直上直下,其中没有其他分型时,在本级别图 MACD 上无法判断。只能用分型的性质判断是否会发生转折。

图 4 - 97

这种情况下,每个红绿柱的一波都像一个小山,山顶就是转折的地方。红绿柱子的一波怎样构成:就是先伸长,再缩短,而最长的位置就是转折点。如果今天还比昨天长,证明转折点还没出来,只有出现今天比昨天短,昨天比前天长的情况,才证明柱子的一波出现转折。

这种情况下要判断一笔结束难度是很大的,容易出现判断的失误。

图 4 - 98

2. 如图4-98所示,笔中至少有3根K线重合的情况下,在本级别图上只需要看MACD柱子的长短来判断是否发生背驰。这种情况相当于一笔的内部存在了一个最小级别中枢,而后是比较中枢两侧的趋势力度。

转折这一天的高度如果比上一波转折时高度低,就形成柱子上的背驰。

3. 一笔中含有其他分型时,如果MACD黄白线不在高位,此时判断背驰除了考察本笔内柱子的长度和面积外,还要考察本笔与前一同向笔所对应的黄白线的高度与红绿柱子的面积。中间的一些分型可以当作小级别的中枢来对待。如图4-99所示。

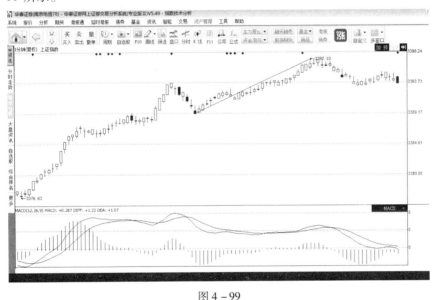

图4-99

4. 如果MACD黄白线在高位,如图4-100所示,需要MACD黄白线回拉0轴再离开的过程,背驰的判断需要黄白线的配合才能确认。

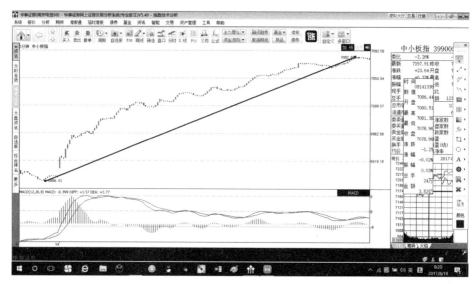

图 4 - 100

5. 次级别离开段发生小转大的情况,如图 4 - 101 所示,一般伴随着急涨急跌的过程。这情况在本级别上无法判断一笔的结束位置,可以用次级别的第二类买卖点来做辅助的判断。

图 4 - 101

6. 股票不断一字涨停走势背驰的判断:这是一种特殊的趋势背驰

这时候,由于 MACD 设计的弱点,在 1 分钟,甚至 5 分钟上,都会出现一波一波类似正弦波动的走势,这时候不能用背驰来看,最简单,就是用1分钟的中枢来看,只要中枢不断上移,就可以不管。直到中枢上移结束,就意味着进入一个较大的调整,然后再根据大一点级别的走势来判断这种调整是否值得参与。

如果用MACD配合判断,就用长一点时间的,例如看30分钟。一般来说,这种走势,其红柱子都会表现出这样一种情况,就是红柱子回跌的低点越来越低,最后触及0轴,甚至稍微跌破,然后再次放红伸长,这时候就是警告信号,如果这时候在大级别上刚好碰到阻力位,一旦涨停封不住,出现大幅度的震荡就很自然了。

如图4-102所示,600385,在2.92那涨停,MACD出现一点的绿柱子,然后继续涨停,继续红柱子,而3.28元是前期的日线高位,结果3.22涨停一没封住,就开始大幅度的震荡。

图4-102

30分钟,MACD出现一点的绿柱子,然后继续涨停,继续红柱子,涨停一没封住,就开始大幅度的震荡。5分钟,MACD趋势顶背驰。红绿柱和黄白线均背离。

如果这种连续涨停是出现在第一段的上涨中,即使打开涨停后,震荡结束,形成一定级别的中枢后,往往还有新一段的上涨,必须在大级别上形成背驰才会构成真正的调整,因此,站在中线的角度,上面所说的超短线,其实意义并不太大,有能力就玩,没能力就算了。关键是要抓住大级别的调整,不参与其中,这才是最关键的。

4.5.2 从次级别结构背驰判断一笔的结束

如果不是在最小分析级别图上画笔,可以结合次级别走势图上的背驰结构来判断一笔的结束。

1. 本周期一笔的结束,一定要在对应的次周期图上走出相应的背驰结构来才行。

虽然本周期的一笔与次周期的线段不存在完全对应的结构关系,但是绝大多数来说还是存在这种对应关系的。因此,如果次周期图上的走势背驰结构走出来了,用它辅助判断本周期一笔的结束是可行的。

(1)大周期图上的一笔中存在 2 个以上中继分型的在次周期图上有线段类趋势背驰结构。如图 4 - 103 所示。

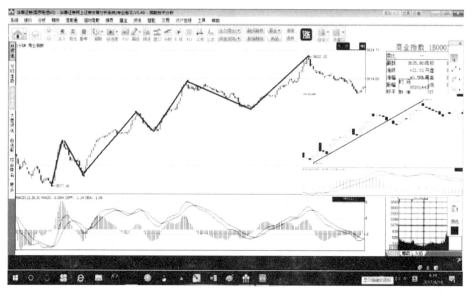

图 4 - 103

(2)大周期图上的一笔中存在 1 个中继分型的在次周期图上有线段类盘整背驰结构。如图 4 - 104 所示。

图4-104

(3)大周期图上的一笔等于次周期图上的一个盘整走势类型,如图4-105所示。

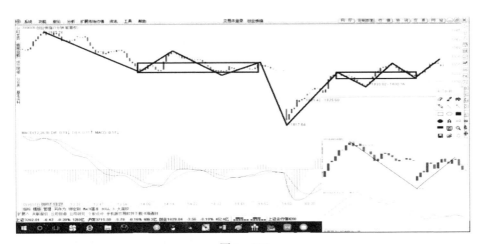

图4-105

（4）小转大，如图4－106所示。

图4－106

2. 小周期图上的走势类型与大周期图上的笔不一定存在一一对应的关系。

图4－107

大周期图上的一笔不一定是小周期图上的一段，有的也是小周期图上的一笔！如图4－107所示。这种情况在小周期图上一般会有黄白线的背驰。

4.5.3　笔的操作要领

1. 向上笔形成后不追涨，如果想买就降低一个级别操作，次级别回调结束买入。此时次次级别要有背驰结构。这种情况一定要给操作设止损位。

2. 向下笔形成后不杀跌,如果想卖就降低一个级别操作,次级别反弹结束卖出。此时次次级别要有背驰结构。

3. 顶分型成立后没有及时卖出,等待次级别反弹结束卖出。此时次次级别要有背驰结构。

4. 底分型成立后没有及时买进,等待次级别回调结束买入。此时次次级别要有背驰结构。

缠师答疑

Q:在看高级别 K 线图时,是应该把低级别图上的分段转过去还是重新分笔找线段? 有时候这两种做法的分段是不一致的。

A:为什么要一致? 低级图上用中枢、走势类型。高级图上用分型、线段,等于有两套有用的工具去分析同一走势,这是天大的好事。

4.6　背驰点区间套的精确定位

区间套:根据背驰段从高级别向低级别逐级寻找背驰点的方法。

区间套寻找背驰点的理论依据:

缠中说禅走势分解定理一:任何级别的任何走势,都可以分解成同级别的盘整、下跌与上涨三种走势类型的连接。

缠中说禅走势分解定理二:任何级别的任何走势类型,都至少由三段以上次级别走势类型构成。

用区间套的方法,在定位线段之下的精确买卖点时,实际上用到的就是类背驰的力度比较。一般来说,对于大资金,其精确定位不需要用到线段之下的,例如 1 分钟甚至 30 分钟级别的区间,对于大资金就是精确定位了。

当然,对于散户来说,用类背驰的方法,甚至可以把定位定到精确的分笔图上某个价位,但这在实际操作中没多大意义,特别对通道不顺的散户,就算你看到那价位,也不一定能买卖到。因此,不要用太低级别去操作,这样太累,特别在交易成本大幅度增加的今天,更没意义。

注:区间套运用到一定级别后,可以用这个级别图上的分型性质来判断转折的开始。

根据缠中说禅走势分解定理,很容易就证明缠中说禅买卖点级别定理:大级别的买卖点必然是次级别以下某一级别的买卖点。

这个证明很简单,具体就不写了,还用上面的例子来说明:$a + B + b = a + B_1 + B_2 + B_3 + b = (a + B_1) + B_2 + (B_3 + b)$,最后的 $(B_3 + b)$ 形成 30 分钟的买卖点,那么自然其极限点在 b 上,对 b 进行分解,如果该极限点不是 b 的买卖点,那么就意味着 b 还没完成,还要延伸下去,那么这极限点自然也不会是(B₃ + b)的极限点,这就矛盾了。

但注意,大级别的买卖点不一定就是次级别的买卖点,在这个例子里,b 可以是 1 分钟级别的,就不是 30 分钟级别的次级别了。所以只能说是次级别以下某一级别的买卖点。这也是为什么有时候一个 1 分钟的背驰就会引发大级别下跌的原因。在最规范的走势中,该大级别的买卖点刚好是下面所有级别的买卖点。

4.6.1 运用不同周期图寻找区间套买点

在不需要精确描述的情况下,主次周期图的级别可以类似地当作走势的主次级别来看待。所以可以用类似的方法寻找背驰点。

如图 4 - 108,用 MACD 辅助判断,按 30 分钟级别操作的,看 30 分钟的MACD,黄白线在 0 轴下方向 0 轴靠拢后再次离开 0 轴,且股价创新低时,就可以看作是进入背驰段 c 了,这时再用区间套的办法,在 5 分钟 K 线图上找背驰段,然后在 1 分钟的图上也是如此,最后就在 1 分钟那个背驰段 cb 低点买入即可。

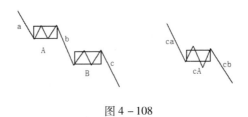

图 4 - 108

如果 1 分钟在背驰段上的时候,5 分钟的黄白线不是向 0 轴靠拢,而是离开 0 轴,那么,就还没有背驰,而且有可能造成 30 分钟中枢下移。卖出反过来就是了。

例如缠师在介绍寻找历史性底部时用的就是这种区间套的方法。

000002 这牛股的底部,如果学了缠论,是谁都可以发现的。请看该股的季线图 4 - 109,在 1993 年第一季度的 36.7 元下跌到 1996 年的第一季度的 3.2 元,构成第一段,1996 年的第一季度然后到 2001 年第三季度的 15.99 元,构成第二段,一个典型的三角形,中枢的第二段出现三角形的情况很常见,2001 年第三季度下跌到 2005 年的第三季度的 3.12 元是第三段。

最简单的判断还可以用 MACD 来,第三段跌破第一段的 3.2 元,但 MACD 明显出现标准的背驰形态:回抽 0 轴的黄白线再次下跌不创新低,而且柱子的面积是明显小于第 1 段的,一般来说,只要其中一个符合就可以是一个背驰的信号,两个都满足就更标准了。

图 4-109

　　从季度图就可以看出,万科跌破3.2元就发出背驰的信号。而实际操作中,光看季度线是不可能找到精确的买点的,但对大资金,这已经足够了,因为大资金的建仓本来就是可以越跌越买,只要知道其后是一个季度级别的行情就可以了。而对于小资金来说,这太浪费时间,因此精确的买点可以继续从月线、周线、日线,甚至30分钟一直找下去,如果你的技术过关,你甚至可以现场指出,就在这1分钟,万科见到历史性大底部。因为季度线跌破3.2元后,这个背驰的成立已经是确认了,而第三段的走势,从月线、周线、日线等,可以一直分析下去,找到最精确的背驰点。

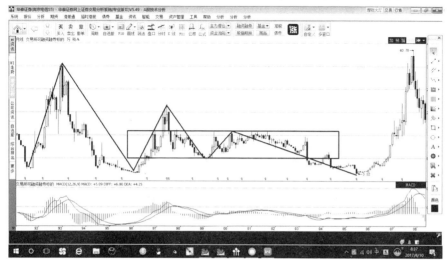

图 4-110

如图 4－110 所示,季度图上的第三段,在月线上,可以找到针对月线最后中枢的背驰段,而这背驰段,一定在季度线的背驰段里,而且区间比之小,把这个过程从月线延伸到周线、日线、30 分钟、5 分钟、1 分钟,甚至是每笔成交,这区间不断缩小,在理论上,甚至可以达到这样一种情况,就是明确指出,就这一笔是万科历史底部的最后一笔成交,这成交完成意味着万科一个历史性底部的形成与新时代的开始。当然,这只是最理想的情况,因为这些级别(注:这里的级别实际上是 K 线的周期图的周期)不是无限下去的,因此,理论上并不能去证明就是一个如极限一样的点状情况的出现,但用这种方法去确认一个十分精确的历史底部区间,是不难的。

推而广之,可以证明:

缠中说禅精确大转折点寻找程序定理:某大级别的转折点,可以通过不同级别背驰段的逐级收缩范围而确定。

换言之,某大级别的转折点,先找到其背驰段,然后在次级别图里,找出相应背驰段在次级别里的背驰段,将该过程反复进行下去,直到最低级别,相应的转折点就在该级别背驰段确定的范围内。如果这个最低级别是可以达到每笔成交的,理论上,大级别的转折点,可以精确到笔的背驰上,甚至就是唯一的一笔。

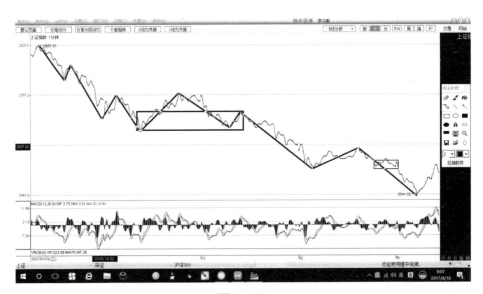

图 4－111

现在对大家的要求是对背驰的精确定位,如果有可能,是可以达到 1 分钟的次级别的精确度的。这次大盘的下跌就是一个很好的例子。

方法很简单,例如这次是5分钟的下跌。在5分钟进入背驰段后,找1分钟相应段的背驰段,再找1分钟背驰段的背驰段,如图4-111所示,这样就可以精确定位了。

当缠师刚发现这个定理时,总是希望在实际操作上也精确到笔,不过这些其实都意义不大,1分钟的背驰段,一般就是以分钟计算的事情,对于大级别的转折点,已经足够精确了,对大资金,基本没什么用处。

由于级别不是无限可分的,不可能达到数学上唯一一点的精度。

周线找出来的,不一定是历史性大底,可能就是一个比较长线的底部。如果把这种方法用在日线上,也是可以的。

缠师解盘:

今天就用5分钟与1分钟的配套分析,把这次5分钟的背驰分析清楚。

上次因一个5分钟的顶背驰创造出2980点的高位,从该位置开始,是一个5分钟级别的下跌过程。共形成三个下跌的中枢:第一个1301055到1301345,第二个2011105到2021110,第三个2051005到2051330。其中第二个中枢,是跌破一个大的30分钟以上级别中枢的次级别回拉,构成一个第三类卖点。如图4-112所示。

图4-112

如5分钟图4-113所示,第二个中枢开始的一段下跌,与从第一中枢开始的一段下跌,力度上也没有特别的减少,所以这时候就是特别小心会产生第三个中枢。

一般来说,从第三类卖点下来的一段,除非力度特别弱,跌破中枢后马上拉回,否则都不会构成真正的背驰,也就是说相应的次级别背驰只造成一个下跌中枢。

图4-113　5分钟图

从1分钟图看,如图4-114所示,从第三中枢开始的下跌,明显弱于从第二中枢开始的那一段,这从MACD上回来0轴后的下跌能明显看出。

图4-114　1分钟图

更精细的分析,今早的杀跌有两波,为什么第一波不是,因为 1 分钟是被看到的最低一个图,如果要发现比 1 分钟还低的精确走势,可以单纯参考 1 分钟 MACD 的柱子对比,这时候黄白线一般都是远离 0 轴,然后形成绿柱子放红后再次放绿,但绿柱子比前一波要小,但股价创低,这其实构成了 1 分钟的次级别的背驰,如果有 1 秒图,这就能发现了。

因此,今早第二波的下跌,通过 5 分钟背驰段的 1 分钟背驰段的次级别的背驰这样的三重背驰的类似数学分析中的区间套定理的精确定位,就很容易把握到了。

现在对大家的要求是对背驰的精确定位,如果有可能,是可以达到 1 分钟的次级别的精确度的。这次大盘的下跌就是一个很好的例子。

方法很简单,例如这次是 5 分钟的下跌。在 5 分钟进入背驰段后,找 1 分钟相应段的背驰段,再找 1 分钟背驰段的背驰段,这样就可以精确定位了。

4.6.2 在最小周期分析图上寻找区间套买卖点

在 1 分钟图上可以看到 1 分钟级别的走势类型,也可以看到 5 分钟、30 分钟、日线、月线甚至年线级别的走势类型。这是一个走势级别生长的过程;那么反过来就可以看到一个走势衰亡的过程。所以区间套也可以在同一张 K 线图上进行的。

下面是缠师讲到的一个例子。

图 4 - 115 是一个区间套定位的标准图解。

要比较力度,发现背驰,首先要搞清楚是哪两段比较,其实,只要是围绕中枢的两段走势都可以比较力度。

显然,对于 60 - 65 这个 1 分钟中枢,55 - 60 与 65 开始的一段之间就可以比较。在实际操作中,65 开始的走势,由于没实际走出来,所以在和 55 - 60 比较时,都可以先假设是进入背驰段。而当走势实际走出来,一旦力度大于前者,那么就可以断定背驰段不成立,也就不会出现背驰。在没有证据否定背驰之前,就要观察从 65 开始的一段其内部结构中的背驰情况,这种方法可以逐次下去,这就是区间套的定位方法,这种方法,可以在当下精确地定位走势的转折点。

对于 65 开始背驰段的内部走势,当下走到 69 时,并不构成任何背驰,为什么? 因为背驰如果没有创新高,是不存在的。所以,只有等 70 点出现时,大盘才进入真正的背驰危险区。由于 69 - 70 段与 67 - 68 段比并没有盘整背驰,所以 70 点并没有走的理由,除非你是按线段以下级别操作的。而 71 点,构成对 66 - 69 这 1 分钟中枢的第三类买点。按照缠论,其后无非只有两种情况,中枢级别扩展或者走出新的中枢上移。对后者,一个最基本的要求就是,从 71 点这第三类买点开始的向上段不能出现线段类盘整背驰,而在实际中,不难发现,71 点开始的走势力度明显比不上 69 - 70 段,而对于 65 - 66 段,69 开始的走势力度也明显比不上,这从两者下面对应的 MACD 红柱子面积之和可以辅助判断。

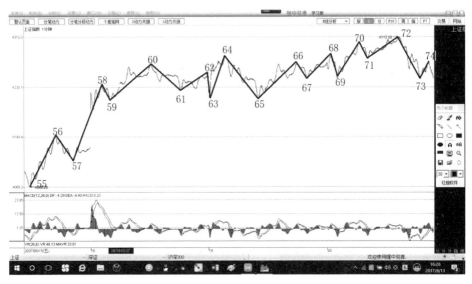

图 4 - 115

因此,65 开始的走势是第一重背驰段,69 开始的是第二重背驰段,也就是 65 开始背驰段的背驰段,而 71 开始的是第三重背驰段,也就是 65 开始背驰段的背驰段的背驰段,最后当下考察 71 开始的走势,从 MACD 上可以当下知道,71 的内部背驰也出现了,也就是第四重的背驰段出现了。由此可见,72 点这个背驰点的精确定位,是由 65 开始背驰段的背驰段的背驰段的背驰段构成的,这就构成一个区间套的精确定位,这一切,都可以当下地进行。

对于实际的操作,72 四重背驰点出现后,卖是唯一的选择,而区别只在于卖多少。当然,如果是按 5 分钟级别以及以下级别操作的,当然就全卖了,因为后面至少会形成 5 分钟的中枢震荡,实际上,60 - 69 就是一个 5 分钟中枢。而对于大级别操作的,显然不可能因一个 5 分钟震荡而清仓,所以可以根据 5 分钟震荡可以容纳的数量进行对冲操作。小资金的利润率,在相同操作水平下,显然要远高于大资金的,例如像这样的卖点,小资金就可以全仓操作,大资金是不可能的。

如果说 72 的判断有点难度,需要知道区间套的精确定位,那么 74 的第二类卖点,就一点难度都没有了。唯一有点需要分辨的就是,这第二类卖点,同时又是一个 1 分钟中枢的第三类卖点,究竟哪个中枢? 显然不是 70 - 73 这个,因为这里需要满足结合律。一个第三类买卖点,至少需要有 5 段次级别的,前三段构成中枢,第四段离开中枢,第五段构成第三类买卖点。其实,这里的答案很简单,74 点是 69 – 72 这个中枢的第三类卖点。也就是说,74 点既是一个第二类卖点,又是一个第三类卖点,以前的课程已经说过,一旦出现二、三类买卖点同时出现的情况,往往后面的力度值得关注。实际上,74 后面出现更大力度的下跌,这并没有任何奇怪的地方。

对于 60 – 69 这个 5 分钟中枢,69 的 4244 点是一个关键位置,如果在其下出现第三类卖点,那么走势至少将扩展成一个 30 分钟中枢,调整的幅度与压力就大了。而对于 72 开始的走势,73 很重要,要重新走强,必须冲破 73 这一点,该点位置恰好也是 4244 点。因此,短线的 4244 点十分关键,重新站稳,则大盘将最多是 5 分钟中枢的延伸震荡,否则即使不演化成 5 分钟级别的下跌,也将扩展成 30 分钟级别的中枢震荡。

按照区间套的原则,一直可以追究到盘口的信息里,如果在一个符合区间套原则的背驰中发现盘口的异动,那么,你就能在最精确的转折点操作成功。缠论不废一法,盘口工夫同样可以结合到缠论中来,但关键是在恰当的地方,并不是任何的盘口异动都是有意义的。缠论由于是从市场的根子上考察市场,所以把握了,你就可以结合各种理论,什么基本面、政策面、资金面、庄家等等因数,这些因数如何起作用、有效与否,都在这市场的基本走势框架上反映出来。

第 5 章

走势必完美是缠论的核心

5.1 走势必完美

所谓走势必完美,就是缠论所给出的分型、笔、线段、不同级别走势类型所对应的递归函数,能将行情的任何走势唯一地分解。除了最简单的笔,任何走势都是大级别套小级别的。

任何级别的所有走势,都能分解成趋势与盘整两种走势类型,而趋势又分为上涨与下跌两类。这个结论是从无数图形的分析实践中总结出来的,这个从实际图形中总结出来的简单经验,是一切有关技术分析理论的唯一坚实基础。

由此可以得到缠中说禅技术分析基本原理一:任何级别的任何走势类型终要完成。这就是走势必完美。

这个原理的重要性在于把实践中总结出来的、很难实用的、静态的"所有级别的走势都能分解成趋势与盘整",转化成动态的、可以实用的"走势类型终要完成"。

有了走势必完美,就可以把一切关于走势的理论包含其中,所以缠论可以包含所有其他的理论并指出其不足的地方,就在于缠论解决了最根本的理论问题:唯一分解。

如果是单纯地唯一分解,并不能显示缠论真正厉害之处,因为走势必完美对应的是一种最特殊、最强有力的唯一分解,这看似毫无规律的市场走势竟然有这样完美的整体结构(注:这个完美的整体结构就是以中枢和级别为基础的趋势与盘整两种走势类型的几何结构)。

这样一个整体结构有什么厉害的结论呢?

一个必然的结论就是,任何高级别的改变都必须先从低级别开始。有了这样一个最良好的结构,那么,关于走势操作的完全分类就成为可能。而所有的分类,都有明确的界限,这样,任何的走势都成为可控的。这种可控并不需要任何人的预测或干预,而是当下直接地显现的,你只需要根据这当下的显示,根据自己的操作原则操作就可以。

缠论的完全分类是有级别性的,有明确点位界限的。而不是粗糙的上、下、平的无聊概念。也就是说,缠论完全是数量化的、精确化的,里面不存在任何含糊的地方。

正是由于走势必完美,由缠论给出的级别递归函数唯一分解了市场的整体结构,区间套才得以重要的应用。

如果市场走势没有缠论所揭示的整体结构,那么区间套是不会存在,也就是没有操作意义的。因此,区间套的方法,就是走势必完美的一个重要的应用。有了区间套,买卖点的精确定位才有可能,也就是说走势必完美的存在导致了买卖点可以精确定位,这显然是操作中最牛的一种方式了。

"任何级别的任何走势类型终要完成",这最简单的话,却包含着技术分析最基本的东西,其哲学和灵魂都在此。

一个最简单的问题,如何判断一个走势类型完成了?

这是技术分析里最核心的问题之一,例如,一旦判断知道了"下跌"的结束,就知道随后必须要面对的是"盘整"与"上涨",而后两种走势,对于多头来说,都必然产生利润,唯一区别,就是大小与快慢的问题。如果在市场中能找到一种百分百确定的赢利模式,那就是最伟大的成就了,至于大小、快慢,可以继续研究出新的标准来进行判断。

如果要深入研究这些复杂的问题,必须先搞清楚什么是走势中枢与走势类型?

是否可能在某级别存在这样的走势,不包含任何缠中说禅走势中枢?

这是不可能的。因为任何图形上的"向上 + 向下 + 向上"或"向下 + 向上 + 向下"都必然产生某一级别的缠中说禅走势中枢,没有缠中说禅走势中枢的走势图只意味着在整张走势图形上只存在两个可能,就是一次向上后永远向上,或者一次向下后永远向下。要出现这两种情况,该交易品种必然在一定时期交易后永远被取消交易,而这里探讨走势的一般情况,其前提就是该走势可以不断延续下去,不存在永远取消交易的情况。所以就有了:

缠中说禅技术分析基本原理二:任何级别任何完成的走势类型,必然包含一个以上的缠中说禅走势中枢。也就是任何级别的任意走势类型的中枢一定会形成。

在实际操作中,一个走势没有出现走势中枢,只能是该走势还在一个线段类上涨之中,说明走势很强,只有在出现线段类背驰后,才能做出走势类型的中枢。也就是走势中枢还没走出来呢。其后一定会走出来。

走势必完美是针对中枢必然形成说的,任何级别都不存在永远不形成中枢的走势,任何走势最终都必然形成某个走势类型或者他们的叠加。任何市场的走势都必然可以分成相同级别走势类型的叠加。趋势和盘整的唯一区别,就是包含的相应级别中枢的个数,前者必须两个以上,而后者只能一个。

由原理一、二以及缠中说禅走势中枢的定义,就可以严格证明:

缠中说禅走势分解定理一:任何级别的任何走势,都可以分解成同级别"盘整""下跌"与"上涨"三种走势类型的连接。

任何走势,都可以唯一地表达为 a1A1 + a5A5 + a30A30 的形式。

而级别的存在,一个必然的结论就是,任何高级别的改变都必须先从低级别开始。例如,绝对不可能出现 5 分钟从下跌转折为上涨,而 1 分钟还在下跌段中。有了这样一个最良好的结构,那么,关于走势操作的完全分类就成为可能。

从 1 分钟一直到年,对应着 8 个级别,其实,这些级别的名字是可以随意取的,只是这样比较符合习惯。否则说级别 1、2 的,容易搞不清楚。当然,加上线段与笔,可以有更精细的分解,但一般来说没这必要。

任何走势,都可以在这些级别构成的分解中唯一地表达。但一般来说,对于一般的操作,没必要所有分解都搞到年、季、月这么大的级别,因为这些级别,一般几年都不变一下。你看,从 6124 点下来,N 个月了,还在 30 分钟级别里混,所以,一般来说,1、5、30 分钟三个级别的分解,就足以应付所有的走势。当然,对于大点的资金,可以考虑加上日级别的。

因此,缠论的关键不是什么中枢、走势类型,而是走势必完美,这才是缠论的核心。

一个高级别的走势类型必然就是由几个低级别的走势类型连接而成,但不一定都是次级别的走势类型,例如,a + B + b,B 是 30 分钟中枢,由 3 个 5 分钟走势类型构成,a、b 是 1 分钟走势类型,那么 a + B + b 这个 30 分钟走势类型就能分解成 2 个 1 分钟走势类型和 3 个 5 分钟走势类型的连接。但我们还可以通过拆散重分,使得一个高级别的走势类型必然就是由几个次级别的走势类型连接而成,由于中枢里至少有三段次级别走势类型,所以就有了缠中说禅走势分解定理二:任何级别的任何走势类型,都至少由三段以上次级别走势类型构成。

如图 5-1 所示,上面 a + B + b 的例子,估计很多人怎么都看不出为什么这分解定理一定成立。不妨假设 B 中有三段 5 分钟走势类型,分别表示为 B_1、B_2、B_3,那么 a + B + b = a + B_1 + B_2 + B_3 + b = (a + B_1) + B_2 + (B_3 + b),显然 (a + B_1)、B_2、(B_3 + b) 都是 5 分钟走势类型,这就是该分解定理所说的东西。

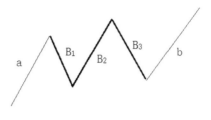

图 5 - 1

也就是说一个中枢形成后,次级别有重叠的三段完成的走势类型,本级别走势就随时可以完美,最弱的走势类型,就是该中枢一完成就结束。

5.2　走势类型的延续与终结

在任何一个走势的当下,无论前面是盘整还是趋势,都有一个两难的问题:究竟是继续延续还是改变。

例如,原来是在一个趋势中,该趋势是延续还是改变成相反的趋势或盘整,这样的问题在当下的层次上永远是没有办法解决的。但这个两难的问题,在"所有的走势都能分解成趋势与盘整"的前提下,又变得可以解决了。

正因为当下的走势是两难的,也就是在不完美到完美的动态过程中,这就构成了其从无解到有解转化的全过程。有了走势必完美定理,就使得走势可以无条件地被分解成趋势与盘整了。换言之,"趋势终完美,盘整也终完美"。

也就是说在本级别图上的任意一个走势,在当下是无法知道其何时结束的,但是通过走势终完美定理,我们可以将它的次级别走势结构分解成趋势与盘整两种走势类型。我们当下虽然不知道这个走势最终运行的时间和高低点,但我们可以通过走势结构是否完成来准确判断出其结束点的到来。

另外,小级别结构的完美,预示着大级别结构的不完美。即小级别走势类型结束后,它将构成大级别结构中的一个几何构件,继续参与大级别结构的构建过程。

如何判别"走势类型延伸"是否结束?

这里,必须首先搞清楚,"走势类型延伸"的实质是什么?

对于趋势来说,其"延伸"就在于同级别的同向"缠中说禅走势中枢"不断产生。

对于盘整来说,其"延伸"就在于不能产生新的"缠中说禅走势中枢"。

　　由于"走势类型延伸"意味着当下的"走势类型"随时可以完成,因此相应的"类型"必然是确定的,这样"走势类型延伸"是否结束的判断关键就在于是否产生新的"缠中说禅走势中枢"。此外,由于趋势至少包含两个"缠中说禅走势中枢",而盘整只有一个,因此趋势与盘整的判别关键也就在于是否产生新的"缠中说禅走势中枢"。

　　由此可见,"缠中说禅走势中枢"的问题是技术分析中的核心问题,该问题一旦解决,很多判断上的大难题也将迎刃而解。

　　例如一个盘整,三个重叠的连续次级别走势类型后,盘整就可以随时完成,也就是说,只要三个重叠的连续次级别走势类型走出来后,盘整随时结束都是完美的,但这可以不结束,可以不断延伸下去,不断围绕这走势中枢上上下下地延伸下去直到无穷都是可以的。

　　同样,面对趋势,形成两个依次同向的缠中说禅走势中枢后,任何趋势都可以随时结束而完美,但也可以不断地延伸下去,形成更多的中枢。这种情况在实际操作中太常见了,如果这趋势是向上的,会不断上涨,看看 600519 之类的图,如果把复权算上,就可以看到一个标准的不断延伸的上涨。大盘 2005 年见底后的 30 分钟图上,同样可以看到这种情况。

　　很多人抓不住牛股,经常在第一个中枢时就被震下马,最主要就是对此没有明确的认识。反之,对于下跌的延伸,是所有抄底者的噩梦。逃顶、抄底为何难?归根结底就是这"走势类型的延伸"闹的。

　　缠中说禅走势中枢定理一:在趋势中,连接两个同级别"缠中说禅走势中枢"的必然是次级别及以下级别的走势类型。

　　换言之,一个走势级别完成后必然面临至少大一级别的走势中枢震荡。也就是其后走势的级别是至少要大于目前走势的级别。

　　例如,一个 5 分钟的上涨结束后,必然至少要有一个 30 分钟的走势中枢震荡,这就是任何走势的必然结论,没有任何走势可以逃脱。

　　用反证法,该定理的证明是很简单的。

　　那么连接两相邻同级别缠中说禅走势中枢的一定是趋势吗?一定是次级别的吗?

　　首先,这不必然是趋势,任何走势类型都可能,最极端的就是跳空缺口后形成新的"缠中说禅走势中枢"。

　　其次,也不一定是次级别的,只要是次级别以下,例如跳空缺口,就属于最低级别,如果图上是日线、周线,就不会是次级别了。

　　最后,往往连接走势中枢的走势类型的级别越低,表示其力度越大,这也就是为什么缺口在分析中有比较强技术含义的理论依据所在。

跳空的级别是无限低的,不构成任何中枢中的一段。这和分解定理没有矛盾。

中枢停留的级别越小,趋势的力度越大,缺口不等于中枢,只是连接中枢的最低级别。缺口表明离开原来中枢的力量比较大,但如果缺口以后出现一个很大级别的中枢,这就证明其力度有限了。最强的当然就是缺口后一个 5 分钟甚至更短的中枢后就继续趋势,这是最强的。例如,连续直接封涨停是最强的。为什么?因为缺口后的中枢都是 1 分钟,最低级别的。

看缺口,就看日线的,其他没必要看。

5 分钟中枢推移中,其前提就是不能出现 5 分钟中枢,否则这移动就结束了。所以,一个 1 分钟走势向下后,再一个 1 分钟向上,如果出现背驰或不创新高,就意味着一定会形成 5 分钟中枢,所以这时候就可以先出来了。当走势的级别提升后,就看大一点的背驰才决定进出。

走势必完美意味着,任何一个走势图形的完成,必须包含三个以上的次级别走势类型。这和"任何的走势类型必须至少包含一个该级别的中枢"是等价的。

由中枢的定义知道,"缠中说禅走势中枢"的产生原因以及判断标准,也就是其存在性问题解决了,那余下的就是这个"缠中说禅走势中枢"是如何延续以及最终被终结的问题了。

先考虑其延续的问题。维持"缠中说禅走势中枢"的一个充分必要条件就是任何一个离开该中枢的走势类型都必须是次级别以下的,并以次级别以下的走势类型返回,该问题很容易证明,因为无论是离开还是返回,只要是同级别的走势类型,就意味着形成新的缠中说禅走势中枢,这与原中枢的维持前提矛盾。该命题表述成如下定理:

缠中说禅走势中枢定理二:在盘整中,无论是离开还是返回"缠中说禅走势中枢"的走势类型必然是次级别以下的。

离开中枢必须是次级别,回试也必须是次级别,单在中枢上有一个次级别的中枢并不能绝对保证安全,例如,很多跳空后的岛型反转就是这样。

第三类买卖点后可以演化成更大级别的震荡,当然有可能两者的位置特别近,所以要选择大级别的操作,这样才有足够回旋的空间。

当然,如果你技术好点,能精细去当下把握第三类买点转化为大级别震荡的这种情况,一旦出现,马上离开,也就是只选择继续中枢上移的那种,这样会提高资金的利用率。只要级别不太小,即使是转化为大级别震荡的情况,也能有足够的利润空间去从容离开。

由此,"盘整的高低点是如何造成的"就有了相应的答案:

无论离开与返回的走势类型是何种级别的,站在最低级别上看,例如把 1 分钟图当成最低级别,那么最后连接离开与返回走势类型连接处的最低级别图,如图 5-2 所示,只能有两种可能:

1. 三根以上 1 分钟 K 线的来回重叠震荡后回头,即中枢逆转形式的终结结构;

2. 1 分钟 K 线无三根以上 K 线重叠的 V 型走势,即背驰形式的终结结构。

对于第一种情况,这几根重叠 K 线最极端那根的极端位置,就构成盘整中的高低点,一般来说,这种情况比较少见。

对于第二种情况,这个 V 型尖顶那根 K 线的极端位置就构成盘中的高低点,这种情况十分常见。这也是为何真正的低点和高点总是盘中一闪而过的理论依据。

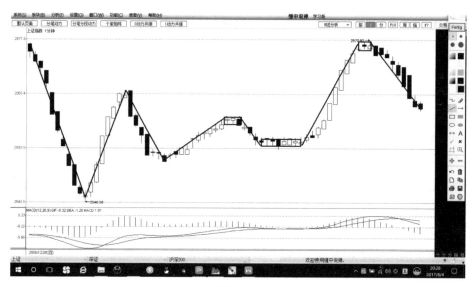

图 5-2

这就告诉我们,顶底转折只有两种情况:一种是中枢逆转,一种是背驰逆转。

缠论能解释技术图表上任何细致的问题,这才是一种真正理论所应该具有的品质。

有了上面两个缠中说禅走势中枢定理,不难证明定理三:

缠中说禅走势中枢定理三:某级别"缠中说禅走势中枢"的破坏,当且仅当一个次级别走势离开该"缠中说禅走势中枢"后,其后的次级别回抽走势不重新回到该"缠中说禅走势中枢"内。

这定理三中的两个次级别走势的组合只有三种:趋势+盘整,趋势+反趋势,盘整+反趋势。其中的趋势分为上涨与下跌,分别代表从上方突破与下方跌破两种情况。而站在实用的角度,最有力的破坏,就是:趋势+盘整。例如在上涨中,如果一个次级别走势向上突破后以一个盘整走势进行整理回抽,那其后的上涨往往比较有力,特别这种突破是在底部区间。这种情况太常见了,其理论依据就在这里。

缠中说禅走势级别延续定理一:在更大级别缠中说禅走势中枢产生前,该级别走势类型将延续。也就是说,只能是只具有该级别缠中说禅走势中枢的盘整或趋势的延续。

这个定理就是告诉我们:一个走势类型结束必有一个高级别的走势中枢产生。

看看 2007 年指数的走势,就知道该定理的重要。很多人总是说,怎么都涨那么多了还涨,明白这个定理,就知道,现在这种最多只出现过日线走势中枢的走势,在周线走势中枢出现前,不可能结束。而且,从去年 8 月份开始的走势,甚至连日线的走势中枢都没形成过,最多就是 30 分钟的,要结束这种走势,首先要形成日线的中枢。明白这个定理,就不会整天自己吓自己。

这里由定理一很简单就能证明一个更重要的定理,从而对走势的改变给出一个更精确、预先的界定:

缠中说禅走势级别延续定理二:更大级别缠中说禅走势中枢产生,当且仅当围绕连续两个同级别缠中说禅走势中枢产生的波动区间产生重叠。

这里来一个比喻就好理解了,缠中说禅走势中枢就如同恒星,和围绕该恒星转动的行星构成一个恒星系。而两个同级别恒星系要构成一个更大级别的系统,首先必然要至少是其中的外围行星之间发生关系,这就是定理二说的东西。

一个简单的例子就能区别以上的情况,例如,一个股票开盘立刻封涨停,那么,只能算是一分钟级别上出现了走势中枢的延伸,无论这个延伸有多长时间,都不可能产生更大级别的走势中枢。如果该股票第二天开始继续开盘涨停,那么就形成一个 1 分钟级别上的趋势,这个趋势可以无限延伸下去,但只要依然只是只形成 1 分钟的走势中枢,无论能连续涨停多少天,都不足以形成即使是 5 分钟的走势中枢,除非中途有打开涨停的时候。还有一种特殊的情况,就是所谓的庄股,如果有一个庄家特别有毛病,每天就成交一次,每天的价位都一样,这样也只形成一个 1 分钟的走势中枢,大级别的中枢都不能形成。

5.3　趋势与盘整可以相互转化

"走势必完美"这句话有两个不可分割的方面:任何走势,无论是趋势还是盘整,在图形上最终都要完成。另一方面,一旦某种类型的走势完成以后,就会转化为其他类型的走势。

在技术分析里,不同级别的中枢构成不同级别的走势类型,这样,看似毫无规律的走势就可以在某一特定级别的基础上变得有规律可循了。而如何在不同级别之间进行分解与组合,是实际操作中最困难的部分,也是技术分析最核心的问题之一。

我们知道,盘整走势类型结束的标志就是第三类买卖点。

趋势走势类型结束的标志就是形成该级别的背驰后对最后一个中枢的回拉,为什么一回拉趋势就肯定完成? 因为,一回拉,肯定就有更大级别的中枢形成,所以原来级别的趋势肯定就破坏了。这个逻辑关系是极端严格的。

那么,我们是否要等到回拉才决定进出? 当然可以,可以等回拉后再一次向上,形成所谓的第二类买卖点进行操作。这种操作,完全可以不用背驰概念,纯粹就用三类买卖点就可以。

当然,实际操作中,可以用背驰,在第一类买卖点操作,为什么? 因为背驰后一定回拉,这是缠论的一个定理。

趋势走势类型形成后,没背驰,就意味着走势类型没结束,还可以继续下去,就没必要操作。

当一个股票突破中枢上去,如果没有背驰是可以继续持有的,出现了背驰就卖,回来不破中枢高点又买,然后上去不过中枢延伸的 b 段又可以卖了,往返操作,就可以了。

当然,上面说的是两中枢的标准下跌情况,如果外围因素恶劣,出现多中枢的下跌,这也是理论所保证的,关键看第二中枢第三类卖点后是否真正背驰,这在当下很容易判别。至于还有不破位,直接小级别转大级别的情况,那是第二个中枢出现第三类买点的情况,这种不常见的情况万一出现,都在理论的可观察范围内,所以还是可以充分把握的。

抢反弹都是必须跌透的,也就是要有至少两个以上中枢的趋势背驰。在 5 分钟图上,一般来说,一个下跌最多就是 3、4 个中枢,超过 4 个的极为罕见。

卖出后的回补不能着急,连中枢都不形成,意味着趋势很强烈,就一定要耐心等待中枢的出现。两个中枢以后出现背驰,那这就是很安全的回补点了。

好好研究一下 002098 的 15 分钟图,如图 5 - 3 所示,第二段向上是涨停然后第二天低开,根据走势必完美,就知道这个下跌是必然的。

　　必须清楚,究竟是开盘先高开点然后跌,还是开盘就跌,这并不是最重要的。股票不可能精确到最后一分钱,真正的高位可能就是一秒钟的事情,怎么可能都赶上? 必须有一定的提前量。

图 5-3

第6章

同级别分解使得操作变得更加简单

6.1 走势类型连接符合结合律

走势类型间的连接符合结合律,即 $A + B + C = (A + B) + C = A + (B + C)$,A、B、C的走势类型级别可以不同。因此,站在多义性的角度,根据结合律,就不难知道,任何一段走势,都可以有很多不同的释义。

明白了走势类型连接运算的结合律,那就不难同时明白:

缠中说禅走势分解定理一:任何级别的任何走势,都可以分解成同级别"盘整""下跌"与"上涨"三种走势类型的连接。

上涨、下跌都是完成了的走势类型,是比中枢以及连接中枢的走势要大的概念。

所谓同级别分解,就是把所有走势按一固定级别的走势类型进行分解。根据缠中说禅走势分解定理,同级别分解具有唯一性,不存在任何胡乱分解的可能。

走势类型分解原则:一个某级别的走势类型中,不可能出现比该级别更大的走势中枢。一旦出现,就证明这不是一个某级别的走势类型,而是更大级别走势类型的一部分或几个该级别走势类型的连接。

也就是说,所有的走势都可以按任何一个级别的走势类型进行分解,分解后便是这个级别走势类型首尾相连的连续状态。可以是日线级别走势类型的首尾相连,也可以是30分钟级别走势类型的首尾相连;可以是5分钟走势类型的首尾相连,也可以是1分钟级别走势类型的首尾相连;如果用1分钟以下级别的几何构件表达,当然也可以划分为线段与线段之间的首尾相连,或笔与笔之间的首尾相连。

这里需要强调的是,我们在对已走出来的行情进行分解的时候,可以很容易地把它分解成同级别的几何构件之间首尾相连,也就是说笔只能被笔破坏,线段只能被线段破坏,走势类型只能被同级别的走势类型破坏。但是,在走势的生长过程中,如果对级别认识不清,要做到这一点,难度就稍微大了一些。关键是要牢记你操作的级别是哪个级别,操作级别以下的几何结构,都是次级别以下的,可以当作无内部结构的"线段"来处理。

如图6-1所示,在这个1分钟图上,为什么行情走到4的时候,一个1分钟级别的中枢才能形成。为什么不是在b处就形成中枢呢? 因为2-a形成一线段后,a-b只是一笔,没有形成一个次级别的线段,就返身向上,并且在反向线段形成前就过了a点,则由2开始的线段延续到3的位置才结束。所以在b处,虽然也有3个走势段重合,但是由于其中有一个走势段级别达不到次级别的要求,所以此时不能成段。

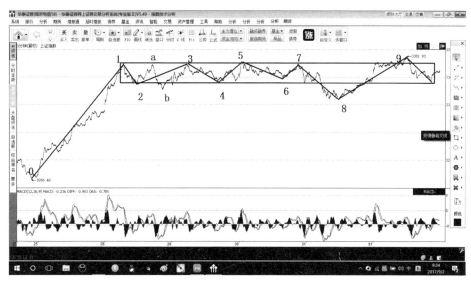

图6-1

在一个中枢构建过程中,构成中枢的3个相互有重叠关系的走势类型必须是完成了的次级别的走势类型。3个走势段中的任何一个级别没有达到次级别,都是不能形成中枢的,因为这样不符合中枢的定义。也就是说,只有同级别的几何构件之间相互连接构造出来的几何结构才有动力学意义。

比如,线段类盘整背驰和线段类趋势背驰,比较的对象都是同级别的。否则就等于是拿一个已完成的走势与一个还没有完成的走势相比较,那是不公平的。就好像参加体育比赛,把儿童组和成人组分到一起比赛是不公平的一样。

对于盘整背驰和趋势背驰也是一样,只有出中枢的走势段达到次级别的走势类型后才能比较趋势力度。否则就有可能存在出中枢的走势段级别没有完成的情况。也就是前面关于背驰部分中说到的,背驰段的级别不小于两个中枢连接段的级别。这也是许多人不能准确判断背驰的级别的问题,从而导致在中继分型出现后的误操作问题。

在走势的发展过程中,如果中枢的级别生长了,则生长前的那个级别的走势类型就变成生长后走势类型的进中枢段了,这个进中枢段的级别可以是次级别以下级别的任何走势构件。当然,这种情况如果仍然按生长前走势类型的级别进行分解,也是可以做到的。

任何级别的图形,如果用该级别的中枢去分类,不到该级别中枢的,那必然有后面的走势使得中枢的级别达到该级别。超过该级别的,一定能分解成该级别中枢的组合,这应该不难理解。

根据缠中说禅走势分解定理一,任何级别的任何走势,都可以分解成同级别"盘整""下跌"与"上涨"三种走势类型的连接,那么就意味着,按某种级别去操作,就等于永远只处理三种同一级别的走势类型及其连接。

也就是说,对于这种同级别分解视角下的操作,永远只针对一个正在完成着的同级别中枢,一旦该中枢完成,就继续关注下一个同级别中枢。

在这种同级别的分解中,是不需要中枢延伸或扩展的概念的。

同级别分解,不允许盘整里的中枢延伸,因此 3 段次级别就是了,不存在任意的问题。

对 30 分钟来说,只要 5 分钟级别的三段上下上或下上下走势有价格区间的重合就构成中枢。如果这 5 分钟次级别延伸出 6 段,那么就当成两个 30 分钟盘整类型的连接,在这种分解中,是允许盘整 + 盘整情况的。以前说不允许"盘整 + 盘整"是在非同级别分解方式下的,所以不要搞混了。

有人可能马上要问,同级别分解的次级别分解是否也需要同级别分解的。答案是,不需要。

这里在思维上可能很难转过弯,因为一般人都喜欢把一个原则在各级别中统一运用,但实际上,你完全可以采取这样的分解形式,就是只在某级别中进行同级别分解,而继续用走势中枢扩展、延伸等确定其次级别,这里只涉及一个组合规则的问题,而组合的规则,是为了方便操作以及判断,只要不违反连接的结合律以及分解的唯一性,就是允许的,而问题的关键在于是否明晰且易于操作。

在走势中枢的震荡中。围绕走势中枢的震荡,不一定都是次级别的,例如,一个日线走势中枢,围绕它的震荡,完全可以是 30 分钟以下的任意级别,甚至是一个跳空缺口,例如有些股票,完全可以今天一字涨停,明天一字跌停,跳来跳去的。这种走势,一般人看着就晕了。但如果明白走势连接的结合性,就知道,无论怎么跳,最终都要形成更大级别的,只要不脱离这日线走势中枢,最后都至少会形成 30

分钟级别的走势。任何围绕日线级别的震荡,最终都必然可以按如下方式进行分解:$A_{30-1} + A_{30-2} + A_{30-3} + \cdots + A_{30-m30} + a$,a 是未完成的 30 分钟走势类型,至少 a 依然围绕日线走势中枢继续震荡,那 a 一定最终会完成 30 分钟的走势类型。显然,这里,m30 < 9,否则就会变成周线走势中枢了,这样整个的分解就要按日线来,而道理是一样的。

更有实际意义的是,上面的 a 如果不再围绕日线震荡。

例如,假设 a 是一个 5 分钟级别的,而其后一个 5 分钟级别的反抽也不回到日线中枢里,按照日线中枢,这并不构成第三类买点,但对于 A_{30-m30},可能就构成 30 分钟的第三类买点。我把这种小级别第三类买点在大级别中枢外的买点称为小级别第三类买点。

由于走势都是从未完成到完成,都是从小级别不断积累而来,因此,对于真正的日线第三类买点来说,这 A_{30-m30} 的第三类买点,肯定在时间上要早出现,对于 A_{30-m30},这绝对安全,但对日线却不一定,因为这 A_{30-m30} 的第三类买点后完成的 30 分钟走势,可以用一个 30 分钟走势又重新回到日线中枢里继续中枢震荡。但这个 A_{30-m30} 的第三类买点依然有参与的价值,如图 6 – 2 所示,因为如果其后的 30 分钟出现趋势,最后如果真出现日线的第三类买点,往往就在 30 分钟的第二个中枢附近就形成了,根本回不到这 A_{30-m30} 的第三类买点位置,因此,这样的买点,即使不符合你的操作级别,例如,如果你是日线级别操作的,但一旦这样的 A_{30-m30} 的第三类买点出现,至少要引起你充分的重视,完全可以适量参与了,一旦其后出现趋势走势,就要严重注意了。

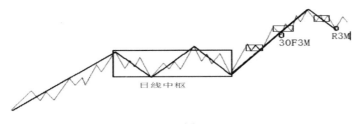

图 6 – 2

而对于向下出中枢,并不是说一定要形成该级别第三类卖点后才能大幅度下跌,完全可以用该级别以下小级别的第三类卖点就突破中枢,但有一点是肯定的,就是只要有足够长的时间,该级别的这第三类卖点一定会出现的,当然,在最极端的情况下,这个卖点离中枢很远的位置了,但有一点是肯定的,就是该卖点后一定继续向下。

上涨的情况相反,第三类买点后一定继续向上,一个最好的例子就是600477,如图6-3所示,在20070409日这个小级别的第三类买点,这买点离2月份的中枢很远了,但依然有效,而且还是在这么大监管的条件下,缠论继续发挥作用,为什么?因为监管并没有破坏缠论成立的两个最基本的前提。

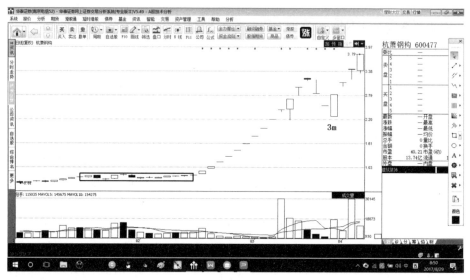

图6-3

必须注意,在这种大幅快速波动的情况下,一个小级别的第三类买卖点就足以值得介入。例如对一个周线中枢的突破,如果真要等周线级别的第三类买卖点,那就要一个日线级别的离开以及一个日线级别的反抽,这样要等到何年何月?因此,一个30分钟甚至5分钟的第三类买卖点都足以介入了。

但这里有一个基本的前提,这种小级别的大幅突破必须和一般的中枢波动分开,这种情况一般伴随最猛烈快速的走势,成交量以及力度等要相应配合。

这种操作,如果理论把握不好,有一定风险,就是和一般的中枢震荡搞混了,因此理论不熟练的,还是先按最简单的来,例如对周线中枢的突破,就老老实实等周线的第三类买点。

注意,卖点的情况,即使理论不熟练的,宁愿按小的来,因为宁愿卖早,决不卖晚。不过,对于大级别中枢来说,如果还要等到第三类卖点才卖,那反应已经极端迟钝了,那第一、二类卖点去哪了?市场里可不能随地睡觉。

还有一种极端的例子,就是大幅度的中枢震荡,例如5分钟的中枢在10000元,最极端的,甚至可以次级别以下震荡到0.01元,又拉回来,即使连续跌停到

0.01 元,然后连续涨停到 100000000 元,再跌回来 10000 元,这也是 5 分钟的中枢震荡。当然,这种例子也只能是理论中的,但由此可见缠论的涵盖面之广。所以中枢震荡的操作,一定是向上时力度盘整背驰抛,向下力度盘整背驰回补,而不是杀跌追涨。

关于追涨杀跌,如果在中枢震荡中,一定死定。但如果是在第三类买卖点后,却不一定,因为中枢的移动,并不一定恰好就是你买卖的位置就结束了,就算是,后面也还有中枢震荡出现,因此,在这种情况下追涨杀跌,也有活的机会,但这都不是长远之计,为什么有好好的三类买卖点不用,一定要追涨杀跌?就算是追涨杀跌,也可以利用小级别的买卖点进去,根本不用瞎蒙。

走势的同级别分解规则:

走势分解、组合的难点在于走势有级别,而高级别的走势是由低级别构成的,处理走势有两种最基本的方法:

一种是纯粹按走势中枢来。即前 3 段为中枢,后面都是中枢震荡,比较其离开的力度。如图 6 - 4 所示。

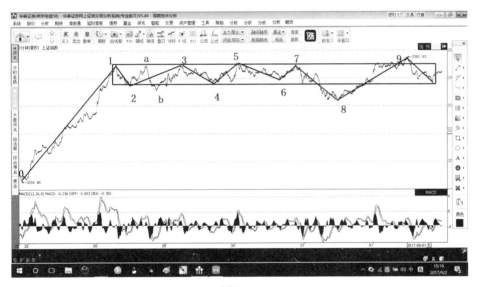

图 6 - 4

一种是纯粹按走势类型来,即 a + A + b 走势组合形式,比较 a、b 的力度。如图 6 - 5 所示。

图 6-5

　　但更有效的是在不同级别中组合运用。因此,可以制定出这样的同级别分解规则:在某级别中,不定义中枢延伸,允许该级别上的盘整 + 盘整连接;与此同时,规定该级别以下的所有级别,都允许中枢延伸,不允许盘整 + 盘整连接;至于该级别以上级别,根本不考虑,因为所有走势都按该级别给分解了。

　　按照以上的同级别分解规则,用结合律很容易证明,这种分解下,其分解也是唯一的。这种分解,对于一种机械化操作十分有利。这样就无所谓牛市熊市,例如,如果分解的级别规定是 30 分钟,那么只要 30 分钟上涨就是牛市,否则就是熊市,完全可以不管市场的实际走势如何,在这种分解的视角下,市场被有效地肢解成一段段 30 分钟走势类型的连接,如此分解,如此操作,如此而已。

　　注意,这种方法或分解是可以结合在更大的操作系统里的。例如,你的资金有一定规模,那么你可以设定某个量的筹码按某个级别的分解操作,另一个量的筹码按另一个更大级别的分解操作,这样,就如同开了一个分区卷钱的机械,机械地按照一个规定的节奏去吸市场的血。这样不断地机械操作下去,成本就会不断减少,而这种机械化操作的力量是很大的。

　　例如缠师解盘:

　　回到上海指数,从纯技术的角度,图 6-6 里的 8-49 可以看成是一个 30 分钟中枢,但更可以看成是对于 8-17 这个 5 分钟中枢,17-38 的 1 分钟趋势背驰后,必然有一个回拉至少回到 8-17 这个 5 分钟中枢里。显然,49 已经跌破 14,十分完美地演绎了缠论。

图 6-6

超短线的角度,根据走势的多义性,可以把后面的走势先看成是 32-41 这个 5 分钟中枢的一个震荡,要往上突破,就要出现第三类买点,否则,别看今天涨了 248 点,依然只是中枢震荡。

6.2 多义性不等于含糊性

1. 不同级别的图,其实就是对真实走势不同精度的一种模本

例如,一个年线图当然没有 1 个分笔图的精确度高,很多重要的细节都不可能在大级别的图里看到。

而所谓走势的级别,从最严格的意义上说,可以从每笔成交构成的最低级别图形不断按照中枢延伸、扩展等的定义精确地确认出来,这是最精确的,不涉及什么 5 分钟、30 分钟、日线等。但这样会相当累,也没这个必要。用 1 分钟、5 分钟、30 分钟、日线、周线、月线、季线、年线等的级别安排,只是一个简略的方式,最主要是现在可以查到的走势图都是这样安排的,当然,有些系统可以按不同的分钟数显示图形,例如,弄一个 7 分钟的走势图,这都完全可以。这样,你完全可以按照某个等比数列来弄一个级别序列。不过,可以是可以,但没必要。因为,图的精确并没有太大的实质意义,真实的走势并不需要如此精确的观察。当然,一些简单的变动也是可以接受的,例如去掉 30 分钟,换成 15 分钟和 60 分钟,形成 1 分钟、5 分钟、15 分钟、60 分钟、日线、周线、月线、季线、年线的级别安排,这也是可以的。

一个最简单的释义角度,就是级别,任何一段走势,都可以根据不同的级别进

行分解,不妨用 A_{n-m} 的形式表示根据 n 级别对 A 段进行分解的第 m 段,就有,A = $A_{1-1} + A_{1-2} + A_{1-3} + \cdots + A_{1-ml} = A_{5-1} + A_{5-2} + A_{5-3} + \cdots + A_{5-m5} = A_{30-1} + A_{30-2} + A_{30-3} + \cdots + A_{30-m30} = A_{日-1} + A_{日-2} + A_{日-3+} \cdots + A_{日-m日}$ 等等,如图 6 - 7 所示,显然这些分解都符合缠论。

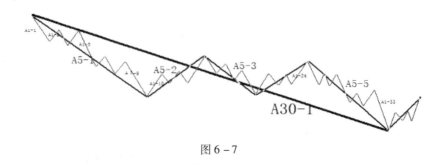

图 6 - 7

根据某级别进行操作,站在纯理论的角度,无非等价于选择该等式列中某个子式子进行操作。

2. 走势的多义性是由中枢的不断延伸造成的

例如,5 分钟级别的走势中枢不断延伸,出现 9 段以上的 1 分钟走势类型。

站在 30 分钟级别的走势中枢角度,3 个 5 分钟级别的走势类型重合就形成了,而 9 段以上的 1 分钟次级别走势类型,每 3 段构成一个 5 分钟的走势中枢,这样也就可以解释成这是一个 30 分钟的走势中枢。

这种情况,只要对走势中枢延伸的数量进行限制,就可以消除多义性,一般来说,走势中枢的延伸不能超过 5 段,也就是一旦出现 6 段的延伸,加上形成走势中枢本身那三段,就构成更大级别的走势中枢了。

3. 有实质意义的多义性

除了上面两种多义性,还有一种有实质意义的多义性,也就是走势分析中的多种合理释义,这些释义都符合理论内在的逻辑,因此,这种多义性反而不是负担,而是可以用多角度对走势进行一个分析。

例如,对 a + A + b + B + c,a 完全可以有另一种释义,就是把 a 看成是围绕 A 这个中枢的一个波动,虽然 A 其实是后出现的,但不影响这种看法的意义。同样 c 也可以看成是针对 B 的一个波动,这样整个走势其实就简化为两个中枢与连接两者的一个走势。在最极端的情况下,在 a + A + b + B + c 的走势系列类型里,a 和 c 并不是必然存在的,而 b 完全可以是一个跳空缺口,这样,整个走势就可以简化为两个孤零零的中枢。把这种看法推广到所有的走势中,那么任何的走势图,其实就是一些级别大小不同的中枢,把这些看成不同的星球,在当下位置上的星球对当下位置产生向上的力,当下位置下的产生向下的力,而这些所有力的合力构成一个总的力量。而市场当下的力,也就是当下买卖产生的力,买的是向上的力,卖的是向下的力,这也构成一个合力,前一个合力是市场已有走势构成的一个当下的力,后者是当下的交易产生的力,而研究这两种力之间的关系,就构成了市场研究的另一个角度,也就是另一种释义的过程。

4. 把走势重新组合可以使得走势更加清晰

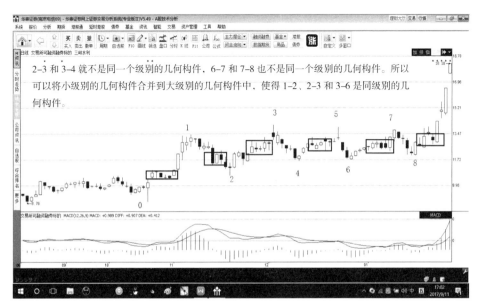

图 6 – 8

很多人一看走势就晕,最主要是不了解走势连接的结合性,任何的走势,在结合律上,都可以重新组合,使得走势显示明显的规律性。

假设 A + B + C + D + E + F, A、C、E 是 5 分钟级别的, B、D、F 是 30 分钟级别的,其中还有延伸等复杂情况。这时候,就可以把这些走势按 5 分钟级别重新分解,然后按中枢的定义重新组合走势,按结合律的方法,把原来的分解变成 A′ + B′ + C′ + D′ + E′ + F′,使得 A′、B′、C′、D′、E′都是标准的只是 30 分钟级别,而最后的 F′变成在 30 分钟意义上未完成的走势,这样进行分析,就会很明晰了。当然,具体的组合有很多可能,如何根据当下的走势选择一种最有利指导操作的,就是考功夫的事情。

这种根据结合律的最佳组合,是根据市场当下的走势随时变化的,而所有的变化,都符合理论要求且不会影响实际操作,是对实际操作起着更有力的帮助。如图6-8所示。

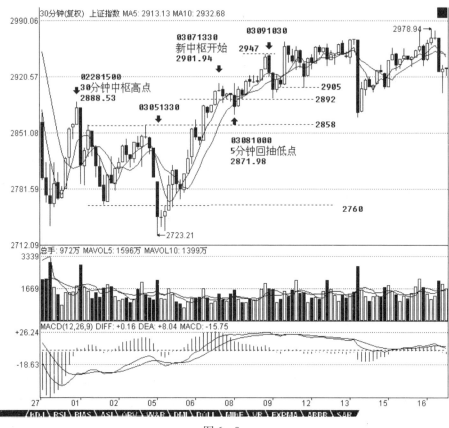

图6-9

　　例如,在最近走势中,30分钟图上,如图6-9所示,2760到2858这30分钟中枢,03081000的5分钟回抽确认了一个第三类买点,其后继续走出一个新的30分钟中枢,而03081000的5分钟回抽低点2871点比上一中枢的最高点2888点要低,后面是对03071330开始的这个30分钟中枢出现延伸,这样,我们就可以对这个分解进行重新组合,给出一个更清晰的组合方法,把03081000的5分钟回抽组合到03051330开始的这段5分钟走势中,形成一个5分钟的上涨,然后新的30分钟中枢就从03091030开始,这样的好处在于,这个中枢震荡的低点2892点比2888点高,如果其后的震荡不出现跌破2888的走势,那么就是一个30分钟的上涨走势形成了。但在这个新的中枢被一个新的第三类买点有效突破前,依然存在震荡跌破2888点甚至最终确认中枢扩展。但这样的重新组合,对看图就有了帮助。当然,站在纯中枢的角度,依然可以坚持让新中枢从 03071330 开始,这样对具体的操作也没有太大影响,但在判断上就没有重新组合的看起来方便了。

注意,这种重新组合不涉及任何预测性,有人可能要问,那么为什么不一开始就把 03081000 的 5 分钟回抽组合到 03051330 开始的这段 5 分钟走势中?因为这种组合不利于操作,站在这种组合下,03081000 的 5 分钟回抽的第三类买点意义并没有被揭示,是仅仅被局限在一个小的 5 分钟走势范围内,按照这种组合,就会很恐慌地等待背驰,之所以这样,是因为对走势的理解不够深刻,看不到不同组合反映的意义。而任何组合的反映都是有意义的,对这些组合意义的全面把握,就是一个功夫上的长进了。

5. 还有一种应用,就是关于走势的当下判断

当下判断,其基础在于采取的分解方式。例如,一个按 5 分钟分解的操作角度与一个按 30 分钟分解的操作角度,在同一时间看到的走势意义是不同的。更重要的是,在 5 分钟分解中完成的走势,在 30 分钟却不一定完成。例如 A + B,A、B 都是 5 分钟的走势类型,那么 A + B 走势,对于 30 分钟的分解就是未完成的。根据走势必须完美的原则,未完成的走势必完成,也就是,在不同的分解角度,可以在当下看到不同级别的未完成的走势即将根据走势必完美原则产生的运动,这就为当下的操作提供了依据。

6.3　走势类型连接分解的原则

多义性是与走势的当下性密切相关的,对已完成走势类型连接进行相应的分解,就如同解问题设定不同的参数,虽然参数的设定有一定的随意性,但一个好的参数设定,往往使得问题的解决变得简单。

走势是客观的,而用什么级别去分析这走势却是主观的。不应该对走势进行任何的预测,但所有已走出来的走势,却可以根据级别与结合律等随意组合,无论任何组合,在该组合下,都必然符合缠论,而任何最终的走势,都在所有组合中完全符合缠论,这也是缠论的神奇之处,无论你怎么组合,都不会出现违反缠论的情况。但能否找到最合适的组合以适应操作,以及根据不同的组合,对走势进行综合分析,这就和经验有关了。这些最适合的分解,都是有相应答案的,关键是你能否看出来,而这根本不涉及任何的预测,只是对已有走势的分解与对理论的把握和对图形的熟悉度相关。而这些都是一些最基本的功夫,但必须在当下的走势中不断磨炼才能真正掌握。

根据结合律,如何选择一种恰当的走势分解,对把握当下的走势极为关键。显然,一个好的分解,必须保证分解的唯一性,否则这种分解就绝对不可能是好的

分解。其中,最简单的就是进行同级别分解。

必须强调的是,当下采取什么分解与组合,就要按该种分解组合的具体图形意义来判断、操作。

6.3.1 多义性分解应遵守有利于当下判断和操作的原则

图 6 - 10

如图 6 - 10 所示,现在把 03091030 当成新 30 分钟中枢的起点,那么中枢的位置就变成 2947 到 2905,这样后面第三类买点的位置就有了新的标准。当然,你依然可以还是按 03071330 开始 30 分钟中枢,这样,中枢的位置就是 2911 到 2892,这样,第三类买点的可能位置就不同了。

6.3.2 多义性分解要以避免中枢扩展为原则

因为中枢扩展比较复杂,如果有组合使得不出现扩展,当然就采取该种组合更有意义。有人可能要问,那么中枢扩展的定义是否不适用? 当然适用,中枢扩展的定义是在两个中枢都完全走出来的情况下定义的,而实际操作中,往往第二个中枢还没有走完,还在继续延伸中,所以,除非出现明确的、符合理论定义的破坏。

下面走势中 1 和 2 两个点有交集,如果按图 6 - 11 分解,则会因为 A 和 B 两个中枢波动区间有交集,而导致中枢升级,不利于分析。如果按图 6 - 12 的结构分解,A 和 B 两个中枢无交集,是同级别的趋势。只不过这个趋势没有出中枢的 c段,这是可以接受的。而且第三类买点的结构非常清晰。

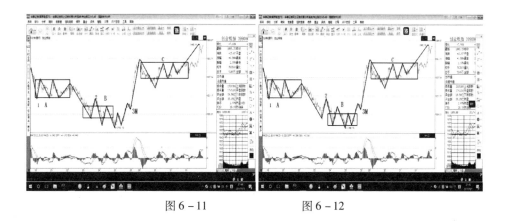

图 6 – 11　　　　　　　　　图 6 – 12

　　再如下面的走势图,按图 6 – 13 的划分,上下两个中枢的波动区间有重合,是一个更大级别的中枢震荡。而图 6 – 14 的划分则是一个中枢的盘整走势类型。

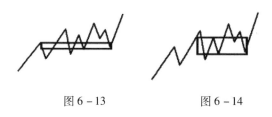

图 6 – 13　　　　　　图 6 – 14

6.3.3　多义性分解要以结构对称为原则

　　如下图的走势,图 6 – 16 这种对称式结构较图 6 – 15 的非对称式结构的划分更能展示趋势力度。

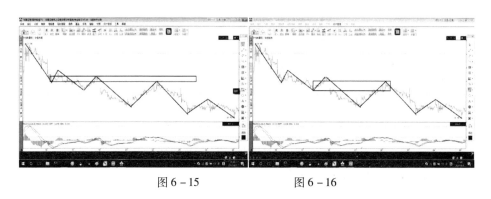

图 6 – 15　　　　　　　　　图 6 – 16

6.3.4　多义性分解应以走势类型完成为原则

　　下面的走势既可以划分为如图 6 – 17 所示的同级别走势类型终结,也可以划分为图 6 – 18 所示的一个趋势的最后一个中枢发生了逆转的情况。

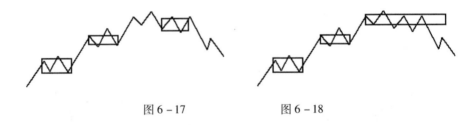

图 6 – 17　　　　　　　图 6 – 18

6.4　同级别分解下的机械化操作程序

缠论就是推崇一个机械化程序操作,不需要动脑分析,关键是当下看到什么,就严格地执行相应的程序操作。在你的操作级别上,出现背驰或盘整背驰就一定要操作。

6.4.1　同级别分解的机械化买卖程序

机械化操作,就是按既定程式来操作,并严格执行。

具体的操作程式,按最一般的情况列举如下,注意,这是一个机械化操作,按程式来就行:不妨从一个下跌背驰开始,以一个 30 分钟级别的分解为例子,按 30 分钟级别的同级别分解,必然首先出现向上的第一段 5 分钟走势类型,根据其内部结构可以判断其背驰或盘整背驰结束点,先卖出,然后必然有向下的第二段 5 分钟走势类型,这个 5 分钟走势类型结束的时候有两种情况:

1. 不跌破第一段低点,重新买入;

2. 跌破第一段低点,如果与第一段前的向下段形成盘整背驰,也重新买入,否则,继续观望,直到出现新的下跌背驰。

在第二段重新买入的情况下,然后出现向上的第三段 5 分钟走势类型,当这个 5 分钟走势类型结束的时候,相应面临两种情况:

1. 超过第一段的高点(创新高);

2. 低于第一段的高点。

对于第二种情况(低于第一段的高点),一定是先卖出。

第一种情况,又分两种情况:

1. 第三段对第一段发生盘整背驰,这时要卖出;

2. 第三段对第一段不发生盘整背驰,这时候继续持有。

这个过程可以不断延续下去,直到下一段向上的 30 分钟走势类型相对前一段向上的走势类型出现不创新高或者盘整背驰为止,这就结束了向上段的运作。向上段的运作,都是先买后卖的。一旦向上段的运作结束后,就进入向下段的运作。向下段的运作刚好相反,是先卖后买,从刚才向上段结束的背驰点开始,所有操作刚好反过来就可以。

6.4.2 中枢震荡的同级别分解操作程序

对5分钟的同级别分解,以最典型的 a + A 为例子,一般情况下,a 并不一定就是5分钟级别的走势类型,但通过结合运算,总能使得 a + A 中,a 是一个5分钟的走势类型,而 A,也分解为 m 段5分钟走势类型,则 $A = A_1 + A_2 + \cdots + A_m$。

考虑 a + A 是向上的情况,显然,A_i 当 i 为奇数时是向下的,为偶数时是向上的,开始先有 A_1、A_2 出现,而且 A_1 不能跌破 a 的低点,如果 A_2 升破 a 的高点而 A_3 不跌回 a 的高点,这样可以把 $a + A_1 + A_2 + A_3$ 当成一个 a′还是5分钟级别的走势类型。

这里可以一般性地考虑 A_3 跌破 a 的高点情况,这样,A_1、A_2、A_3 必然构成30分钟中枢。因此,这一般性的 a + A 情况,都必然归结为 a 是5分钟走势类型,A 包含一30分钟中枢的情况。

把 a 定义为 A_0,则 A_i 与 A_{i+2} 之间就可以不断地比较力度,用线段类盘整背驰的方法决定买卖点。注意,在实际操作中下一个 A_{i+2} 是当下产生的,但这不会影响所有前面 A_{i+1} 的同级别唯一性分解。如图6-19所示。

图6-19

这种机械化操作,可以一直延续,该走势中枢可以从30分钟一直扩展到日线、周线甚至年线,但这种操作不管这么多,只理会一点,就是 A_i 与 A_{i+2} 之间是否线段类盘整背驰,只要发生线段类盘整背驰,就在 i + 2 为偶数时卖出,为奇数时买入。

如果没有(线段类盘整背驰),当 i 为偶(向上),若 A_{i+3} 不跌破 A_i 高点,说明一个中枢也没有形成,也就不可能结束该段上升走势,则继续持有直到 A_{i+k+3}。

若 A_{i+3} 跌破 A_i 高点,意味着形成中枢,以后就可能产生盘整背驰或者趋势背驰,所以要密切注意。

若跌破 A_{i+k} 高点后在不创新高或盘整顶背驰的 A_{i+k+4} 卖出，其中 k 为偶数，如图 6 – 20 所示。

图 6 – 20

这程序很清楚，一般都按盘整背驰来，但有一种特殊情况是不出现盘整背驰的，就是小级别变大级别的情况，这种情况，如果不破前期高点，那只是一个新中枢，所以当然持有，如果破了，那就一定要走，除非出现强力不背驰创新高的情况。

即使破了一定要走，也是待反弹不破前高点，或者盘整背驰时候走而不是跌破即走。而且还存在着继续不背驰创新高的可能。不过这里说的都是比较粗糙的方法，如果精细点，可以不等跌破就先走掉，当然，如果是机械化程序，一般都是比较粗糙一点的，但只要能坚持，一定能有超级回报。

A_{i+k+4} 之后，直到底部盘整背驰或者当下下跌低点超过上一下跌段低点，又开始新的程序。

当 i 为奇数，若 A_{i+3} 不升破 A_i 低点，则继续保持不回补直到 A_{i+k+3} 升破 A_{i+k} 低点后在不创新低或盘整底背驰的 A_{i+k+4} 回补。如图 6 – 21 所示。

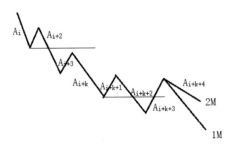

图 6 – 21

以上的方法，最大的特点就是在同级别分解的基础上将图形基本分为两类，一类是"当 i 为偶数 A_{i+3} 不跌破 A_i 高点"或"i 为奇数 A_{i+3} 不升破 A_i 低点"；一类是"A_i 与 A_{i+2} 之间盘整背驰"。对这两种情况采取不同的操作策略,构成了一种机械的操作方法。

6.4.3 股票操作的基本韵律

有了一个机械的操作程序,就有了一个基本的韵律,其中最大的就是向上段先买后卖与向下段先卖后买的韵律,如果这个韵律错了,那操作就一团糟。

大的韵律把握了,还有就是每向上向下段中每小段间操作的韵律,显然,只要其中一步错了,节奏就全乱了。

这时候,唯一正确的选择就是停止操作,先把心态、韵律调节好了再继续。而且,当你按这个机械节奏不断操作下去,人身体的生物节奏都会慢慢有所感应,甚至可以达到这种程度,就是那种该操作的图形出现时,生理上就仿佛有感应一般。其实,这一点都不神秘,就好像有些人睡觉,无论多晚,早上到点都会自动醒来,而股票的操作,都有一定的紧张度,而同级别走势类型分解的节奏,大致有一定的周期性,长期下来,生理上有自然的反应就一点都不奇怪了。

第 7 章

三类买卖点是百分百安全的买卖点

7.1 如何寻找最有买入价值的买入点

市场任何品种任何周期下的走势图,都可以分解成上涨、下跌、盘整三种基本情况的组合。上涨、下跌构成趋势。

上涨、下跌、盘整三种基本走势类型,有六种组合的可能,代表着三类不同的走势:

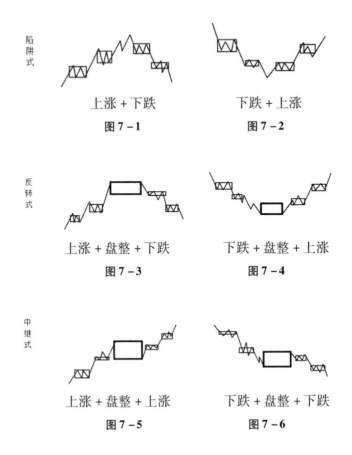

陷阱式

上涨 + 下跌　　　　　　下跌 + 上涨

图 7 - 1　　　　　　　图 7 - 2

反转式

上涨 + 盘整 + 下跌　　　下跌 + 盘整 + 上涨

图 7 - 3　　　　　　　图 7 - 4

中继式

上涨 + 盘整 + 上涨　　　下跌 + 盘整 + 下跌

图 7 - 5　　　　　　　图 7 - 6

250

市场的走势,都可以通过这三类走势得以分解和研究。

站在多头的角度首先要考虑的是买入。

上面六种最基本走势中,有买入价值的是:下跌 + 上涨(如图 7 - 2)、下跌 + 盘整 + 上涨(如图 7 -4)、上涨 + 盘整 + 上涨(如图 7 -5)三种。没有买入价值的是:上涨 + 下跌(如图 7 - 1);上涨 + 盘整 + 下跌(如图 7 - 3);下跌 + 盘整 + 下跌(如图 7 - 6)。

由此不难发现,如果在一个下跌走势中买入,其后只会遇到一种没买入价值的走势,就是下跌盘整下跌,这比在上涨时买入要少一种情况。

"下跌 + 上涨"买入法

在下跌时买入,唯一需要躲避的风险有两个:

1. 该段跌势未尽;

2. 该段跌势虽尽,但盘整后出现下一轮跌势。

对下跌走势用背驰来找第一类买点,就是要避开上面的第一个风险。

而当买入后,将面对的是第二个风险,如何避开? 就是其后一旦出现盘整走势,必须先减仓退出。

为什么不全部退出,因为盘整后出现的结果有两种:上涨、下跌,一旦出现下跌就意味着亏损,而且盘整也会耗费时间,对于中小资金来说,完全没必要。

这里有一个很重要的问题留待后面分析,就是如何判断盘整后是上涨还是下跌,如果把握了这个技巧,就可以根据该判断来决定是减仓退出还是利用盘整动态建仓了(注:重要的问题指如何判断第三类买卖点)。

根据上面的分析,可以马上设计一种行之有效的买卖方法:

在第一类买点买入后,一旦出现盘整走势,无论后面如何,都马上退出。

这种买卖方法的实质,就是在六种最基本的走势中,只参与唯一的一种:下跌 + 上涨。对于资金量不大的,这是最有效的一种买卖方法。

"下跌 + 上涨"买卖方法的原理:

一方面,对于下跌 + 上涨来说,连接下跌前面的可能走势只会有两种:上涨和盘整。如果是上涨 + 下跌 + 上涨,那意味着这种走势在上一级别的图形中是一个盘整,因此这种走势可以归纳在盘整的操作中。

如此一来,按该种方法,只剩下这样一种情况,就是"盘整 + 下跌 + 上涨"。

对于只操作"下跌 + 上涨"买卖的,"上涨 + 下跌 + 上涨"走势不考虑,也就是说,当你希望用"下跌 + 上涨"买卖方法介入一只出现第一类买点的股票,如果其前面的走势是"上涨 + 下跌",则不考虑。注意,不考虑不意味着这种情况没有赢利可能,而只是这种情况可以归到盘整类型的操作中,但"下跌 + 上涨"买卖方法是拒绝参与盘整的。如此一来,按该种方法,可选择的股票又少了,只剩下这样一种情况,就是"盘整＋下跌＋上涨"。

从上面的分析可以很清楚地看到,对于"下跌＋上涨"买卖方法来说,必须是这样一种情况:就是一个前面是"盘整＋下跌"型的走势后出现第一类买点。显然,这个下跌是跌破前面盘整的,否则就不会构成"盘整＋下跌"型,只会仍是盘整。那么在该盘整前的走势,也只有两种:上涨、下跌。对于"上涨＋盘整＋下跌"的,也实质上构成高一级别的盘整,因此对于"下跌＋上涨"买卖方法来说也不能参与这种情况,因此也就是只剩下这样一种情况:"下跌＋盘整＋下跌"。

综上所述,对于"下跌＋上涨"买卖方法来说,对股票的选择就只有一种情况,就是:出现第一类买点且之前走势是"下跌＋盘整＋下跌"类型的。

用"下跌＋上涨"买入法选择买入品种的标准程序:

1. 首先只选择出现"下跌＋盘整＋下跌"走势,即出现盘整或下跌走势类型的股票。

2. 在该走势的最后一段下跌出现第一类买点时介入。

3. 介入后,一旦出现盘整走势,坚决退出。

为什么要退出? 首先,这个退出肯定不会亏钱,要赢利的,因为可以利用低一级别的第一类卖点退出。

但为什么要退出,因为它不符合"下跌＋上涨"买卖不参与盘整的标准,盘整的坏处是浪费时间,而且盘整后存在一半的可能是下跌,对于中小资金来说,根本没必要参与。如果买入后不出现盘整,那就要彻底恭喜你了,因为这股票将至少回升到"下跌＋盘整＋下跌"的盘整区域,如果在日线或周线上出现这种走势,进而发展成为大黑马的可能是相当大的。

一定要记住,操作一定要按标准来,这样才是最有效率的。

举一个例子,驰宏锌锗:

如图7－7所示,日线上,2004年6月2日到2004年9月10日,构成下跌走势;

2004年9月10日到2005年3月14日,构成盘整走势;

2005年3月14日到2005年7月27日,构成下跌走势。

也就是说,从2004年6月2日到2005年7月27日,构成标准的"下跌＋盘整＋下跌"的走势,而在相应的2005年3月14日到2005年7月27日的第二次下跌走势中,7月27日出现明显的第一类买点,这就完美地构成了"下跌＋上涨"买卖方法的标准买入信号。

其后走势,很快就回到2004年9月10日到2005年3月14日的盘整区间,这是一种特殊的盘整图形,叫顺势平台,这是盘整里最弱的一种。

图 7-7

然后回调在 2005 年 12 月 8 日出现标准的第二类买点,其后走势就不用多说了。

该种方法反过来就是选择卖点的好方法了,也就是说前面出现"上涨 + 盘整 + 上涨"走势的,一旦出现背驰或盘整背驰,一定要走,因为后面很可能就是"上涨 + 下跌"的典型走势。

这种方法,无论买卖,都极为适用于中小资金,如果把握得好,是十分高效的,不过要多多看图,认真体会,变成自己的直觉才行。

从中可以推理出以下定理:

缠中说禅转折定理二:任何非盘整性的转折性上涨,都是在某一级别的"下跌 + 盘整 + 下跌"后形成的。

某一级别的"下跌 + 盘整 + 下跌"后,也必然导致某级别的非盘整性的转折性上涨。当然,这种结构还包括第一次下跌前面还有一个盘整,即整个走势是一个下跌趋势走势类型的结构。

这就告诉我们在选择股票时要优先选择前面是趋势背驰或盘整背驰的股票。

7.2 买卖点定义

市场交易,归根结底就是买卖点的把握。而我们的交易一定要建立在一个

100%安全的买卖点上。所谓100%安全的买卖点就是这点之后,市场必然发生转折,没有任何模糊或需要分辨的情况需要选择。市场交易,不能建筑在或然上。

缠论给出的三类买卖点是100%安全的买卖点。

第一类买点:某级别下跌趋势中,一个次级别走势类型向下跌破最后一个走势中枢后形成的背驰点。

第一类卖点:某级别上涨趋势中,一个次级别走势类型向上离开最后一个走势中枢后形成的背驰点。

第二类买点:某级别中,第一类买点的次级别上涨结束后再次下跌的那个次级别走势的结束点。

第二类卖点:某级别中,第一类卖点的次级别下跌结束后再次上涨的那个次级别走势的结束点。

第三类买点:某级别走势中枢形成后,一个次级别走势类型向上离开走势中枢,然后以一个次级别走势类型回抽,其低点不跌破走势中枢上边缘的走势的终结点。

第三类卖点:某级别走势中枢形成后,一个次级别走势类型向下离开走势中枢,然后以一个次级别走势类型回抽,其高点不升破走势中枢下边缘的走势终结点。

第一个中枢后的第三类卖点是逃命的最后机会。

除此之外还有一个比较重要的买卖点就是第一个中枢形成后的出中枢的买卖点。这个买卖点之所以重要,是因为自此之后是一个中枢移动的过程,也是次级别走势最凌厉的阶段。缠师也多次强调在第一个中枢形成后的出中枢的次级别走势阶段要满仓操作,不能做短差。这个买卖点,缠师也称它为第二类买卖点或类第二类买卖点。我把它称为出中枢的买卖点。

买卖点的精确定位要靠区间套来完成,即符合买卖点定律一:大级别的第二类买点由次一级别的第一类买点构成。

从中可以看出缠师把盘整背驰形成的买卖点,也归为第一类买卖点。前面曾说到,第二、三类买卖点常常是由盘整背驰造成的。

例如,周线上的第二类买点由日线上相应走势的第一类买点构成。有了这个缠中说禅买点定律,所有的买点都可以归结到第一类买点。

7.3　升跌完备性定理

7.3.1 任意级别的任何一类买卖点必与离它最近的同级别的中枢有关

从走势中枢理论可知,走势中的任何一个点,必然面临两种可能:走势类型的延续或转折。

对于一个必然的买点,必须满足以下的两种情况之一:一个向上的延续或一个由下往上的转折。

对于延续的情况,能产生的,只能是在一个上升的过程中,否则就无所谓延续了。对于上升的延续中产生的买点,必然有一个走势中枢在前面存在着。

对于转折,被转折的前一段走势类型只能是下跌与盘整。而无论是下跌还是盘整,买点之前都必然有一个走势中枢存在。

归纳上述,无论前面的走势是什么情况,都唯一对应着一个走势中枢存在后走势的延续或转折。这分析对卖点同样有效。

因此,所有买卖点都必然对应着与该级别最靠近的一个中枢的关系。对于买点来说,该中枢下产生的必然对应着转折,中枢上产生的必然对应着延续。

而中枢有三种情况:延续、扩张与新生。

如果是中枢延续,那么在中枢上是不可能有买点的,因为中枢延续必然要求所有中枢上的走势都必然转折向下,在这时候,只可能有卖点。

而中枢扩张或新生,在中枢之上都会存在买点,这类买点,就是第三类买点。也就是说,第三类买点是中枢扩张或新生产生的。中枢扩张导致一个更大级别的中枢,而中枢新生,就形成一个上涨的趋势,这就是第三类买点后必然出现的两种情况。对于更大级别中枢的情况,肯定没有马上出现一个上涨趋势的情况诱人,所以对于实际操作中,如何尽量避免第一种情况就是一个最大的问题。但无论是哪种情况,只要第三类买点的条件符合,其后都必然要赢利,这才是问题的关键。

对于走势中枢下形成的买点,如果该走势中枢是在上涨之中的,在走势中枢之下并不能必然形成买点。此走势中枢下的"买点",有可能存在于下跌与盘整的走势类型中。换言之,一个上涨趋势确定后,不可能再有第一类与第二类买点,只可能有第三类买点。

对于盘整的情况,其中枢的扩张与新生,都不能必然保证该买点出现后能产生向上的转折,因为其扩张与新生完全可以是向下发展的,而对于中枢延续的情况,中枢形成后随时都可以打破而结束延续,也不必然有向上的转折,所以盘整的情况下,中枢下也不必然产生买点。因此,只有在下跌确立后的中枢下方才可能出现买点。这就是第一类买点。

7.3.2 某种类型的走势完成以后就会转化为其他类型的走势

对于下跌的走势来说,一旦完成,只能转化为上涨或盘整。

因此,一旦能把握下跌走势转化为其他类型的关节点买入,就在市场中占据了一个最有利的位置。这个关节点,就是第一类买点。

因为无论是趋势还是盘整在图形上最终都要完成,所以在第一类买点出现后第一次次级别回调制造的低点,是市场中第二有利的位置。为什么?因为上涨和盘整必然要在图形上完成。而上涨和盘整在图形上的要求,是必须包含三个以上的次级别运动,因此后面必须且至少有一个向上的次级别运动,这样的买点是绝对安全的,其安全性是由走势必完美来绝对保证的,这就形成了第二类买点。

买点的情况说了,卖点的情况反之亦然。

关于这两类买卖点与走势及上述原理、定理间密不可破的逻辑关系,必须切实理解体会,这是所有操作中最坚实、最不能混淆的基础。

由上面的原理、定理,就可以继续证明,任何一类缠中说禅买卖点,都可以归结到某一级别的第一类买卖点。

第二类买点,不必然出现在最后一个下跌中枢的上或下,可以在任何位置出现,中枢下出现的,其后的力度就值得怀疑了,出现扩张性中枢的可能性极大,在中枢中出现的,出现中枢扩张与新生的机会对半,在中枢上出现,中枢新生的机会就很大了。但无论哪种情况,赢利是必然的。

显然,第一类买点与第二类买点是前后出现的,不可能产生重合。第一类与第三类买点,一个在走势中枢之下,一个在走势中枢之上,也不可能产生重合。只有第二类买点与第三类买点是可能产生重合的。

这种情况就是:第一类买点出现后,一个次级别的走势凌厉地直接上破前面下跌的最后一个走势中枢,然后在其上产生一个次级别的回抽不触及该走势中枢,这时候,就会出现第二类买点与第三类买点重合的情况,也只有这种情况才会出现两者的重合。当然,在理论上没有任何必然的理由确定第二、三类买点重合后一定不会构成一个更大级别的走势中枢扩张。但实际上,一旦出现这种情况,一个大级别的上涨往往就会出现。

一个最典型的例子,如图7-8所示,就是大盘在1994年7月底部跌到325点后,8月1日跳空高开,5分钟上形成单边上涨突破前面的30分钟中枢,第二天大幅上冲后突然大幅回洗形成5分钟的走势级别的回抽,那时候最高已经摸到快500点,一天半上涨50%,又半天回跌15%,这样的回抽,一般来说是很恐怖的,但如果明白第二类买点与第三类买点的重合道理,就知道这是最好的补进机会,结果第三天又开始单边上扬,第六天达到750点。这是指数上最典型的一个例子了。而且,325点留下的缺口至今未补,中国几十年的一个大牛市,从指数上看,这是一个最重要的缺口了,将支持中国股市几十年甚至上百年的大牛市。

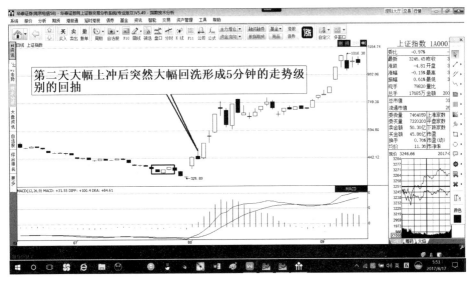

图 7 - 8

买点的情况说了,对卖点的分析也是一样的。归纳起来,就有缠中说禅买卖点的完备性定理:市场必然产生赢利的买卖点,只有第一、二、三类买卖点。

相同的分析,可以证明缠中说禅升跌完备性定理:市场中的任何上涨与下跌,都必然从三类缠中说禅买卖点中的某一类开始以及结束。换言之,市场走势完全由这样的线段构成,线段的端点是某级别三类缠中说禅买卖点中的某一类。

7.3.3 所有买点归根结底都是第一类买点

第一、二、三类买卖点,归根结底都可以归到第一类买卖点上,只是级别不同。那么为什么不就说第一类买卖点,因为这样,就会涉及不同的级别,等于同时用不同级别的显微镜去看,太乱,实际用起来更乱。因为不同级别的买卖点意义是不同的,因此要在同一个级别上研究,这样才有三类买卖点的分别。当然,最充分的操作,就是按分笔的买卖点,这样所有波动的最细微波动都可以把握了,但这在实际中是不可能的,人需要反应的时间、有交易成本等等。因此,忽略掉某些波动,按更大的级别统一操作,就是客观条件的必然要求。缠论可不是什么先验理论,而是根据客观条件充分反映当下可能的充分可操作性的理论,这必须要彻底明确。因此,三类买卖点,都不能偏废,不能说哪一个更重要,站在同一级别上,三者都重要。

站在纯操作的角度,由于任何买卖点,归根结底都是某级别的第一类买卖点。因此,只要搞清楚如何判断背驰,然后选好适合的级别。当该级别出现底背驰时买入,顶背驰时卖出,就一招鲜也足以在市场上混好了。不过,任何事情都应该究底穷源。这有点像练短跑,跑到最后,提高0.01秒都很难。所以越往后,难度和复杂程度都会越来越深。如果一时啃不下来,就选择可以把握的,先按明白的选择好操作模式。等市场经验多了,发现更多需要解决的问题,有了直观感觉,再回头看,也不失为一种学习的办法。当然,都能看懂并能马上实践,那最好。

对于大一点的资金来说,都跟短线是不切实际的,只能小部分资金参与其中,特别现在越来越集团化运动,以后短线会越来越少。

三个买卖点不是割裂开来的,它们之间自然有共性,这共性自然不会是所谓的百分之百盈利这么肤浅。

三个买卖点共同且最核心的本质共性就是后续走势必然对应于图形上的中枢移动,一旦出现中枢,对应的三个买卖点的能量就自动消耗殆尽,进入下一个轮回,当然这轮回可以是转折也可以是中继。

一个标准的下跌趋势结束的位置就是背驰点,也就是第一类买点,这个位置自然也成为走势类型的分解点,后面将展开的是新的走势类型。在第一类买点出现的这一秒,新的走势类型是不存在一个中枢的,而第一类买点之后对应的自然是一个向该走势类型第一个中枢移动的过程,而当次级别走势类型结束后回拉的反向次级别走势类型结束的位置就对应着第二类买点,在第二类买点出现的时候,本级别图上在新的走势类型出现后只有两段,依然没有中枢,从第二类买点开始自然也是一个向该走势类型第一个中枢移动的过程。

在技术分析里,不同的级别的几何结构构成不同级别的走势类型,各级别走势类型之间的买卖点又是相互影响相互作用的。那么如何在这些不同级别的买卖点之间灵活运用,是实际操作中最困难的部分,也是技术分析最核心的问题之一。

7.3.4 操作的原则就是把握节奏

任何走势,无论怎么折腾,都逃不出这个节奏,就是底、顶以及连接两者的中间过程。因此,在两头的操作节奏就是走势中枢震荡。只是底的时候要先买后卖,顶的时候要先卖后买,这样更安全点。至于中间的连接部分,就是持有。当然,对于空头走势,小板凳就是一个最好的持有,一直坐到底部构造完成。

买和卖,是不对等的,相应的策略也是不一样的,为什么?因为买卖的前后状态是不同构的。在市场里,买是钱换筹码,卖是筹码换钱,钱是与时间无关的,1元,今天是,明天还是,只要还是钱,就是不变的。而筹码不是,今天的筹码价值与明天的就不同,而筹码的数量不变是没意义的,因为最终算的还是钱。而由于时间的不可逆转,因此(钱 – 筹码)与(筹码 – 钱)这两个结构,就不是同构的。这道理十分简单,谁都明白,但却是操作逻辑的基础,最基础的往往最简单。

因此,对于一个大级别的买的过程,或者说一个大的建仓过程,买必然是反复的,买中有卖,不断灵活地根据当下的走势去调整建仓的成本与数量,底部区域可以进行最复杂的中枢延伸与扩展,唯一的目的只有一个,取得足够的、成本不断降低的筹码。

对于散户来说,任何一个级别大点的调整都应该避开,没必要参与。如果你怕大调整,就去看30分钟的第一类卖点。

第一类买点是背驰后出现的,如果你连背驰是什么都搞不清楚,在一个盘整中还找什么第一类买点,那肯定要出问题的。

提一个问题,各位思考一下,如果能回答正确,那上面关于级别、趋势、盘整等就能明白个大概了。

某一级别中盘整低点是如何形成的? 该问题的答案也构成一条缠中说禅定律。

7.4 第一类买卖点

顶底都是分级别的,如果站在精确走势类型的角度,那么第一类买点出现后一直到该买点所引发的中枢第一次走出第三类买点前,都可以看成底部构造的过程。如果是第三类卖点先出现,就意味着底部构造失败了;否则,第三类买点意味着底部构造的最终完成并展开新的行情。顶部的情况,反之亦然。

由于所有的买卖点,最终都可以归到某级别的第一类买卖点,而趋势背驰与第一类买卖点密切相关,所以可以这样说,任何的逆转,必然包含某级别的趋势背驰,可以证明如下定理:

缠中说禅背驰 – 买卖点定理:任一趋势背驰都必然制造某级别的买卖点,任一级别的买卖点都必然源自某级别走势的趋势背驰。

缠中说缠转折定理一:任何级别的上涨转折都是由某级别的第一类卖点构成的;任何的下跌转折都是由某级别的第一类买点构成的。

该定理的证明这里暂且不说了,换句话说,只要你看到某级别的背驰,必然意味着要有逆转。但逆转并不意味着永远的,例如,日线上向上的背驰制造一个卖点,回跌后,在5分钟或30分钟出现向下的背驰制造一个买点,然后由这买点开始,又可以重新上涨,甚至创新高,这是很正常的情况。

7.4.1 第一类买卖点的完全分类

第一类买卖点,就是该级别趋势走势类型的转折点。

这足以应付最大多数的情况,但一种情况是不可以的,就是前面反复强调的小级别转大级别的情况。

为什么? 假定30分钟操作级别,当1分钟级别背驰时,并未触及30分钟级别的第一类买卖点,所以按30分钟级别就无须操作。对这种情况,就需要第二类买卖点来补充。第二类买卖点,不是专门针对这小转大情况的。一般说,高点的一个次级别向下、再一个次级别向上,如果不创新高或盘整背驰,都构成第二类卖点。而买点的情况反过来就是了。所以,在有第一类买卖点的情况下,第一类买卖点是最佳的,第二类只是一个补充;但在小级别转大级别的情况下,第二类买卖点就是最佳的,因为在这种情况下,没有大级别的第一类买卖点。

因此第一类买卖点可以是符合本级别区间套的趋势背驰点,也可以是次级别以下小级别趋势背驰的背驰点。

第一类买卖点的完全分类:

1. 趋势背驰形成的第一类买卖点

(1)标准的趋势背驰形成的第一类买卖点。即最后一个中枢后有第三类买卖点的趋势背驰形成的第一类买卖点。

(2)非标准的趋势背驰形成的第一类买卖点。

(3)最后一个中枢后无第三类买卖点的小转大形成的第一类买卖点。

(4)最后一个中枢后有第三类买卖点的小转大形成的第一类买卖点。

除了趋势背驰和小转大形成的转折点称为第一类买卖点外,我们把盘整背驰、线段类盘整背驰和线段类趋势背驰等背驰结构的转折点称为准一类买卖点。

2. 盘整背驰形成的准一类买卖点

(1)不存在类中枢和第三类买卖点的盘整背驰形成的准一类买卖点。

(2)存在类中枢无第三类买卖点的盘整背驰形成的准一类买卖点。

(3)存在类中枢和第三类卖点的盘整背驰形成的准一类卖点。

(4)无线段类中枢有第三类买卖点的盘整背驰产生的准一类买卖点。

(5)无三类买卖点的盘整背驰小转大形成的准一类买卖点。

(6)有三类买卖点的盘整背驰小转大形成的准一类买卖点。

3. 线段类趋势背驰形成的准一类买卖点。

4. 线段类盘整背驰形成的准一类买卖点。

以上四种背驰结构中首选趋势背驰形成的第一类买点,其次是盘整背驰形成的准第一类买点。至于线段类的准一类买点,只能是当作次级别以下的转折点,也可能会出现在小转大的终结情况中或者出现区间套的最小级别的定位中。

对于上面的几种结构,大家可以去画一下图。不知道如何画的可以联系我(微信号 houdezaizhi)。

7.4.2 第一类买卖点的定位方法

缠师说过,任何级别的任何一类买卖点,实质上都是某一级别的第一类买卖点。所以对第一类买卖点的介入方法的掌握就变得尤为重要了。

任何一个级别的背驰段上,区间套次级别走势类型也要出现上面介绍的趋势背驰或者盘整背驰才能终结。

7.4.2.1 趋势背驰结构买卖点的定位方法

1. 在本级别形成两个以上中枢时,最后一个出中枢的次级别走势类型即为这个级别趋势背驰的背驰段。

2. 当这个背驰段创新高或新低而背驰段没有解除的情况下,我们要将观察的级别放到次级别上,看次级别上是否形成趋势背驰或者盘整背驰。

3. 如果次级别背驰点出现时,本级别仍然处于背驰状态,则这个背驰点即是我们要找的本级别的背驰点。这个背驰点的精确定位就是最小分析基本图上的顶底分型的第二元素的极限点,可以用分型的性质来辅助判断。

4. 如果次级别背驰点出现时,本级别背驰段已经解除,则这个背驰点只是一个次级别的背驰点,而不是我们要找的本级别的背驰点。

趋势背驰结构买卖点的定位的充要条件是在本级别以下各级别上都要存在背驰结构:

(1)本级别趋势背驰 + 次级别趋势背驰 = 第一类买卖点

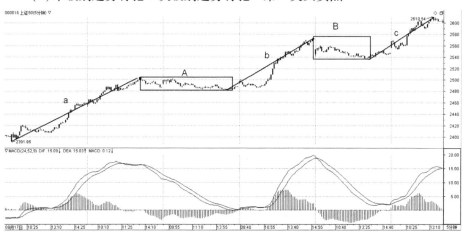

图 7 - 9

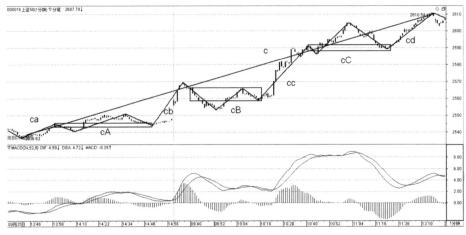

图 7 – 10

　　例如,在 5 分钟图上如图 7 – 9 的背驰结构 a + A + b + B + c 出现后,在背驰段 c 创新高后,将 K 线图切换到 1 分钟 K 线图上如图 7 – 10。在 1 分钟 K 线图上,从 c 段的起始位置开始,也形成了背驰结构 ca + cA + cb + cB + cc + cC + cd 后,在最后的背驰段 cd 上找转折性分型,确认第一类卖点。

　　这个第一类卖点出现时,要符合 cd 内部背驰 + cd 与 cc 趋势背驰 + c 与 b 趋势背驰。即这个买点要符合区间套的关系。

　　对于第一类买点反过来就是了。

　　下面几种情况可以用类似的方法来确定买入点。

　　(2)本级别趋势背驰 + 次级别盘整背驰 = 第一类买卖点,如图 7 – 11 所示。

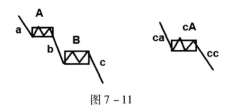

图 7 – 11

　　c 是本级别图上背驰段,c 段在次级别图上的盘整背驰出现后,找转折性分型定买点。

　　(3)本级别趋势背驰 + 次级别线段类趋势背驰 = 第一类买卖点,如图 7 – 12 所示。

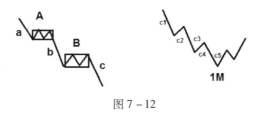

图 7 – 12

c 是本级别图上背驰段,c 段在次级别图上的线段类趋势背驰出现后,找转折性分型定买点。

（4）本级别趋势背驰 + 次级别线段类盘整背驰 = 第一类买卖点,如图 7 – 13 所示。

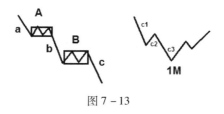

图 7 – 13

c 是本级别图上背驰段,c 段在次级别图上的线段类盘整背驰出现后,找转折性分型定买点。

（5）本级别趋势背驰 + 次级别小转大 = 第一类买卖点,如图 7 – 14 所示。

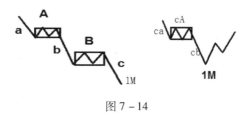

图 7 – 14

c 是本级别图上的背驰段,c 段在次级别图上出现小转大结构后,找次级别第二类买点。

缠师答疑:

Q:尾盘跳水,把心态搞坏了,原来以为会周一再调整的,600500 也看不出背驰结果直线就下来了?

A:如图 7 – 15 所示,这是一个典型的 1 分钟图上小级别转大级别,中间有一个小平台。

图 7 – 15

（6）本级别趋势背驰 + 次级别中枢逆转 = 第一类买卖点，如图 7 – 16 所示。

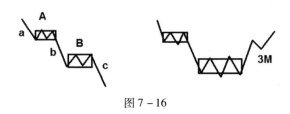

图 7 – 16

c 是本级别图上的背驰段，c 段在次级别图上出现中枢逆转结构后，找次级别第三类买点。

7.4.2.2　小转大终结结构的处理方法

找第二类买点买入更安全。如图 7 – 17 所示。

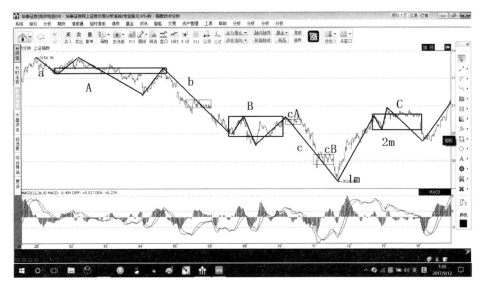

图 7 - 17

"小转大"。通常只会在大级别处于背驰段上或者在急跌急涨中出现。

1. 可以在趋势走势类型的背驰段上发生；

2. 可以在盘整走势类型的背驰段上发生；

3. 可以在线段类趋势背驰的背驰段上发生；

4. 也可以在线段类盘整背驰的背驰段上发生。

7.4.2.3 盘整背驰准一类买点的定位方法（如图 7 - 18 所示）

图 7 - 18

在次级别进入背驰段后,有两种介入方式:

一种是像上面介绍的趋势背驰结构用区间套的方法去找精确的买入点。另一种是用底分型性质确认买入点。如果对盘整背驰把握不好的,可以用第二类买点买入更安全。

7.4.3 第一类买卖点后走势的完全分类见第 4 章各种类型背驰后走势的完全

265

分类

7.4.4 第一类卖点卖出后的回补

1. 趋势背驰产生的第一类卖点卖出后,原则上不再进行回补。因为我们不参与操作级别以上级别的盘整。我们从趋势背驰后走势的完全分类可知,趋势背驰后大概率会走出一个更大级别的盘整走势类型。

2. 盘整背驰产生了准一类卖点后,若是跌回中枢,可以选择回补,因为第一个中枢后的盘整背驰很多时候是试图离开中枢的力量不足而被拉回,之后还是有可能继续延伸向上的。当回补回来之后,关键看是否能继续创新高,如果不能,果断扔掉。如图7-19所示。

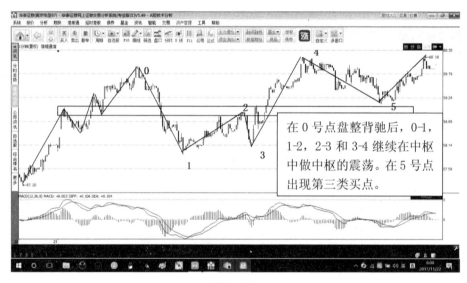

图 7 - 19

如果在第一个中枢盘整背驰后出现第三类买点时,一定要回补。回补的条件是在小级别上找第一类买点,包括盘整背驰后的准一类买点。

3. 线段类趋势背驰和线段类盘整背驰产生的准一类卖点出现时,由于没有出现我们的操作级别的卖点,可卖可不卖,如果卖出后,一定要及时回补,因为中枢都没有形成,行情没有走完。

7.5 第二类买卖点

所谓第二类买点,就是第一类买点的次级别上涨结束后再次探底不创新低的那个次级别走势的结束点。

如果你已经对背驰很熟悉,最好当然是第一类买点。第二类买点对不熟悉的人好一点,至少可以避免判断错背驰在下跌中买股票的风险。

趋势背驰的第一类卖点后一个次级别下跌结束后,接一个次级别反抽,反抽不创新高的结束点即为第二类卖点。

这里的第二类买卖点既包括趋势背驰形成后的第二类买卖点,也包括盘整背驰后的第二类买卖点。

对一个操作者来说,第二类卖点不走,那就是节奏错误,那后面就没有资金等待买点。

还有一种第二类买卖点的情况就是小转大的情况。一般来说,从高点的一个次级别向下、再一个次级别向上,如果不创新高就构成第二类卖点。而买点的情况反过来就是了。

7.5.1 第二类买卖点的完全分类

1. 标准的趋势背驰形成的第二类买卖点。

2. 非标准趋势背驰形成的第二类买卖点。

3. 一个趋势走势类型中最后一个中枢小转大形成的第二类买卖点。

4. 趋势背驰后的第二三类买卖点重合形成的第二类买卖点。

7.5.1.1 标准的趋势背驰结构产生的第二类买点的强弱分类

第二类买点产生的位置对后期走势的强度有重要参考意义。第二类买点,不必然出现在中枢的上或下,可以在任何位置出现。

1. 第二类买点在最后一个下跌中枢的下方出现的,其后的力度就值得怀疑了,出现扩张性中枢的可能性极大,如图7-20和7-21所示。

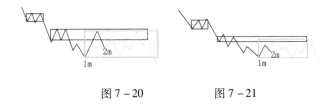

图7-20   图7-21

2. 第二类买点在最后一个下跌中枢的范围内

(1)出现中枢新生的情况,如图7-22所示。

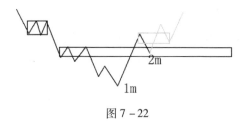

图 7－22

（2）出现中枢扩张的情况，如图 7－23 所示。

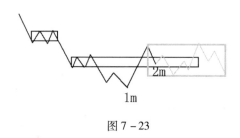

图 7－23

站在原来下跌最后一个中枢的角度，第一、二、三类买点都可以看成是中枢震荡的结果，因此，在第二类与第三类之间，可能会存在着更多的中枢震荡走势，不一定如第一、二之间是紧接的。那第二类与第三类买点之间的震荡买点，一般就不给特别的名称了，当然，也可以看成是第二类买点，这样并没有多大的影响。

注意，只有在这回升的中阴状态下才有第一、二类买点，中阴状态结束后，所有的中枢震荡只存在第三类买卖点以及中枢震荡的买卖点。

一般的情况是第一类买点最低，第二类次之，之后的走势完全可以演化成一个线段类的上涨，只要不出现中枢，那这个向中枢移动的过程就可以一直进行下去。

当中枢形成后，在出现第三类买卖点前，本质上在该级别内是不存在缠中说禅的第一、二类买卖点的，中枢震荡中的操作方法所对应的买卖点不是本级别的三类买卖点，但对操作来说，只要本级别第三类买卖点没有出现，就可以按照向上段结束抛出筹码，向下段结束买入筹码的方法进行操作。

3. 第二类买点在最后一个下跌中枢的上方出现，中枢新生的机会就很大了。如图 7－24 所示。

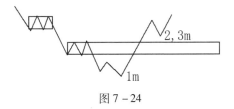

图 7 – 24

这是最强的走势,这情况,一般都对应 V 型反转的快速回升,是最有力度的。

无论哪种情况,赢利是必然的。

第二类买卖点,站在走势中枢形成的角度,其意义就是必然要形成更大级别的走势中枢,因为后面至少还有一段次级别走势且必然与前两段有重叠。所以,无论如何,当出现第二类买卖点时,绝对可以操作。

7.5.2 第二类买卖点的定位

7.5.2.1 用区间套的方法定位

任何级别的买点都是小级别的第一类买卖点,可以将形成第二类买卖点的次级别回抽走势段放到次级别走势图上去考察,使用第一类买点的方式进行买入。这个第一类买点一般都是盘整背驰形成的准一类买点,当然也包括小级别的小转大形成的第一类买点。

7.5.2.2 用 MACD 回抽 0 轴的方法

缠中说缠的 MACD 定律:第一类买点都是在 0 轴之下趋势背驰形成的,第二类买点都是第一次上 0 轴后回抽确认形成的。卖点的情况就反过来。

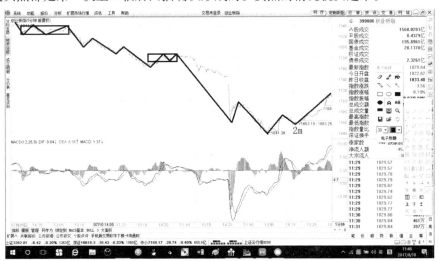

图 7 – 25

1. 因此,第一次大洗盘让 MACD 日线第一次回拉 0 轴后一定要买回来,后面就算是背驰的情况,还有创新高的机会。而且还存在不背驰的情况,那就厉害了。

一般来说,黄白线在 0 轴上创新高,则本级别不背驰,那么次级别调整后还能有新高。

2. MACD 第一次下穿 0 轴是主跌 a 段,之后 0 轴具有强阻力作用。黄白线在 0 轴下创新低,则反弹是第二类卖点,之后还有新低,尤其是一卖下来的第一笔。

在 0 轴之下,第一次回抽 0 轴时,一定不要买入,因为还有一次离开 0 轴的过程,如图 7-25 所示,这时买入等于是在徒手接飞刀。也就是说 MACD 在 0 轴以下第一次出红柱子,一旦上冲没力,一定要走。

7.5.3 第二类卖点后走势的完全分类

1. 标准趋势背驰后的第二类卖点

(1)第二类卖点后回到最后一个中枢范围内使得最后那个中枢的级别扩展。

(2)第二三类卖点重合,之后回到最后一个中枢范围内,然后形成更大级别的盘整。

2. 非标准的趋势背驰后的第二类卖点

(1)第三类买点后出现第二类卖点后回到最后一个上涨中枢范围内,使得中枢级别发生扩展。

(2)无第三类买点就出现第二类卖点后做中枢延伸。

(3)小转大后形成的第二类买点按中枢震荡处理。

7.5.4 第二类买卖点的用法

遇到政策性利空时,开盘大幅度低开后,第一次次级别回拉不破顶或盘整背驰将构成最好的小级别的第二类卖点,这类卖点往往是突发事件中最好的逃命点。

这里必须强调突发消息对市场走势以及操作的影响是不必过于在意的,本质上,任何突发的消息,不过增加了一个市场预期的当下分力,因此,最终还是要看合力本身,或者说是市场走势本身。

一般情况下,由于背驰的精确定位需要用区间套的方法,所以突发消息,最不幸的,就是在这精确定位期间出现,例如这次 530,就是这样。当然,这是一种小概率事件,更多情况,突发消息在背驰的精确定位后出现,这样突发消息对操作的影响就是 0 了。

对于那种最不幸的情况,用一个第二类卖点就足以应付,因此,突发消息出来后,在实际的操作中就不能放过这第二类卖点。不过要注意,并不是任何第二类卖点都需要反应的,这和级别有关。如果你是 5 分钟级别操作的,如果某突发消息连一个1分钟的中枢都没破坏,只制造了1分钟以下级别的震荡,那么在所谓的第二类卖点,也是不用管的。原则很简单,任何消息,都只是分力,关键是看对合力的影响,看它破坏了多大级别的走势,这一切都反映在实际走势中,看图作业就可以了。

注意,突发消息破坏的级别越大,越不一定等相应级别的第二类卖点。例如,一个向下缺口把一个日线级别的上涨给破坏了,那么,消息出来当天盘中的1分钟,甚至线段的第二类卖点,都是一个好的走人机会,如果要等日线级别的第二类卖点,可能就要等很长时间,而且点位甚至还比不上这一点,因为走势是逐步按级别生长出来的。

还有,级别只是区分可操作空间的,为什么按级别?因为级别大,操作空间通常情况下就大。但在快速变动的行情中,一个5分钟的走势类型就可以跌个50%,因此,一个这样的5分钟底背驰,其反弹的空间就比一般情况下30分钟级别的都大,这时候,即使你是按30分钟操作的,也可以按5分钟级别进入,而不必坐等30分钟买点了。

下面我们就看看缠师是如何应对530印花税出台当日行情的

政策出台后,缠师一大早7点不到就发帖子提醒大家要在第二、三类卖点把仓位减掉。注意,为什么同时强调第三类卖点,因为有些特别弱的股票,可能就是一个第三类卖点,大盘的走势是一个平均走势,而且当天比很多个股都强,所以大盘是第二类卖点,并不意味着个股是第二类卖点。

很多人大概到现在都不明白为什么缠论中要有三类卖点,其实,第二类卖点除了在小级别转大级别上比第一类卖点优越,在一些特殊的突发情况下,就是最佳的卖点。例如这次,就是一个很好的例子。因为529那天,虽然30分钟明显进入背驰段,但由于当天尾盘是高收的,所以用区间套定理并不能确认当时就是背驰了,毕竟还有第二天的走势。而晚上的突发消息,使得这个背驰被立刻确认,这时候,第一类卖点已经不可能在实际操作中存在,那么,唯一可以进行操作的,只能是第二或第三类卖点。这,在开盘前就可以有一个确定,也就是说,一旦大幅度低开,现实的、能被理论完全保证的卖点就是第二类或第三类卖点。

530那天的1分钟走势图如图7-26所示。

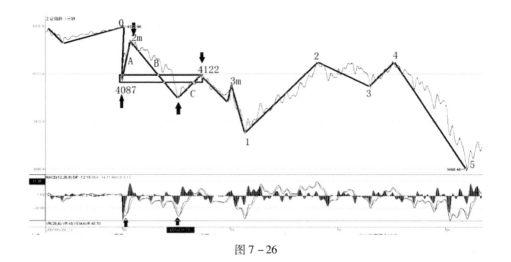

图 7 - 26

缺口,被看成最低级别的,而1分钟以下级别,在1分钟图上,被看成没有内部结构的线段,所以缺口和1分钟以下级别在1分钟图上是同级别的。

图上绿尖头都指着两个1分钟以下级别的分界点,两相邻绿箭头之间都是1分钟以下级别的走势类型。其中B段,看似要形成3个1分钟的中枢,但由于每一个的第三段其实都是向下倾斜下去的,其实都是第二段向下的一部分,不能算是形成中枢。当天走势其实就这么简单,就是5个1分钟以下走势类型的组合。

显然,这第一段的1分钟以下级别走势类型是以向下缺口的形式构成的,根据第二类卖点的定义就知道,一旦一个1分钟以下级别的向上过程不能创新高或背驰,都将构成第二类卖点。因此,当图中A段走势出现时,一个构成第二类卖点的走势就当下地形成了。

怎么知道这A段一定构成第二类卖点而不是直接创新高强烈上升,这很简单,具体的方法和区间套定理是一样的,就是看A段的内部结构,一旦内部出现背驰而当时位置没创新高或与前面走势产生盘整顶背驰,那么就一定是第二类卖点。

在具体走势中,A段在内部出现上下上的内部结构时,其中的第二段向上明显出现背驰走势,这可以从成交量,或从第一个红箭头所指的MACD绿柱子与后面红柱子绝对值大小比较来辅助判断。因此,这个第二类卖点,可以用理论完全明确地确认,一点含糊的地方都不会有。

第二类卖点后,从第二个绿箭头开始的B段走势,其力度就要和缺口那一段来对比,比较MACD上两个红箭头指的绿柱子面积,注意,第二个要把前面的三个小绿柱子面积也加上,可以看出,即使这样,后者的力度也大不过前者,由此就知道,B段构成了盘整背驰,也就是后面的反弹一定回到第一个绿箭头位置之上。(注意,这里是1分钟以下级别的力度对比,只需要比较柱子面积,如果是1分钟级别的,就要同时考虑黄白线回抽0轴的情况。)而后面C段的走势也证明了这一点。

C段的高点,用C段下方对应的MACD柱子高度对比不难用背驰的方法判断。由此,ABC三段就有了重叠,因此就构成了一个1分钟的中枢,区间在4087到4122点。这就成了直到后面、包括第二天走势的最关键地方,究竟是中枢震荡,还是形成第三类买卖点,进而构成更大中枢或趋势,都以此为基准。而这是被理论所当下严格保证,毫无可以含糊的地方。

C段的高点,没有重回B段内部最后一个反弹的起始位置,这并不违反理论,因为在B段内部,最后一段向下并没有背驰,它的转折,完全是小级别转大级别造成的(由于级别太小,可以从柱子的缩短参考看出),这自然就不一定能回到最后一个反弹的起始位置。而在B段内部,从绿柱子一个比一个面积大,就知道前面的向下都不会形成背驰而使B段结束,因此就可以当下地等待最后跌破A段低点,形成B段与缺口段的盘整背驰。

这说明,一个大的盘整背驰段的内部结构,完全可以不必有该级别的背驰,完全可以小级别转大级别,那天的图上就有这样一个标准的例子。

实际操作中,第二类卖点后,B段盘整背驰造成的买点是否要参与回补,这和你操作级别有关,如果是股指期货,这对应的是100点的空间,当然是可以参与的,但由于T+0,而且现在交易成本提高了,对于股票是否参与,这就与你实际操作的股票有关了,这必须根据自己的情况灵活处理。但只要你明白了小级别的情况,大级别的操作是一样的,而且大级别的安全性、可操作性更高,操作的频率也更低而已。缠师这里给出的例子,只是让大家对理论能更清楚地了解。

为什么一定要到第三类卖点才卖股票?第一、二类时去哪了?

从今天的走势,就知道为什么缠论里要分第一、二、三买卖点。像530这种突然的事情,可能让第一卖点给错过了,但第二卖点是不会错过的。实际图形上,如果你认不出第二类卖点,或者知道没操作,那么学习就比较失败了,还要努力。缠论是实战的,在第二类卖点走,即使不知道什么消息,和高位比也差不了多少,有些股票今天还新高,可以对照不同股票的图形感受一下第二类卖点在这种突发事件中的实用之处。

7.6 出中枢的买卖点

在第一个上涨中枢形成后,向上离开中枢的那个买点叫出中枢的买点,反之叫出中枢的卖点。缠师把这个点也称为第二类买卖点或类第二类买卖点。

缠师说过，中枢上移过程中不能打短差，要满仓操作。可见这个买点是一个非常重要的买点。

当第二类买点错过了，可以在出中枢买点介入。

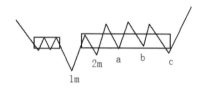

图 7 - 27

同一个中枢的出中枢的买点可能会不止一个，如图 7 - 27 所示，第二类买点后，a，b 和 c 都是出中枢的买点。所以出中枢的买点介入后，要有做中枢震荡的心理准备。只有最后一个才是出中枢的那个，出中枢的时候一般伴有成交量的放出。

7.6.1 出中枢买点的介入方法

1. 区间套买点：将次级别回抽段放到次级别图上观察，用盘整背驰或线段类盘整背驰的准一类买点定位买入。

2. 从 0 轴很低的位置回到 0 轴上然后一个双回试回 0 轴，典型的启动形态。

缠师答疑：

Q：今天 600836 这样的超强的股票如何把握？

图 7 - 28

A:如图7-28所示,今天14点半,是一个典型的1分钟上涨,第一个中枢后,在0轴上回抽构成第二类买点的例子,如果在那时候买了,你算又学了点东西。根本不存在追高的问题。如果拉起来再买,那就没必要了。(这里的第二类买点就是我们所说的出中枢的买点)

所谓超强的股票,主要是它在第一、二类买点的时候你没发现而已,没什么特别的。该股30分钟的第一类买点在1月4日10点左右。第二类买点在1月18日的11点,都很容易发现的。

7.6.2　出中枢买点后走势的完全分类

1. 出中枢买点后出现快速上升的一个次级别走势类型,如图7-29所示。

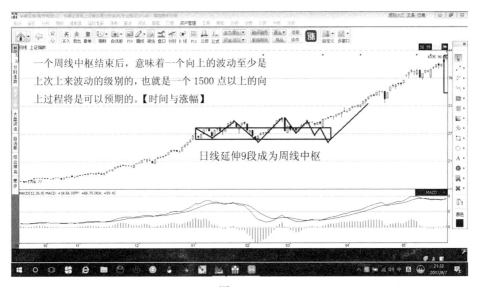

图7-29

2. 向上离开中枢出现盘整背驰。这种情况出中枢买点买入后先按中枢震荡来处理,如图7-30所示。

图 7 - 30

出中枢的买点等于做大周期的中枢震荡,因为买点不止一个,只有最后一个才是出中枢的。

出中枢的卖点反过来就是了。

7.7 第三类买卖点

第三类买卖点定理:一个次级别走势类型向上离开缠中说禅走势中枢,然后以一个次级别走势类型回试,其低点不跌破 ZG,则构成第三类买点;一个次级别走势类型向下离开缠中说禅走势中枢,然后以一个次级别走势类型回抽,其高点不升破 ZD,则构成第三类卖点。

第三类买卖点的出现就意味着中枢的终结。

定义解析:

1. 第三类买卖点必须是次级别地离开中枢,然后一个次级别回抽才能成立。也就是说如果回抽只是小级别的,而没有达到次级别,则第三类买卖点不成立。

如缠师答疑:

Q:为什么第三买点不是 33?

A:如图 7 - 31 所示,如果是 33,前面离开的一分钟走势就是未完成的。可是现在,离开是 27 - 32,回抽是 32 - 35,都是标准的 1 分钟走势类型。

图 7-31

2. 第三类买卖点必须是次级别的离开中枢,然后一次级别回抽才能成立。如果回抽的级别大于次级别,那么回抽的结束点也不是第三类买卖点。这种情况就演化成中枢的扩展或趋势延伸中的新中枢等情况了。

3. 操作时一切都必须等图形当下走出来。

第三类买卖点,必须是回拉的力度没有离开的力度大才可能形成。如果回拉走势都没有出来,怎么可能预判? 离开的力度大,如果回拉的力度更大,那当然就不形成第三类买卖点。所以一切都必须等图形当下走出来。

4. 在某一级别走势中不是任何该级别中枢上面都有第三类买点的。

比如,一个次级别走势离开该中枢后,小级别发生背驰后形成该级别的第一类卖点,然后直接回头跌破中枢,这种情况就不存在第三类买点了。

7.7.1 第三类买卖点的形成方式与其后走势的强弱有直接的关系

1. 标准趋势背驰后,形成第二、三类买卖点重合的第三类买卖点的力度是最强的。如图 7-32 和图 7-33 所示。

在第一类买点形成后快速上涨脱离最后一个下跌中枢,其后空方的第一次反扑不进入最后一个下跌中枢的点,称之为第二三类买点重合。

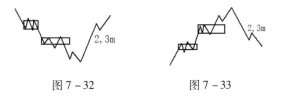

图 7-32   图 7-33

277

2. 非标准趋势背驰后,形成第二、三类买卖点重合的第三类买卖点的力度是次强的。如图 7 - 34 和图 7 - 35 所示。

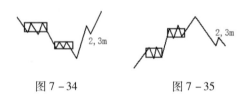

图 7 - 34   图 7 - 35

操作首选二三类买点重合的做,买入后如果出现线段类盘整背驰,坚决卖出。

3. 趋势背驰后,第一个反向中枢形成后,不做中枢的延伸,而是立即形成第三类买卖点,则这个第三类买卖点的力度是较强的。如图 7 - 36 和图 7 - 37 所示。

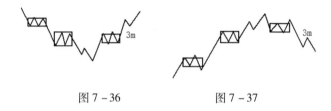

图 7 - 36   图 7 - 37

操作上第一个中枢的第三类卖点是该级别操作最后的走人机会。反之,第一个上涨中枢形成后,出现的第三类买点是这个级别最后的介入机会。

图 7 - 38

第一个上涨中枢后的第三类买点介入后,要防止小转大直接出现第二类卖点。如图 7 – 38 所示。

4. 趋势背驰后,第一个反向中枢形成后,立即形成第三类卖点,则这个第三类卖点的力度是较强的。如图 7 – 39 所示,这种情况就是中枢一完成反弹就结束的情况,是抢反弹人最不愿意看到的。

图 7 – 39

5. 趋势背驰后,第一个反向中枢形成后,经过中枢的延伸后,形成的第三类买卖点的力度是一般的。如图 7 – 40 所示。

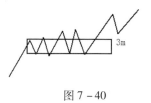

图 7 – 40

对于第三类买卖点,其意义就是对付中枢结束的,一个级别的中枢结束,无非面对两种情况,转成更大的中枢或上涨下跌直到形成新的该级别中枢。第三类买卖点就是告诉什么时候发生这种事情的。

6. 第二个中枢以后,第三类买卖点的力度是最弱的。

如果是那些连续延伸的上涨中第 4、5 个中枢,其第三买点出现中枢扩展就几乎是百分百的事情。第三买点后能否出现上涨趋势而不是更大级别中枢,如何判断,这才是关键。

纯理论上说,一般第二个中枢以后的第三类买点都没有介入价值,你只要持有等到整个走势类型完成就可以,因为根据正确的操作,你必须在第一个中枢的第三类买点就完成最后的介入,以后的都是没多大意义的。

在日线上出现第二个以上中枢时,就别用什么第三类买点了。那时候完全可以用低级别的第一类买点找到中枢震荡的低点。特别是第二次下探的低点。注意这里的逻辑关系,首先买点都是要绝对安全的,在绝对安全的基础上,选择更有效的。

7. 第一个中枢形成后,如果产生的第三类买卖点在中枢的波动 GG(或 DD)范围之外如图 7 - 41,则这个第三类买卖点的力度是较其在 ZG 与 GG 之间(或在 ZD 与 DD 之间)如图 7 - 42 的要强。

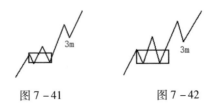

图 7 - 41　　　　　　图 7 - 42

缠师说过,第三类买点在最高价外形成,一般情况下,当然比在最高价下形成的要快点,因为,至少节省了过最高点时的磨蹭。离开中枢的回抽的力度越小,后面可以期待越高。当然,这是一般性的结论,而不是绝对性的。

8. 标准趋势背驰后,中阴阶段形成的第三类买卖点也是不容忽视的。如图 7 - 43 和 7 - 44 所示。

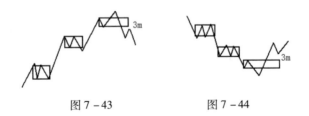

图 7 - 43　　　　　　图 7 - 44

9. 底部反转的一种特殊方式:中枢逆转形成的第三类买卖点。

在最后一个下降中枢形成后,没有向下出中枢的次级别走势段 c,反而向上出中枢即为中枢逆转。如图 7 - 45 所示。

中枢逆转成功的标志是形成第三类买点。如果反转不成功,则会继续进入到原来的中枢中做中枢震荡。如果反转成功,则会在原中枢之上做出一个新的同级别中枢来。

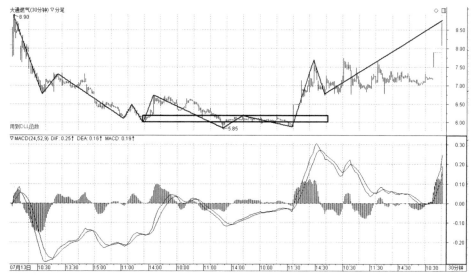

图 7 - 45

7.7.2 第三类买卖点的定位

7.7.2.1 在30分钟图上是找不到精确的30分钟第三类买点的

要找到这个第三类买点,就要先找离开的次级别,然后再找回来的次级别,30分钟的次级别是5分钟的,其次级别至少是3段的1分钟走势类型构成,按这样才能找到的,因此必须去看5分钟图,在30分钟图上是找不到精确的30分钟第三类买点的。这种是区间套买入的一种方法。

第三类买卖点是在次级别上的一次回抽,一般来说在次次级别上表现为二次回抽。也就是说第三类买点就看次次级别的第一类买点。

次次级别的第二次回抽不一定是次级别的最低点。

缠师答疑:

Q:不是说只要中枢高点被触及,就不能算形成中枢新生,而是变成中枢扩张,怎么又变成要两次回试呢?

A:在突破中,第一次很低级别的回抽,只要不跌回中枢里面,而是触及围绕中枢震荡的外围高点,就像这次的2870,那还不能肯定就一定会构成更大级别的中枢。为什么? 因为例如下面的中枢是日线级别的,如果第一次的回拉只是5分钟级别的,那很可能只是上升途中的小级别回拉,只有当次级别的,对日线来说,也就是至少是30分钟级别的回拉触及,才算是构成更大级别的中枢。这个道理其实很简单,想想为什么两个同级别中枢的连接一定是次级别以下的走势,就明白了。

第三类买点的结束位置不一定是整个回拉的最低位置。因为一个次次级别的三段回来,第 3 段并不一定创新低。

在复杂的回拉中,还有三角形 5 段回拉的,只要最后一次回拉不回到原来的中枢就可以了。

600637 在 1 月 17 日,是一个三段 30 分钟回拉的日线第三类买点。如图 7 - 46 和图 7 - 47 所示。

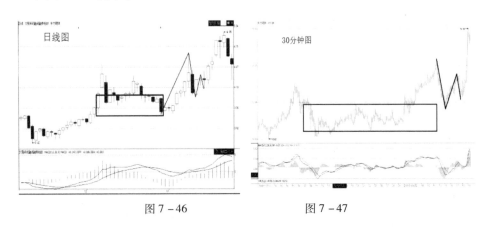

图 7 - 46   图 7 - 47

缠师答疑:

Q:13:35 的那个回抽到 2809 的为什么不是第三买点? 是不是跌回 2811 的中枢波动区间里去了。所以后来的那个 1351 再次回抽,然后形成第三买点。

图 7 - 48

A:若形成第三类买点,至少是一个次级别的回抽,所以至少在分时图上有三段下上下。如图7-48所示。

7.7.2.2 区间套买入法

1. 要找日线的第三类买点就看一个30分钟的回抽,而该回抽低点,就看5分钟的背驰,必须三个级别共同来才可以。

第三类买点一定要等到次级别的背驰或次次级别的双次回拉确认。日线的第三类买点至少是一个30分钟的回拉,不可能是一天完成的。一般日线第三类买点突破,都有至少20%以上的涨幅,等30分钟背驰就出来,换别的第三类买点的,这样来回几次,资金利用率就高了。

2. 任何买点的本质都是第一类买点,可以将背驰段放到次级别走势图上,使用第一类买点的方式进行买入。

缠师答疑:

Q:今天600832算不算离开了30分钟级别的中枢,而且5分钟一个走势类型的回调没有回到中枢内。我判断的中枢是11.55-10.96对吗?

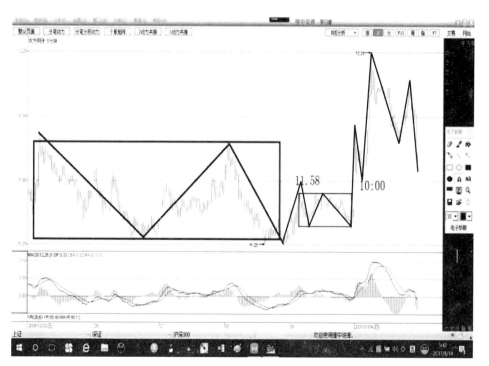

图7-49

A：如图 7 - 49 所示，该股在 5 分钟图上，今天早上 9 点半到 10 点，就是一个典型的离开中枢进一步形成趋势的走势，相应在 10 点，有一个典型的 5 分钟上的第三类买点。

后面 5 分钟图上的上升就是很自然的，由于这个买点是 5 分钟，所以可操作的空间不大，如果是 T + 0 当然没问题，所以 1 分钟、5 分钟的图，一般都只能用来每天的对冲操作。真正有隔天操作意义的，至少是 30 分钟图。

站在 5 分钟图的角度，11.58 元是一个关键位置，该位置不能触及，这样就能形成一个 5 分钟的上涨，进而逐步带出 30 分钟走势的变化。否则，就要玩盘整转上涨的游戏，这样，至少在 5 分钟图上又开始盘整，等待下一个突破契机了。

图 7 - 50

在 30 分钟图上，如图 7 - 50 所示，并没形成中枢的离开，因为有重叠。

7.7.2.3 遇到利空时跳空低开后连续三次冲高都补不了缺口，必然要形成第三类卖点向下寻底。如图 7 - 51 所示。

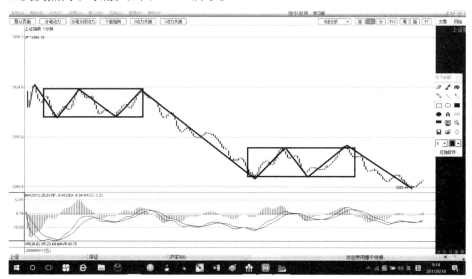

图 7 - 51

7.7.2.4 MACD 双次回拉不能上穿 0 轴,形成小级别的第三类卖点

缠师解盘:昨天 13:40 分开始的下跌趋势把 MACD 黄白带到 0 轴之下并远远离开 0 轴。今天 9:30,如图 7 - 52 所示,黄白线和柱子都是最低,然后出现三波的反抽,9:50 结束,第三波十分弱,但 MACD 的黄白线已经重新拉回 0 轴附近。其后出现第二轮下跌,一直到 10:57,和上一轮比,MACD 没创新低,引起标准的背驰。

图 7 - 52

注意,MACD 在 10:17 更靠近 0 轴,然后再破位,在 10:56 达到 2720 点,但 MACD 没创新低,标准的背驰。这叫双次拉回,一般双次拉回都上不去,一定有再次下跌的。一般这种双次回拉的第二次,都是构成下跌中的第一个中枢,特别在跌破前面中枢后,这其实刚好构成一个标准的最小级别的第三类卖点。

7.7.3 第三类买卖点后走势的完全分类

一个级别的中枢结束,无非面对两种情况,转成更大的中枢或上涨下跌直到形成新的该级别中枢。

7.7.3.1 第三类买点后出现线段类盘整背驰

1. 下跌中枢形成的第三类买点后出现线段类盘整背驰。如图 7 - 53 所示。

图 7 - 53

2. 上涨中枢形成的第三类买点后出现线段类盘整背驰。如图 7 - 54 所示。

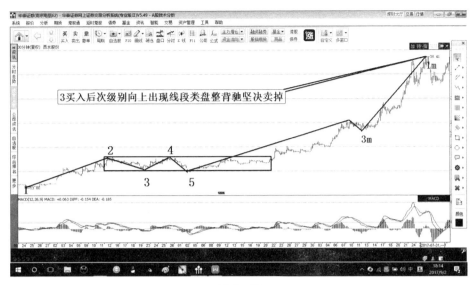

图 7 - 54

3. 第三类买点后出现第二类卖点使得级别得以生长。如图 7 - 55 所示。

图 7 - 55

4. 第二三类买点重合的股票,买入后也有不创新高形成第二类卖点的可能,如图 7 - 56 所示。

287

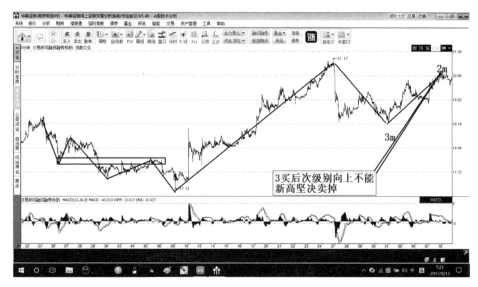

图 7 - 56

7.7.3.2 第三类买点后离开中枢,产生中枢的移动,形成第二个同级别的中枢

1. 第三类买点不参与新中枢的构造,如图 7 - 57 所示。

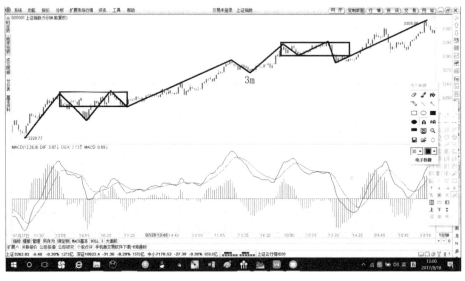

图 7 - 57

2. 第三类买卖点参与新中枢的构造。

缠师解盘:今天(2008 - 02 - 25)的走势如图 7 - 58 所示,一开始就跌破上周

的 1 分钟中枢,反弹只能回到三个类中枢类下跌的最后一个,超级弱,因此跌破一点都不奇怪。早上那最大的反弹构成第三类卖点,然后继续下跌,下午那波反弹完成第二个 1 分钟中枢的构造,所以,4695 点下来的走势,肯定至少是 1 分钟级别的下跌了。

短线的机会,在这个 1 分钟下跌背驰后构成 5 分钟中枢的那个反弹,当然,这反弹有多大力度,就看其后的基本面情况了。最坏的情况,这反弹就在今天所构成的 1 分钟中枢范围内结束,然后构成 5 分钟下跌的第一个中枢,一旦出现这种情况,后面的下跌还要猛烈。

但一定要注意,底部不是一天构成的,必然会来回折腾,因此,操作上一定要把握节奏,在底部震荡中就把成本降下来,一旦行情真启动,个股刚开始涨,你的成本已经低了 30%,这样不是最美妙的事情吗?

图 7 - 58

7.7.3.3 弱三买之后可以形成中枢的新生,如图 7 - 59 所示,也可以形成中枢的扩展,如图 7 - 60 所示。

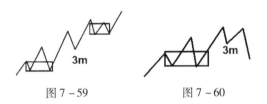

图 7 - 59　　　　　图 7 - 60

1. 第三卖点后中枢扩展,形成更大级别的中枢

缠师解盘:昨天 4087 – 4122 的中枢,今天一大早的上冲没有触及 4087 点,所以就构成了该中枢的第三类卖点。如图 7 – 61 所示,后面三波的下跌,与昨天的 B 段比,明显背驰,其内部,最后一波,在 1 分钟图上,绿柱子明显缩短,所以内部也背驰,根据区间套就可以当下定位 10:02 低点。

第三卖点后不趋势就构成更大中枢,所以现在原来的 1 分钟中枢已经扩张到 5 分钟中枢。区间是 4015 点到 4122 点,后面就是该中枢的震荡直到第三类买卖点出现。就这么简单,一点难度都没有。

图 7 – 61

2. 第三类买点演化为更大级别的中枢震荡

缠师解盘:

如图 7 – 62 所示,今天(2007 – 03 – 12)上周五完成的 30 分钟中枢的延伸过程,只要 5 分钟的回试不跌破 2911 的中枢上沿,那么就要形成第三类买点,至于后面是形成中枢新生而延续上涨,还是中枢的扩展成日线级别,自然就走出来了,无须预测。

图 7 - 62

今天整天就是对2911中枢上的震荡,早上的跳水看似恐怖,但却在2911附近止住,证明其向上的动力还是强的。但由于没在2911之上,所以还不能算是第三类买点。然后又是一个5分钟的向上,明天只要任何5分钟的回拉不跌破2911,又形成新的第三类买点。但后面并不意味着一定继续上扬,特别是第二个中枢后,演化成更大级别的中枢,也就是日线中枢的可能是存在的。这一切不用预测,当下看就可以。

第三类买点后,并不必然是趋势,也有进入更大级别盘整的可能,但这种买入之所以必然赢利,就是因为即使是盘整,也会有高点出现。

操作策略很简单,一旦不能出现趋势,一定要在盘整的高点出掉,这和第一、二类买点的策略是一样的。

没有绝对的规则可以预先区分盘整与趋势的,第三类买点后,必然面对两个选择,就是大级别盘整或一个趋势。问题不是去预测究竟最后走出哪个,这样的思维是有问题的,而是当下走出什么情况立刻采取相应的操作策略。对盘整,就是制定好相应的操作策略,把筹码成本降下来,直到出现第三类买卖点为止。

7.7.4 第三类买点买卖法

1. 选定一个足够去反应的级别,例如,30分钟或5分钟的,或者干脆就用日线级别的,这样选择的目标相对少点,不用太乱。

2. 只介入在该级别出现第三类买点的股票。

3. 买入后:

（1）一旦新的次级别向上出现（线段类）盘整背驰，坚决卖掉。

（2）一旦新的次级别向上不能新高，坚决卖掉。

这样，只要级别足够，肯定是赚钱的。走了以后，股票可能经过二次回抽会走出新的行情，但即使这样也节省了时间，有时间就等于有了介入新股票的机会。

4. 如果股票没出现上面的两种情况，那一定是进入新一轮该级别的中枢上移中，一定要持有到该上移的走势出现背驰后至少卖掉一半，然后一个次级别下来（这里可以回补，但如果有新股票，就没必要了），在一个次级别上去，只要不创新高或新高后（线段类）盘整背驰，就一定要把所有股票出掉。注意，有一个最狠的做法，就是一旦上移出现背驰就全走，这样的前提是你对背驰判断特别有把握，不是半桶水，这样的好处是时间利用率特别高。

5. 尽量只介入第一个中枢的第三类买点。因为第二个中枢以后，形成大级别中枢的概率将大大增加。

6. 本方法，一定不能对任何股票有感情，所有股票，只是烂纸，只是用这套有效方法去把纸变黄金。

走了以后，股票经过盘整可能还会有继续的新的中枢上移，这是否要介入，关键看高一级别中枢的位置，如果该继续是在高一级别中枢上有可能形成第三买卖点，那这介入就有必要，否则就算了。

想快，就学好第三类买点，操作上要把握好两点：

1. 级别不能太小。

2. 一旦出现向上的线段类盘整背驰一定要出来，不介入那些演化成大级别震荡的情况，只持有中枢上移的情况，一旦新中枢成立，马上走人。

走人，第一卖点看背驰，错过了，第二卖点必须走。

学好这招，所有所谓的短线高手都不会是你的对手了。

当然，如果你没这技术，那就别玩高难度的，就玩简单的，把操作级别弄大点。最好就是找有大级别第三类买点的强势股票，这样，大盘只要不一天内大幅下跌，一般都很安全。选股票一定要按技术来找，找有第三类买点的，或至少是刚从第三类买点起来的。

一般按日线第三类买点进入的，只要你资金不太大，而且判断不出问题，离开也及时，而且够勤奋，每天都选好下一个可介入的品种，那么，一月内至少可以操作七八次，一月翻倍并不是太难的事情，当然，前提是你的资金不能太大。

对小级别来说，第三类买点有一定风险，不是买了不涨，而是 t + 1 涨了不一定能抛掉。对于超短线来说，最好的就是下午形成第三类买点的，也就是说，上午还是原中枢的延续，后面起来，下午一个第三买点确认，然后在 14 点后再拉起来。

　　第三类买点比第一、二类要后知后觉,但如果抓得好,往往不用浪费盘整的时间,比较适合短线技术较好的资金。

　　之所以说第三买卖点一定是盈利的是因为到第三买卖点出现时,次级别走势类型最多走了三分之二,还有至少三分之一的走势没有走,而且这个剩下的至少三分之一走势,对买点来说是个上涨的次级别走势类型,所以盈利是有后期的走势来保证的,所以一定是盈利的。

　　缠师解盘:

　　第三类卖点,这就是缠论规范下,短线最后的逃命线。

图 7 – 63

　　技术上,昨天已经把可能的情况进行最严密的分析,就是看那 1 分钟中枢的第三类买卖点情况,如图 7 – 63 所示,今天早上受消息影响低开后,第一小时的反抽刚好构成第三类卖点,这就是缠论规范下,短线最后的逃命线。

7.8　动态把握第三类买卖点

　　必须动态地把握各种概念。例如,第三类卖点,这在不同的情况下,其操作意义显然是不同的。不妨以此为例子,仔细分析一下:

　　1. 在一个大级别的中枢上移中,一个小级别的第三类卖点,唯一注意的,就是这个卖点扩展出来的走势,是否会改变大级别中枢上移本身,这里,根据大级别的走势,不难发现其界限。

　　如图 7 - 64 中的三卖产生后,随即产生线段类盘整背驰,然后一个次级别走势就向上突破了三卖的位置进入到前面下跌中枢的范围内,产生了中枢的扩展。因此三卖后只要不产生中枢的下移,就不会破坏大级别中枢上移的走势。

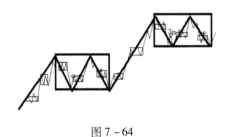

图 7 - 64

　　因此,这种第三类卖点的操作意义就不大,关键是警戒的意义。

　　如果是短线的短差,那也是小级别的中枢震荡中来回操作,因此这第三类卖点也只是构成一个震荡意义的操作点。

　　2. 在一个大级别的中枢下移中,这样一个小级别的第三类卖点,其意义就是这卖点是否让大级别中枢的下移继续,如果继续,那就意味着这里没有任何的操作价值(当然,如果有卖空的,那是另算了)。

　　这类第三类卖点的操作意义基本没有,如果说卖,大级别都中枢下移了,好的卖点估计都过去了 N 的 N 次方个了,也就是说市场已经给你 N 的 N 次方卖的机会,你还没改正,那你大概更适合去卖豆腐了。

　　要使得大级别中枢下移,首先要在小级别上形成中枢的下移,然后在小级别中枢下移结束时,使得大中枢的出中枢的次级别走势段与进中枢的走势段相比不背驰。如图 7 - 65 所示。

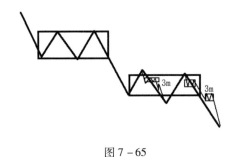

图 7 - 65

　　3. 在一个大级别的中枢震荡中,一个小级别的第三类卖点,其意义就看这是否延伸出大级别的第三类卖点。

在一个大级别的中枢震荡中,要使得一个小级别的第三类卖点演化出大级别的第三类卖点,一定是要在小级别的第三类卖点后产生中枢的下移,小级别结束时,出中枢的次级别走势段与这段之前的那段同方向的次级别走势段相比不发生线段类盘整背驰,然后一个次级别的反抽不进到中枢里来,这种方式形成的。如图7-66所示。

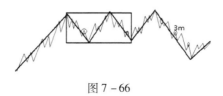

图 7 - 66

在一个大级别的中枢震荡中,一个小级别的第三类卖点,如果不能延伸出大级别的第三类卖点。那么,本质上不构成大的操作机会,只是一个短线震荡机会。而且,很有可能,一个小级别的第三类卖点后,反而延伸出大级别的买点,这在震荡中太常见了。

这种情况是小级别第三类卖点出现后,不产生小级别的中枢下移,而后形成一个反趋势向上出中枢的次级别趋势走势类型,在次级别走势类型结束时,大级别上发生盘整背驰或者发生背驰段解除后形成大级别的第三类买点。如图7-67所示。

图 7 - 67

这种情况是多空通杀中经常用到的一种技巧。通杀,就是要把所有人的舞步搞乱。怎么搞乱? 就是买点卖点轮番转折,而且模式不断变化,让不同的操作模式都被破裂一次。而这种舞步错乱的本质,就是要触及不同的突破、止蚀位置,让止蚀的刚卖出的又回头;刚买入追突破的马上给一巴掌。

关于止损的问题,缠师在回答缠友的疑问时说过,如果你已经能完全熟练地判断各类买卖点,那么就不需要任何特别的"止损"。当然,如果你经常判断错误,"止损"还是需要的,否则把一个大级别的卖点当成买点,那不"止损"会出大问题的。

7.8.1 根据先后以及买卖点的级别,有以下几种情况

1. 大买点后小买点

这种情况,后面的小买点,往往构成相对于大买点的第二次介入机会,但不一定是最精确的机会。因为最精确的机会,一定是符合区间套的,而并不是任何的小级别买点,都必然在大级别买点对应的区间套中。如图7-68所示。

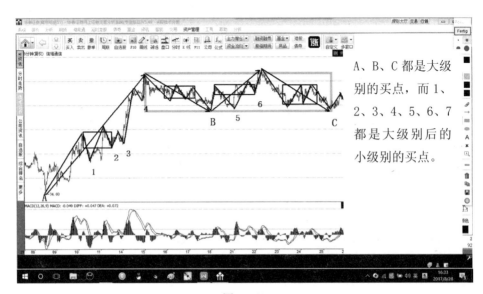

图7-68

也就是说,这种小级别买点,往往会被小级别的波动所跌破,但这种破坏,只要不破坏前面大级别买点所有构造的大级别结构,那就一定会有新的小级别波动,重新回到该买点之上。

大买点后,必然产生相应级别的结构,因为后面的小买点,不过是构造这大结构中的小支架,明白这个道理,相应的操作就很简单了。

2. 大卖点后小卖点

把上面那种情况反过来就是。

3. 大买点后小卖点

如图7-69所示如果两点间有一个大卖点,那么,就可以归到第2种情况去。如果没有,那么这个小卖点后,将有一个小级别的走势去再次考验或者确认这个大买点后形成的大级别结构,只要这个走势不破坏该结构,接着形成的小买点往

往有着大能量,为什么？因为大结构本身的能量将产生重要的力量,一个结构形成后,如果小级别的反过程没有制造出破坏,一种自然的结构延伸力将使得结构被延伸,这是一种重要的力量。

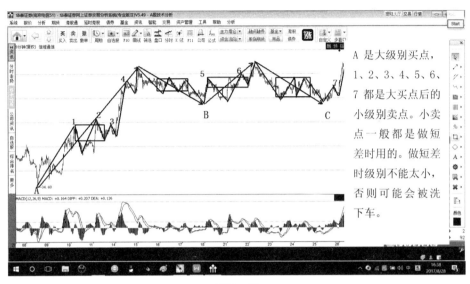

A 是大级别买点,1、2、3、4、5、6、7 都是大买点后的小级别卖点。小卖点一般都是做短差时用的。做短差时级别不能太小,否则可能会被洗下车。

图 7－69

4. 大卖点后小买点,把上面反过来就是。如图 7－70 所示。

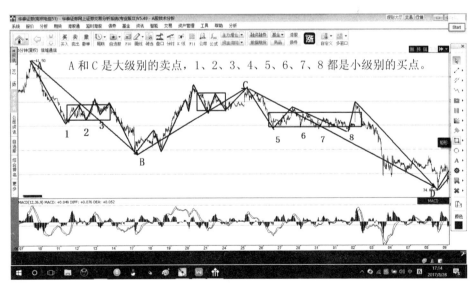

A 和 C 是大级别的卖点、1、2、3、4、5、6、7、8 都是小级别的买点。

图 7－70

5. 大中枢中的小买卖点

在一个大中枢里,是没有大买卖点的,因为出现第三类买卖点,就意味着这中枢被破坏了。这种大中枢中的小买卖点,只会制造中枢震荡。因此,这里买卖点通说,就是这类买卖点,一般不具有小级别的操作意义,这是最容易把多空搞乱的。

但是,其中有一种买卖点,往往具有大级别的操作意义,就是大级别中枢震荡中,次级别的买卖点。

如图 7-71 所示,一个 5 分钟的震荡里面的 1 分钟级别买卖点如 F 和 H,就具有 5 分钟级别的操作意义。因为该买卖点后,无非两种情况:1. 就是继续 5 分钟中枢震荡;2. 刚好这次的次级别买卖点后的次级别走势构成对原中枢的离开后,回抽出第三类买卖点,这样,原来这个买卖点,就有点类第一类买卖点的样子,那第三类买卖点,就有点新走势的类第二类买卖点的样子了。(注意,这只是比喻,不是说这就是大级别的第一、二买卖点。)

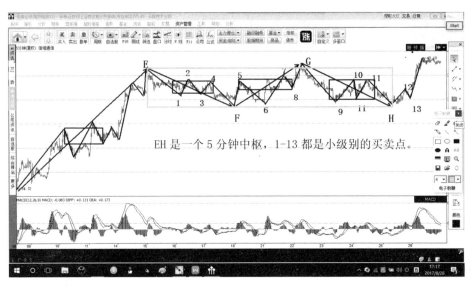

EH 是一个 5 分钟中枢,1-13 都是小级别的买卖点。

图 7-71

注意,有些买卖点的意义是不大的。例如,一个 1 分钟的下跌趋势,在第二个中枢以后,相对的中枢的第三类卖点,就没有什么操作意义了,为什么?前面第一个中枢的第三类卖点哪里去了?趋势本质上就是中枢移动的延续,这种第一个中枢的第三类买卖点,本质上就是最后一个合适的操作的机会,后面那些如果还需要操作,那证明反应有大毛病了。到第二个中枢以后,反而要去看是否这趋势要结束了,例如对上面 1 分钟下跌趋势的例子,跌了两个中枢以后,就要看是否有底背驰了,那时候想的是买点,而不是卖点了。

而且,必须注意,对于趋势的转折来说,例如上面的 1 分钟下跌趋势,最后背驰转折后,第一个上去的线段卖点,很有可能刚好形成最后一个 1 分钟中枢的第三类卖点,这时候,这个卖点,几乎没有任何的操作意义,反而是要考虑下来的那个第二类买点。很多抄底的人,经常在第一次冲起后就给震掉,然后再追高买回来,就是没搞清楚这种关系。

如果你是抄一个 1 分钟级别的底,后面最坏有一个 1 分钟的盘整,连这盘整的格局都没有走势必完美,也就是最基本的三个线段都没形成就跑,不给震出来才怪了。

当然,有一种稳妥的办法,给那些对大级别背驰判断没信心的,就是都在第二类买点介入,当然,实际操作中,你可以完全不管第二类买点形成中的背驰问题,反正第一类买点次级别上去后,次级别回跌,只要不破第一类买点的位置,就介入。这样,只要后面的走势,在下一个次级别不破第一个次级别上去的高点,就坚决卖掉,如果破,就拿着,等待是否出现第三类买点,出现就继续拿着,不出现就卖掉。

按上面的程序,你甚至连背驰的概念都可以不管,所以,分清楚走势类型,其实就可以完美地操作了,其他概念,只是如虎添翼而已。

7.8.2 背驰的操作要看三个级别

缠论给出的各个级别走势类型间是互相关联的。大小级别动力方向一致时,小级别的动力对大级别的发展具有促进作用,二者方向相反时,大级别结构对小级别结构的发展有抑制作用。小级别服从大级别。

买卖点是有级别的,大级别能量没耗尽时,一个小级别的买卖点引发大级别走势的延续,那是最正常不过的。但如果一个小级别的买卖点和大级别的走势方向相反,而该大级别走势没有任何衰竭,这时候参与小级别买卖点,就意味着要冒着大级别走势延续的风险,这是典型的刀口舔血。

1. 5 分钟的背驰是否要走,要根据当时 30 分钟、日线的情况来看,如果大级别在主升段,就算走了也要买回来,如果符合区间套的情况,那就不能随便买回来了。所以根本不存在跌回来怎么办的问题,因为那时候你需要考虑的是买不买,而不是卖不卖。别把节奏搞错了。

2. 如果大级别正在主跌段中,小级别的买点当然就没必要参与了。如果是在 30 分钟跌势的背驰段,那一分钟的背驰可能就构成那精确的底部,这时候就不能够因为是 1 分钟的而忽视了。

缠师答疑：背驰要从大级别往小级别上看，不能只看小级别

Q：有时候在下跌趋势上，一波比一波 MACD 绿柱子都短，面积都小，有时候第二波比第一波小时就认为是背驰，但是后面还有几波，还是跌，怎么找到最后一波，确认那个是背驰啊？

A：MACD 只是辅助，不是全部。你首先要分清楚趋势，如果是趋势造成的背驰，就一定要先确定背驰段，如果 30 分钟是急剧下跌的，1 分钟的背驰又有多大用？关键是先找到大一点级别的背驰段，然后再用小级别的背驰来找精确买点，这才是有用的。像这次大盘，你首先确定目前已经进入 5 分钟的背驰段，然后再按 1 分钟找买点，这才精确。当然，最好就是在 30 分钟的背驰段用 5 分钟找买点，短线这样就比较安全了。

3. 操作要看三个级别

Q：000682 昨天下午收盘时发现 MACD 回抽 0 轴后红柱显著缩小，早上集合竞价出掉了。不过今天好像没怎么下跌。不知这个背驰判断是否正确，卖得早了吗？

A：先把趋势搞清楚，该股日线上在干什么？30 分钟在干什么？才轮到 5 分钟的问题。如图 7 - 72 所示，如果 30 分钟或日线在一个明确的上涨初期时，那 5 分钟的背驰当然不可能制造太大的回挡。对于 3 元多的一个上涨初期的股票，一个 5 分钟的背驰，让它从 3.48 元回到 3.35 元，4% 的幅度，已经足够了，没人告诉说 5 分钟背驰就一定要跌 50% 的。人寿之所以跌得那么多，就是因为背驰前的 5 分钟是一个快速的急拉，因此对称着跌下来了。而 000682 不存在这种情况。

图 7 - 72

如果是超级短线的,用1分钟图,卖了,5分钟后就可以回补,当然前提是T+0而且又重新出现买点。

4. 看技术买点,一定要综合地看,如果30分钟很强的,甚至1分钟的买点也该回补了,但如果30分钟很弱,那至少要等30分钟的买点出现。

首先要判断好大级别的走势,例如日线在上涨中,那1分钟之类的就算走了,一定要及时买回来,而且最好别按1分钟弄,5分钟甚至更长都可以,除非是最后的急促拉抬,那就要配合好1分钟的图形。

大的级别是什么,才考虑1分钟的,除了最后的冲刺以及权证,一般都没必要看1分钟的,当然,1分钟背驰,在盘中肯定有回跌,但关键是这种回跌如果不及时补回来,一下就过去了。所以,除非你每天每秒都趴在股市里,否则太短的短线不一定要弄。

在快速市场中可以用这个,1分钟背驰就把机动的资金撤出来,为下次进攻做准备,而且这部分资金绝对不能追高,而下次的买点,就要看30分钟等的调整情况,要综合判断,不能光一味用1分钟。

为什么今天1分钟就这么好使?因为这是一个快速变动的市场,1分钟的背驰足以引发回头。其实,按最稳健的操作,今天的尾盘就可以把机动资金的一部分退出来,先把这个差价的利润兑现一部分,因为在急剧变动的市场里,下一天的开盘是什么情况,受消息面影响很大,人的心里很浮躁,所以波动特别多。

对背驰的回跌力度,和级别很有关系,如果日线上在上涨的中段刚开始的时候,MACD刚创新高,红柱子伸长力度强劲,这时候5分钟即使出现背驰,其下跌力度显然有限,所以只能打点短差,甚至可以不管。而在日线走势的最后阶段,特别是上涨的延伸阶段,一个1分钟的背驰足以引发暴跌,所以,在不同的时期,对待不同的走势,关注的背驰级别也有所不同。所以这一点必须多级别地综合来考察,绝对不能一看背驰就抛等跌50%,世界上哪里有这样的事情。

缠师答疑:

Q:我今天操作比较失败,早上看势头不对全部出了。不过已经下来一段了,下午看099(000099)在5.70有个1分钟背驰又全仓进去,结果尾盘被死死按在地板上。请问在现在这种情况下,明天一开盘是不是先不计代价先出来,等跌势尽了,形成第二个中枢背驰后再买进。

A:要等背驰才回补。你买的位置不对,如图7-73所示,如果1分钟的下跌已经引发5分钟的主跌,这时候就算有背驰也不能用,为什么?根据区间套,要等5分钟进入背驰段。5分钟是标准的主跌段,所以1分钟上任何的走势,其实意义不大,要找背驰点,一定要至少5分钟进入背驰段,这样才有意义。

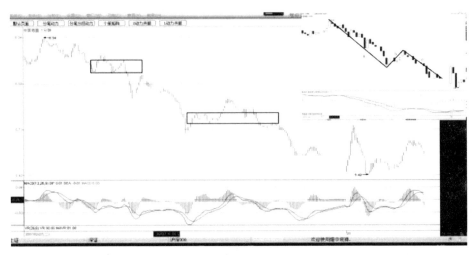

图 7 – 73

5. Q:根据000761本钢5分钟图,以为:02051030 – 02150935A段,之前有个中枢;接下去至02161500B段,构成一个较大的盘整中枢,同时MACD回抽0轴,今天开盘起走C段,上午10:45股价创新高,C段红柱小于A段,想必背驰,想起您说过的有卖点一定要卖的,于是卖了,可收盘咋还创新高了呢?俺的问题出在哪儿啦,那地方不叫背驰吗?

图 7 – 74

A：要搞清楚,背驰必然有调整,但不必然有大调整,如果是盘整背驰,那往往转化成第三类买点。对于小级别的背驰是否产生大调整,必须是从大级别看起,这也是区间套方法所说的。例如5分钟的背驰,你必须先要看30分钟是否有进入背驰段的可能,如图7-74所示,30分钟在主升段的,那5分钟的如图7-75所示,背驰往往就是一个盘中的小调整就完成了,这种背驰就没多大操作的意义了。否则1分钟背驰都每个弄一下,又不知道如何回补,那是很累的。一般这种背驰,盘中对冲一下就可以了。但那些符合区间套的背驰,就要充分注意了。

图7-75

第8章

如何研判当下市场的走势

只有多看图，多磨炼，才能对缠论关于走势的绝对把握性有一个更清楚的认识。

8.1　走势类型连接的多义性分解

图 8 - 1 有个条件，就是 d1 = g2，d2 = g4。

其实这条件有没有，并不影响分析，但有这些条件，就会增加分析的难度。这里，就从 18.5 元(设为 g0)开始分析。

当你以某级别分析图形时，就先假设了次级别是线段。这图里，除了最后一个，其余每一个 dngn、gnd n + 1 都是 1 分钟以下级别的，所以都可以看成没有内部结构的线段。

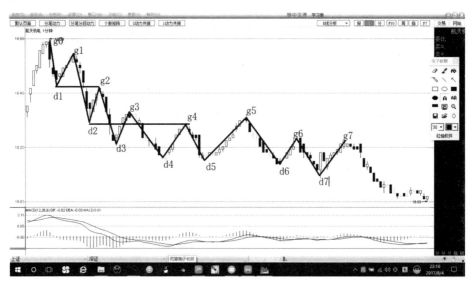

图 8 - 1

注:如果把1分钟图作为最小分析级别图,假设1分钟图上的笔是次级别的"线段",fl为3个"线段"重合形成1分钟级别中枢,即3笔重合形成1分钟中枢,则此时的次级别就是1分钟图上的笔,把这里的笔当作没有内部结构的"线段"来处理,我把这个1分钟中枢叫作笔中枢。

从g0开始,当下地进入图形中。显然,当下走到g1时,由于只有两段,所以不形成任何中枢,当然,如果你是一个分笔操作者,那么g1就构成一个第二类卖点了。

当走势发展到d2时,一个1分钟级别的中枢就形成,区间是[d1,g1]。

后面出现的线段(注:这里的"线段",准确地说是1分钟级别的次级别,也就是笔),就要以该区间来决定是中枢震荡还是第三类买卖点。

当走势发展到g2时,由于d1=g2,那么d2g2这段就属于[d1,g1]中枢的震荡。

而到d3g3这段,显然已经不能触及[d1,g1],所以g3就是第三类卖点。当然,如果前面d1>g2,那g2就是第三类卖点了。

由于d1=g2,所以当行情发展到d3,就可以当下地用结合律对走势进行多样性分析。这时候,有如下等式:

g0d3=(g0d1+d1g1+g1d2)+d2g2+g2d3=g0d1+(d1g1+g1d2+d2g2)+g2d3,括弧里的是中枢。在后一式子看来,该中枢就是[d1,g2],也就是一个价位,这时候,也并不影响前面关于g3就是第三类卖点的分析。而这种分解,比较符合一般的习惯,所以是可以采取的。

显然,以MACD辅助判断,力度上,g1d2>g2d3>g3d4,相对来说,后者都是前者的(线段类)盘整背驰。当然,在1分钟图上,这种背驰都没有什么操作意义,但如果是日线、甚至年线图上,就有意义了。

因为趋势是形成中的,刚盘整背驰回来,归根结底都是造成中枢震荡,震荡出第三类买卖点才有形成趋势的可能。

面对这种围绕关键点位震荡,还没有决定方向的走势,最笨的方法当然就是等关键点位出现第三类卖点之后走,最好的操作方法就是在震荡高位利用盘整背驰抛掉,下来不破位就回补,千万别浪费这震荡的短差机会。注意,这样必然是半仓操作,如果真破位,下来不回补就是,然后把半仓也扔了,这样效率最好。

当然,还有一种是最干脆的,就是震荡高位先走了,等真正重新站住关键位置出现第三类买点再介入,这是最安全又有效的作法,就不费心去预测最终是否站住了。

分解图形,有一个原则是必须知道的:两个同级别中枢之间必须有次级别的走势连接,例如,g0d4 = g0d1 + (d1g1 + g1d2 + d2g2) + (g2d3, + d3g3 + g3d4)这样的分解是不被允许的,因为括弧中的两个同级别中枢之间没有次级别的连接。

注意,这与下面三次级别构成中枢的情况不同,那种情况下,是允许三个括弧相加而之间没有次级别,因为那是扩展成高一级别中枢的情况,和这里两个同级别的情况不同。

当行情当下走到 d4 点时,根据上面的原则,无非有下面两种可能的分解:

g0d4 = g0d1 + (d1g1 + g1d2 + d2g2) + g2d3 + d3g3 + g3d4 = g0d1 + d1g1 + g1d2 + (d2g2 + g2d3 + d3g3) + g3d4

d4g4 是盘整背驰后的正常反弹。

针对上面第一种分解,这只是第三类卖点后向一个新的同级中枢移动或形成更高级别中枢的一个中间状态,g4d5 这段也是。

针对第二种分解,由于 g4 = d2,所以 d4g4 是(d2g2 + g2d3 + d3g3)的中枢震荡,d5g5 这段也是。

有人可能要问,在这种情况下,采取哪种分解? 其实,哪一种都可以。

第一种,由于在中间状态中,没有一个确定的标准,所以对短线操作指导不足。

而第二种,由于是中枢震荡,操作起来就指导明确了,所以从方便操作的角度,就可以用第二种。

这就是反复强调的分解多样性的好处,一般来说,对于具体操作,一定要选择当下有明确意义的分解,例如中枢震荡的,或有第三类买卖点的,但一定要注意,所有的分解必须符合分解的原则,否则就乱套了。

对于第二种分解,d5g5 这段属于中枢震荡,但对于第一种分解,d5g5 这段就有了一个重大的意义。因为那种第三类卖点出现后的中间状态,在 d5g5 这段出现后就彻底消除了,一个更大级别的中枢就给确定了。具体如下:

g0g5 = g0d1 + {(d1g1 + g1d2 + d2g2) + (g2d3 + d3g3 + g3d4) + (d4g4 + g4d5 + d5g5)}

三个小括弧里的 1 分钟中枢重叠构成了大括弧里的 5 分钟高一级别中枢。中枢的区间是[d2,g5],注意,这时候就要把 1 分钟的走势当成线段,小括弧里的都是线段,高低点就是这线段的端点。

注:这是一种升级操作的思路,当中枢升级为 5 分钟级别后,则走势类型就升级为 5 分钟盘整走势类型了。其次级别走势类型就变成了 1 分钟级别的走势类型了,就可以将 1 分钟及以下级别的走势类型当成无内部结构的"线段"来处理。

这样一来,后面的走势就十分简单了,例如,g7 就是一个第三类卖点(d7g7,其中第2、3根K线有一个较大的回试,然后有第5、6两个小十字星停在该区域,由此就知道这肯定构成1分钟中枢了,也就是内部可以画出一个1分钟以下级别的三段来,当然,具体的如果有1分钟以下图看就可以把握,特别对于级别大的图,这些时候都可以看小级别的图去确认,如果经验多的,一般看到这种情况,不用看小级别的都知道是这么回事情。)

按照第二种分解,相应的5分钟中枢要到g6点才完成,这样 g0g6 = g0d1 + d1g1 + g1d2 + ¦(d2g2 + g2d3 + d3g3) + (g3d4 + d4g4 + g4d5) + (d5g5 + g5d6 + d6g6)¦,相应的5分钟中枢区间就是[d3,g5],在这种情况下,d7g7 也是一个中枢震荡,但不构成第三类卖点,因为不符合条件。

其实这两种分解对于g7点来说,结论是一样的,而从MACD辅助看,这种两次拉回0轴都冲不上去的走势,而且第二次红柱子还面积小了,这种情况也预示着后面有麻烦。但多种分解其实并不是什么麻烦事,反而是相互印证的好办法。不过一定要再次强调,分解必须符合规范,不能胡乱分解。

按严格标准说,如果你能熟练地,无论任何图形,都能当下快速地按以上标准来分解并指导操作,那么对于缠论的学习,就大致可以小学毕业了。

8.2 走势级别的生长

这些图解都是可以当下进行的。对着图,首先要确定最小分析级别,也就是说,这级别以下的都可以看成是"线段",而站在最小分析级别的角度,每一"线段"就是其次级别走势类型,三个"线段"重合部分就构成最小分析级别的中枢。

如果把1分钟图作为最小分析级别,f1 为3个1分钟图上的线段重合形成1分钟级别中枢,则此时的次级别以下的几何构件(缺口、笔、线段)都当作没有内部结构的"线段"来处理。

同理,如果把最小分析级别定为5分钟图,那么5分钟图上的缺口、笔、线段等几何构件都可以看作线段。

当然这些"线段"本身,可能都属于不同级别,这问题在前面已经说过了。如图8-2所示,最小分析级别先规定为1分钟级别,所以所有1分钟级别以下的几何构件都是线段。

在最小分析级别图上标记着数字,所有的[N,N+1]都是线段。有人可能要问,01段是跳空缺口,23段上上下下,很复杂,怎么都是线段?因为这都不是1分钟的走势类型,里面没有1分钟的中枢,所以都是1分钟以下级别的,虽然缺口是最低级别的,当然是比23段这种要低一级别,但在1分钟级别显微镜下没有区别,都可以看成没有内部结构的线段。当然,如果你要考察23段的内部结构,也是可以的,但那就不是站在 1 分钟级别的基础上了。

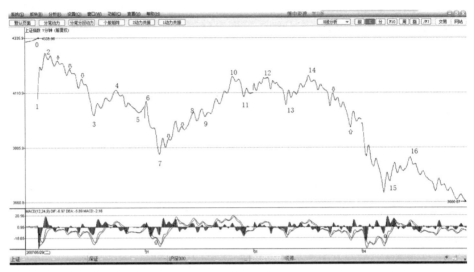

图 8 – 2

　　由此可见,图 8 – 2 中 1 到 10 可以看成是 10 段线段构成的,线段中的波动,至少在分析 1 分钟级别的角度,就是可以忽略不计的。这里有一个地方是可能有疑问的,在 23、78 段 5 个带绿箭头指着的地方,似乎可以看成是一线段,但为什么没有?因为在这似乎是三段的结构中,第三段的都太微弱,把图形缩小后几乎就看不到了,对比一下 89 段带绿箭头的地方,这第三段就明显不同了,所以这是一个 1 分钟以下级别的上下上结构,而前面的不是。当然,如果你一定要说 78 段那箭头的地方很明显,那么 78、89 就合成一线段的上涨趋势了,这也可以,只是如果你是按这个标准的,那么所有和 78 段箭头位置微弱程度一样的,都要这样处理。

　　线段有了以后,一切都好分析了。当然,在当下时,例如在今早 9 点 30 分,是没有后面的线段的,但线段的标准是一样的。你可以很精细地分析 56 段,是一个上下上的内部结构,其中下一段是跳空缺口,但无论如何,这就是一个线段。

　　由于前面 12、23、34 构成的中枢只有 1 分钟级别的,那么其构成第三类卖点的次级别就是 1 分钟以下级别的线段,这时候,就要考察一个有上下上结构的 1 分钟的次级别结构了,而 56 段显然符合这个结构,有明显的上下上,而 45 段也是符合 1 分钟次级别的要求的。

　　当考察 1 分钟的次级别时,就不能笼统地把所有 1 分钟以下的都看成 1 分钟的次级别了,因为这里的视点已经不同。显然,这个的 45、56 就构成了标准的次级别离开中枢与反抽中枢,而这 1 分钟中枢的区间是 [4087,4122],而 56 段只到了4077,所以这就是第三类卖点了。

在具体操作中,还可以特别精细地去分析这个问题,56段里的上下上,后上对前上的力度,从下面对应的MACD的柱子面积比就可以判断出不足来,因此这里就有很小级别的背驰,这都可以当下分析的,当然,这样的精确度需要操作者十分熟练并且反应与通道都十分快,并不要求每个人都有这个可能,这里只是进行分析。对大的级别,道理是一样的。

同样道理,67段里的内部结构下上下,后下力度也比前下弱,这从下面红箭头所指两绿柱子面积的对比就可以知道,所以这内部就有了背驰。注意,这67中的上,幅度上也很微弱,但时间比较长,是一个小的时间换空间的反弹,所以是可以看成一个上的,更重要的是,这上使得绿柱子回缩到0轴,这就更证明了这是一个不能忽视的有技术分析意义的反弹。

当行情走到6点时,34、45、56这三段就可以看成是一个1分钟中枢了,当然,这种分法和原来[4087,4122]中枢的分解不同,但站在多义性的角度,这是绝对符合结合律的,当然是一个分解的方法。

这分法,就使得23、67成为这中枢的一个震荡,从而可以用趋势力度的方法来发现背驰。对于23、67下所有绿柱子面积之和,显然后者小,所以就知道,67只是针对34+45+56中枢的一个震荡,必然至少回抽中枢附近,而对67内部用区间套的方法进行精确定位,具体的看上一自然段的分析。按这种方法,7那买点的把握,就是很简单的事情了。注意,这都是可以当下分析的,根据当下的走势,自然就能把握。

如果那7当成是第一类买点,那么9就是第二类买点了,这符合次级别上,次级别下,不创新低或盘整背驰的定义,对比一下2点和9点,一卖一买,都是第二类的。当然,在78里,其中的下也是一个第二类买点,但该买点的级别比9这点要低。

显然,这10个线段,已经组成了一个更高级别的5分钟中枢,结合方式如下:(12+23+34)+(45+56+67)+(78+89+910),该中枢的区间是[4015,4122]。

这一点其实由6这个第三类卖点的存在以及后面的背驰就可以知道,这中枢级别的扩展,是必然的。

注意,这是为了示范才分析1分钟的图,这类图是最复杂的,一般来说,级别越大的图越简单,而操作上,技术不好,通道不好的,一般不用1分钟的图,把级别放大点,这点必须明确。

8.3　缠论对走势的当下分析与事后分析结果是一样的

把这次跌势的图形连续分析下去,这样大概对各位的理解与分析有一定的帮助。如图 8 - 2 所示:

为什么 14 - 15 间带红绿箭头这一段不是线段?

这很简单,因为这段中的下 - 上 - 下 - 上 - 下中,没有任何的重合,也就是第二个上的终点没有触及第一个上的起点,这种图形和直接的一个下没有任何区别。而一个线段,除非是缺口,否则必须由至少上 - 下 - 上或下 - 上 - 下的三折组成,只要互相相邻的上或下不重合,则这个模式可以一直延伸下去而依然还是一个线段。这里就不难明白 14 - 15 为什么只是一段线段了。

为什么 14 - 15 这线段不构成合适的买点?

因为在下面的 MACD 辅助中,可以看出这一段的力度比前面所有的都大(因为黄白线创新低了),那当然不构成任何的 1 分钟以上的背驰,最多就是 1 分钟以下最小级别的背驰。在 15 下 MACD 小红箭头处,比较绿柱子的面积,(注:黄白线没有回 0 轴为小级别 1 分钟以下级别的趋势背驰,反弹段段)就可以发现这个小的背驰,因此就有了 15 - 16 的反弹,该反弹在 14 - 15 最后一个上附近受阻,十分技术。

不同级别的第三类卖点是如何形成的?

站在 10 - 13 构成的 1 分钟走势中枢来看,15 - 16 这反弹反而是构成一个第三类卖点,第三类卖点必须是次级别离开,次级别反抽,(注:由 1 分钟线段构成的 1 分钟中枢,次级别为线段,即线段离开,线段类回抽才能形成第三类卖点)而且是针对该级别中最近那个走势中枢,以前也曾说过,对于一些快速变动的行情,往往第三类买卖点离开的距离会很远。

从 16 开始的一段,有进入背驰段的可能,但由于明天的行情没有开始,所以如果明天突然加速下跌,就可以终结这种可能,所以具体是否背驰成立,还要看明天走势的内部区间套的当下定位。如果出现背驰,那么一个反弹至少重新回到 15 这点上,(注:线段类盘整背驰,之后最弱的反弹是 1 段反弹到 15 点)这样就从 15 这点开始至少形成一个 1 分钟的走势中枢了。

而对于 1 - 10 这个 5 分钟走势中枢,该反弹如果不能重新回到 4015(5 分钟中枢 ZD)之上,那就会形成一个 5 分钟的第三类卖点。从目前的情况看,这种可能性很大,所以这也预示着,今后几天,任何在 4000 点下的反弹,都会构成一个卖点并至少引发一个更大级别的走势中枢,甚至是新一轮的下跌,除非这反弹能重回 4000 点之上。显然,从走势中枢的分析中,可以很绝对地分析出今后一段走势的一些操作性质。

站在更大的层面上,大盘要重新站稳,就要形成一个较大级别的走势中枢,而从 10 开始,一个新的 5 分钟走势中枢都没形成,如果新的 5 分钟走势中枢最终和 1－10 这个 5 分钟走势中枢没有重合,那么就形成一个 5 分钟级别的下跌趋势走势类型,那其后的压力就更大了,所以,7 这点有着极强的技术含义,如果一个 5 分钟背驰引发的反弹能重回该点之上,那么大盘的走势就会有好转的可能,否则短线压力依然。

如果你还看不明白背驰段,及背驰点是如何精确定位的,那就好好学习吧。继续看图 8－3,下午走的是第 20 段,该段结束后,就进入上面说的走势中枢震荡中。

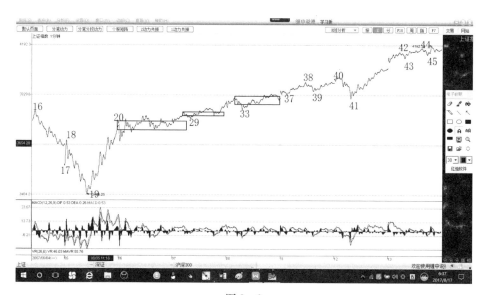

图 8－3

20－23 构成的 1 分钟走势中枢产生延续,29 是这走势中枢的第三类买点。33 是 28－31,37 是 32－35 的 1 分钟走势中枢第三类买点。

45 后,如图 8－4 所示,由于红箭头处比绿箭头高,所以不能确定该线段已经完成,还要看后面走势,由此可以知道如何去把握线段的结束:一般来说,线段的结束与大级别的走势段是一样的,在趋势中用背驰来确认,其他情况用盘整背驰来确认,如果有突发性事件,就要看第二类的买卖点,其道理是一样的,只是所用到的级别特别小而已。

后面的走势,与 42－45 的 1 分钟走势中枢相关,无非就是走势中枢震荡直到出现其第三类买卖点。

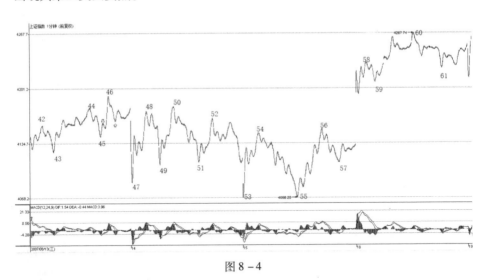

图 8 - 4

　　注意,图 8 - 2 中,由于 8 下来的低点 3994. 57 与 7 中最后一个高点 3994. 21 极为相近,如果点数只用到个位的精度,两者就完全一样了,所以在这种情况下可以看成是有重合的,因此可以分成三个线段。当然,如果精度要求到小数点后两位,那么这 7 - 8 - 9 其实可以看成是一个线段。一般来说,如果这两者如此相近,而且 8 中也带着明显的下上下,所以还是看成三线段比较好。当然,如何看,关系到你事先确认的精度,关键是统一去看,至于按哪种精度,都没有任何实质影响。

　　有人可能又要问,怎么总是说 1 分钟的图?

　　其实,看什么图并不重要,从 1 分钟图看起,只不过意味着这分析的基础有一个 1 分钟图的精度前提,在这个前提下,当然要看 1 分钟的图,而这不影响对大级别的分析。例如,1 - 19 就构成一个 5 分钟的走势类型,而这走势最终确认并没有形成两个 5 分钟的走势中枢,所以只能算是一个盘整。而从 19 开始到 45,由于 41 低于 32,所以这走势至少有一个 5 分钟的走势中枢,但这新的 5 分钟走势类型并没有最终完成。

　　对于 19 - 45 这个未完成的 5 分钟走势类型,可以进行仔细的研究。由于 29 比 24 低,则 22 - 31 也构成一个 5 分钟走势中枢,而该走势中枢,就对应着另一种分解。但无论如何分解,19 - 45 至少是一个未完成 5 分钟走势类型的结论不变。当然,站在这种分解下,41 就是 22 - 31 这 5 分钟走势中枢的第三类买点。因此,如果 41 开始的上升最终形成 5 分钟走势中枢后不与 22 - 31 这 5 分钟走势中枢重叠,那么这 19 开始的走势类型就是 5 分钟的上涨趋势了。

　　由上面的分析,对短线的走势就有一个明确的结论,只要关于 42 - 45 的 1 分钟走势中枢的震荡不出现第三类卖点,或者即使出现,但其后扩张的走势不触及 22 - 31 这 5 分钟走势中枢震荡区间,那么大盘的震荡就是强势的,即使最终形成 30 分钟以上级别走势中枢,也至少是围绕 42 - 45 的 1 分钟走势中枢发展而来。否则,大盘将以 22 - 31 这 5 分钟走势中枢震荡区间为基础扩张出 30 分钟级别的走势中枢来,相应的走势就比较弱了。而具体的操作,可以按照走势中枢震荡的方法,根据自己操作的级别,选择相应的走势中枢级别进行操作。

　　上面说的 42 - 45 的 1 分钟走势中枢,已经延伸 9 段,成为一个 5 分钟走势中枢了。

　　线段类盘整结构小转大的处理:

　　站在最严格意义上,45 - 46 线段构成 43 - 44 线段的线段类盘整背驰,而细致分辨线段以下级别,就知道 45 - 46 其实是一个小级别转大级别,而红箭头后第一次拉起不创新高,就可以出掉了,为什么,因为后面必然形成下上下的重叠结构,也就是有一个小走势中枢了,而线段以下级别的同级别操作,是不参与这类走势中枢的。当然,这是按最严格的,并没有太大操作意义的分析。而实际的操作中,大概真正有意义的操作,都至少是 1 分钟以上线段级别的。因此,在该图中,如果你是按 30 分钟级别操作的,46 - 47 的波动就可以不管的,从 3404 开始的反弹,一个标准的 5 分钟级别的上涨,因此你的持有就至少一直等待这 5 分钟级别的上涨出现背驰或突发终结为止。

　　显然,46 - 55 是一个 5 分钟的走势中枢,55 跌破 53 后明显盘整背驰,如果把 55 当成第一类买点(严格来说,盘整背驰无所谓第一类买点,只是这样来类比),57 就是一个第二类买点。55 - 60 是一个标准的线段类趋势的上涨,59 - 60 的线段类趋势背驰足够标准,看看下面 MACD 标准的黄白线回拉 0 轴,然后 60 新高,而柱子面积与黄白线高度都比前面不如,由此就知道了。因此,按照理论,60 后必然有调整回拉 58 之下,而实际上 61 就比 58 低,也就是说,58 - 61 形成一个新的 1 分钟走势中枢,该走势中枢是否扩展成 5 分钟的,以及上一个 5 分钟走势中枢的最高点,也就是 46,是否被重新跌破,都是今后走势的关键。如果 46 不再被触及,那就是超强走势,意味着 3404 点开始的 5 分钟上涨走势依然延续。

　　别看缠论的分析似乎很复杂,但其中绝对条理清晰,每个结论都是严格的,没有任何含糊。但关键,首先要把图给分解对,否则就乱套了。这点必须多看图,多实践。

　　必须要再次强调,不熟练的投资者,一定不能全仓进行操作,基本的仓位应该拿着中长线的股票,部分仓位可以用来练习,否则全仓操作,一旦来几次半生不熟的折腾，到时候连本都没了。而且一定要注意，卖点是在涨的时候出现的，不是追杀出来的，如果你砍了地板价，那一定不是在卖点上。只要是赚钱的，就没有卖错，宁愿卖早，不要卖晚。如果卖错了，就不看这股票，除非有新的买点。

用缠论的方法，如果你选择年线级别操作，大概一个年线的买点后，至少要等几十年才有卖点，你就拿几十年吧，就怕你拿不住。还有，如果你是按周线级别操作，那这两年，至少指数上你根本没有卖点。至于按 30 分钟操作的，在一个 30 分钟第三买点后的走势中枢上移中，如果这上移是从 10 元开始，只要不形成新的 30 分钟走势中枢，那么就算到了 100000 元，你还是要拿着，为什么？没有卖点。所以那些说学了缠论就拿不住股票的，自己好好反思一下，究竟你学了什么？

8.4 结合律是至关重要的

认真学过抽象代数的人都知道，运算规则的选择对研究对象的决定性意义。对于走势来说，结合律就是连接走势之间关系最重要的规则，不深切明白这一点，是无法明白走势本身的。

无论如何结合，缠论对走势的分析原则是不变的。可以这样认为，缠论，就是走势保持结合律下具有变换不变性的一套理论，而且可以严格地证明，是唯一能保持分解变换不变且保持结合律的一套理论。如果有点现代数学常识，对这理论的意义应该能多点了解。

从上面的例子中我们可以看到，随着走势的当下发展，可以不断变换着所看的中枢，这根本的原因就在于结合律，因为结合律，我们可以对走势进行最有利观察的分解，这样，才能更容易明白走势究竟在干什么？

例如，到现在，走势一种最明显的划分已经自动走出来，如图 8-5 所示，就是 8-17 构成 5 分钟中枢，该中枢是 4300 点那个 5 分钟中枢上来后的一个新的 5 分钟中枢，这个中枢在刚形成时，我们已经指出，而且任何学过缠论的，都可以当下指出。

一般来说，形成这个 5 分钟中枢后，在理论上只有三种走势：（注：中枢形成后走势的完全分类）

1. 向上出现第三类买点，走出 1 分钟上涨走势类型，然后构成新的 5 分钟中枢；

2. 向下出现第三类卖点，走出 1 分钟下跌走势类型，构成新的 5 分钟中枢；

3. 中枢延伸，或出现第三类买卖点后扩展成大级别的 30 分钟中枢。

显然，在行情发展中，没必要去预测走势选择什么，走势自然选择，只需要观察着就可以。现在，走势自然选择了第一种，为什么？因为 17-38 构成完美的 1

分钟上涨走势,目前,围绕这1分钟上涨走势的最后一个1分钟中枢32－35,正扩展出新的5分钟中枢的雏形。

这个5分钟中枢,最终是要完成的,至于是否继续扩展出大的30分钟中枢,还是出现新5分钟中枢的第三类买点继续上涨,再形成新的5分钟中枢,这无须预测,与8－17那5分钟中枢一样对待,如此而已。

如果是按30分钟操作的,这些5分钟的中枢移动、震荡之类的活动根本无须理睬,只要看明白就是,根本无须操作。

如果是按5分钟级别操作,就不参与大于5分钟级别的震荡,那么就等5分钟上涨出现背驰后走人。

如果是按1分钟级别操作,那么今天早上38就该先走,为什么?因为1分钟的上涨出现背驰,按照缠论,后面必然回抽到最后一个1分钟的中枢之内,从而至少形成一个新的5分钟中枢。然后根据5分钟震荡的走势进行回补就可以。

注意,按照多样性分解原则,新的5分钟中枢,暂时先从最后一个1分钟中枢开始算起,后面的操作先以此为准,等走势走出最自然的选择再继续更合理的划分。按照这暂时的划分,并不影响任何操作,5分钟中枢该怎么操作就怎么操作,如此而已。

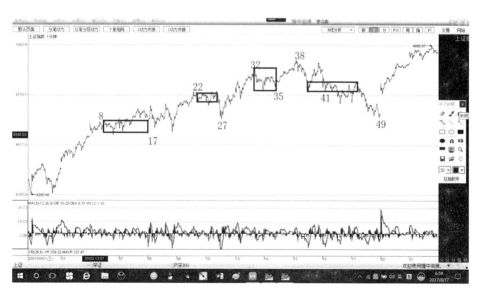

图 8－5

在今天的背驰判断中,关键是要知道与哪一段相比,显然,27－32与35－38这两段去比。而实际的对比中,看1分钟图,去加两段对应的那些MACD,太麻烦,所以可以看5分钟图。

其实,只要基本概念明确,这些分析在当下都不是什么难事。

49点开始的走势简直是教科书。如图8-6所示,52-55的1分钟中枢,55-58的线段离开,58-59的回抽不跌回形成1分钟的第三类买点。后面唯一的两种可能,就是形成更大级别中枢或者继续中枢上移直到出现新的1分钟中枢。显然,走势选择了后者,目前,可以暂时把这新的1分钟中枢看成是60-63。因此,从短线看,从49开始的1分钟上涨走势什么时候结束,就是短线唯一的主题。

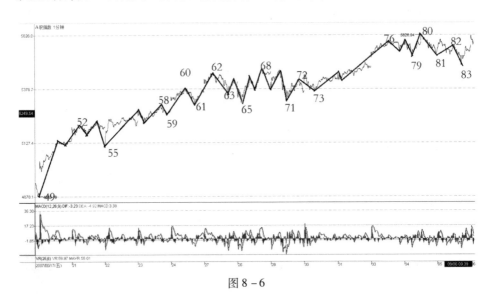

图8-6

从纯技术的角度,62-71的5分钟中枢突破后,71-80是一个标准的1分钟上涨,也就是次级别的离开,而80-83是一个标准的1分钟盘整回拉,也就是说83是教科书式的62-71的5分钟第三类买点,其后的走势无非两种:形成更大级别震荡,或者是5分钟中枢上移的延续。

8.5 趋势背驰后走势的完全分类

如图8-7所示,目前大盘的走势最好的,就是直接形成这1分钟中枢第三类买点,(即形成中枢逆转式终结)然后形成线段或1分钟的上涨,重新回到5100点上,这走势的前提就是那第三类买点。

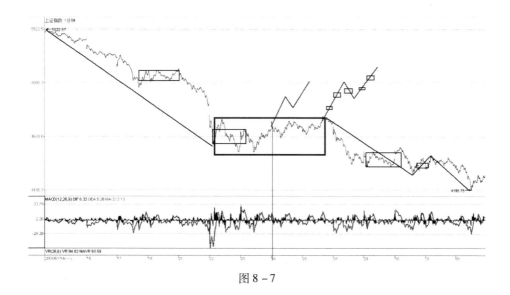

图 8 - 7

　　次好的,就是在这里形成 5 分钟中枢后再出现第三类买点,这里有两种途径,一种是 9 次级别的震荡扩展出 5 分钟,一种是先 1 分钟的第三类卖点后底背驰上来再出来 5 分钟。这里就构成了 N 次必然的短线机会。

　　最坏的,就是在这里 5 分钟后出现其第三类卖点,这甚至构成一个 5 分钟下跌的第一个中枢,这样,后面的走势就比前面还要恶劣。

　　由于现在的走势有如此复杂的演化可能,所以操作上必须严格根据图形来,一旦出现 5 分钟不能重站住 4778 点的情况,就一定要注意后面可能向最坏情况演化的任何苗头。

第 9 章

资金管理

9.1 投资是一门资金管理的艺术

对于小资金来说,资金管理不算一个特别大的问题,但随着赢利的积累,资金越来越大,资金管理就成了最重要的事情。一般来说,只要有好的技术,从万元级到千万元级,都不是什么难事情。但从千万以后,就很少人能稳定地增长上去了。所有的短线客,在资金发展到一定数量后,就进入滞涨状态。一旦进入大级别的调整,然后就打回原形,这种事情见得太多了。因此,在最开始就养成好的资金管理习惯,是极为重要的。投资是一生的游戏,被打回原形是很可悲的事情。

技术分析的最重要意义在于,让你知道市场究竟在干什么,市场在什么位置该干什么,让你知道,一个建立的仓位,如何持有,如何把一个小级别的持有逐步转化为大级别的持有,又如何退出。这一切,最终都是为资金管理服务的,投资最终的目的不是股票本身,而是资金,没收回资金,一切都没意义。

好的资金管理,才能保证资金积累的长期稳定,在某种程度上,这比任何的技术都重要,而且是越来越重要。

对于大资金来说,最后比拼的,其实就是资金管理的水平。

首先,资金必须长期无压力,这是最重要的。有人借钱投资,然后赢利后还继续加码,结果都是一场游戏一场梦。

其次,自己的资金,一定不能交给别人管理,自己的盘子,一定要自己负责,不能把自己的命运交给别人。

第三,不能把自己放置在一个危险的境地,所谓背水一战、置之死地而后生,都不是资本市场应该采取的态度。这样的态度,可能一时成功,但最终必然失败。

股票都是废纸,对资金的任何疏忽,都会造成不可挽回的损失。因此,永远保持最大的警觉,这是资金管理最重要的一点,没有这一点,一切管理都是无用的。

投入资金买一只股票,必须有仔细、充分的准备。在基本面、技术面等方面都研究好了以后,介入就要坚决,一次性买入。如果你连一次性买入的信心都没有,证明你根本没准备好,那就一股都不要买。

一些最坏的习惯,就是股票不断上涨,就不断加仓,这样一定会出问题。买股票,宁愿不断跌不断买,也绝对不往上加码。

一定要留有机动资金,一般机动资金应该占仓位的 1/4 到 1/3,走势特别不好时甚至应该提高到 1/2。在牛市里,即使是中期调整,也没必要完全空仓,因为在调整中,来回的次数很多,把这些都把握住,拿着比不拿住弄的钱多多了。

如果按对冲基金的观点,纯多纯空都是风险级别的,一定要有一定的对冲。

买入以后,如果你技术过关,马上上涨是很正常的,但如果没这水平,下跌了,除非证明你买入的理由没有了,技术上出现严重的形态,否则都不能抛一股,而且可以用部分机动的资金去弄点短差,让成本降下来,但每次短差,一定不能增加股票的数量,这样,成本才可能真的降下来,有些人喜欢越买越多,其实不是什么好习惯。这股票该买多少,该占总体资金多少,一开始就应该研究好,投入以后就不能再增加。

短线是可以上面抛了,下面捡回来,这种活动,只要有短线买卖点都可以进行,控制好每次的参与量就可以了。例如特别不熟练的,用 1/10 操作,这样也是一个很好的练习方法。技术是靠自己练出来的。

股票开始上涨后,一定要找机会把股票的成本变成 0,除了途中利用小级别不断弄短差外,还要在股票达到 1 倍升幅附近找一个大级别的卖点出掉部分,把成本降为 0。这样,原来投入的资金就全部收回来了。

或者一个股票如果突然上涨 50% 后,先把仓位减掉一半,然后无论上下都无所谓了,下来一补再上去,再出掉,成本可能就快负数了。

有人可能要说,如果那股票以后还要上涨 10 倍呢?这没问题,当股票成本为 0 以后,就要开始挣股票。也就是利用每一个短差,上面抛了以后,都全部回补,这样股票就越来越多,而成本还是 0。这样,这股票就算再上涨 100 倍,越涨你的股票越来越多,而成本永远为 0,这是最可怕的吸血,庄家、基金无论如何洗盘,都使得你的股票越来越多,而你的成本却是 0,然后,等待一个超大级别的卖点,一次性把它砸死,把那庄家、基金给毁了。想想,成本为 0 的股票,在历史大顶上砸起来是最爽的。

这就是资金管理中针对每只股票的最大原则,按照这原则,你不仅可以得到最安全的操作,而且可以赢得最大的利润。特别挣股票的阶段,一般一个股票,盘整的时间都占一半以上,如果一个股票在上涨后出现大型盘整,只要超大级别卖点没出现,这个盘整会让你的股票不仅把抛掉的全挣回来,而且比底部的数量还要多,甚至多很多。一旦股票再次启动,你就拥有比底部还多的但成本为 0 的股票,这才是最大的黑马,也是最大的利器。一个合理的持仓结构,就是拥有的 0 成本股票越来越多,一直游戏到大级别上涨结束以后,例如这轮大牛市,直到牛市结束前,才把所有股票全部清仓。而资金,就可以不断增加参与的股票种类,把这程序不断延续下去,这样,操作资金不会增加,特别对大资金,不会经常被搞到去当庄家或钱太多买了没人敢进来,这样就不会增加操作的难度,股票种类越来越多,但成本都是 0。这样,才会有一个最稳固的资金管理基础。

缠师的仓位是一直不变的,最开始多少就是多少,上上下下,卖点的时候变少,买点的时候又回复原来的数量,但绝对不加仓,留了机动的资金后,把仓位打到最大,然后不断在出现中枢震荡时,保持仓位把差价搞出来。一般情况下,到一段行情顶部的时候,缠师原来的仓位都要下降到 70% - 75%,注意,筹码不丢失,只是钱多出来,所以仓位自然下来了。

震荡是好事,震荡正是短差最好的机会,对于节奏好的人,越震荡成本越低,最好天天震。先卖后买,先买后卖,根据向下向上段的节奏来,这是市场考验的机会。技术好的,见到震荡就高兴,成本又可以降下来。

如果你是市场中的人,资金回来就要马上选择下次进入对象,例如在 30 分钟或日线图上找符合要求的股票,或者找轮炒的股票,这样资金利用率才会高。或者干脆就长抓一些股票,根据市场的波动不断弄短差,把成本降低,这样资金利用率也高。

除了必须保留的机动资金以及对冲风险的仓位,缠师从 3600 点开始都是 100% 的满仓,当然,缠师的是机动资金会在组合中不断流动,一般在 10% - 30% 比例间波动,这样效率是最高的。一般来说,有大点的卖点,那么缠师的机动资金会达到 30%,一般来说不会到这比例。另外,缠师都会有一定比例的对冲风险操作。这一点对大资金其实很重要,如果没有这一点,缠师在 530 早上就不会如此从容了,毕竟对于大资金来说,在政策利空面前,一个第二卖点,也走不了多少,但有对冲,就不同了。

牛市里最大的毛病就是空仓,就像熊市里最大的毛病就是满仓。牛市的调整,特点就是时间快,卖了一定要找地方买回来,否则就买不回来了。而且对那些特别强的股票,走了基本就没有买回来的可能,如果你 50 走的茅台,估计 N 年的熊市低点,都不知道有没有机会买回来了。

如果你是超短线,每天进出的,卖了就要马上找到该买的对象。如果你是中线的,在牛市中就不要随便空仓,除非你资金特别少,可以利用震荡不断把成本降低,直到日线或周线的第一类卖点出现后一次性卖出。

大牛市里,筹码是不能丢的,但成本一定要不断下降。成本不降,就抗拒不了短线震荡的风险。

任何不确定时,唯一正确的做法就是控制仓位,你能自如地控制仓位,那你的水平就能上一台阶。控制仓位,并不是说一定要空仓,而是把仓位控制在一旦发生特殊情况能有足够反应的水平。任何想把最后一分钱赚到的,最终的命运只能是倾家荡产。

任何持有的股票,都以能吃能睡为最基本的持仓标准。如果你持有一只股票,已经影响到你的睡眠与吃饭,请马上退出。如果心情不好,特恐慌,那就半仓,肯定不会错,这时候也别说什么技术了,心态先调节好再技术。

遇到这种情况时,你的直觉在告诉你,你的股票仓位太重,资金遇到了危险,需要立即采取行动了。

9.2　如何做差价

长线介入与短线介入根本不是一回事情,在操作中最好的方法就是利用中短线走势把长线成本降到0,然后长线持有,对于大资金,这基本是唯一可行又效率最高的方法。

缠中说禅短差程序:大级别买点介入的,在次级别第一类卖点出现时,可以先减仓,其后在次级别第一类买点出现时回补。对于周线买点介入的,就应该利用日线的第一类卖点减仓,其后在第一类买点回补。

缠中说禅买点定律:大级别的第二类买点由次一级别相应走势的第一类买点构成。

注:这里的第一类买点包括我们说的盘整背驰的准一类买点。

前面说过,在实际操作中,最好是不参与走势中枢震荡,只在预先设定级别的买卖点上买卖。但是对于大资金来说,或者对于有足够操作时间和熟练度的资金来说,走势中枢震荡当然也是可以参与的。而且如果走势中枢级别足够,其产生的利润往往更大而且稳定。

在趋势的情况下,一般小级别的买卖点并非一定要参与。如果技术特别好或大资金,同样可以参与,这只是为了提高资金的利用率,加快成本变0或增加筹码的过程。当然,这种小级别的参与,就与该级别能容纳的资金量有关。

中枢震荡的操作短线不是意味着不看大级别。既然大级别在一个明显的中枢里,当然应该多点短线把成本降下来。

不是任何时候都可以做短差的。在确定了买卖级别后,那种中枢完成后的向上移动时的差价是不能做的,中枢向上移动时,就应该满仓,这才是最正确的仓位。

如果这个中枢完成了向上移动出现背驰,就要把所有筹码抛出,因为这个级别的走势类型完成,要等待下一个买点了。如果不背驰,就意味着有一个新中枢的形成。

围绕中枢的震荡过程,是做差价降成本的好机会。

对于大资金以及散户里的中高手,就是要利用震荡机会减低成本,一路上涨,一路把成本减下来但持仓数量不变,这样,你的仓位就自然随着大盘的上涨下降,也就是钱越来越多,但筹码没少,这样是既能回避大盘可能的突发非系统风险,又能完全把握市场利润的有效方法。

很多人不知道怎么去弄差价,似乎所有机会都可以去弄。但如果从最严格的机械化操作意义上说,只有围绕操作级别中枢震荡的差价才是最安全的,因为肯定能做出来,而且绝对不会丢失筹码。在成本为0后的挣筹码操作中道理是一样的。

某级别中枢形成后,在第三类买卖点出现前,中枢的延伸过程称为中枢震荡。只要不形成对该中枢的第三类买卖点,该震荡就将一直延续。

在围绕中枢做差价时,在中枢上方仓位减少,在中枢下方仓位增加,注意,前提是中枢震荡依旧,一旦出现第三类卖点,就不能回补了,以防发生中枢逆转的情况。用中枢震荡力度判断的方法,完全可以避开其后可能出现第三类卖点的震荡。

很多人经常出问题,就是心里先假设一个可能的跌幅,觉得肯定跌不深,这都是大毛病。一定要养成只看图形操作的习惯。

短差,是按图操作,不要设定目标,不要给自己一个框,如果你资金很小,那每天可以找一个对冲的位置,这样等于每天都有一个短差,这个一般看 1 分钟的都能找到。而 5 分钟、30 分钟这些级别,能把成本降很多,特别那些活跃的,震荡幅度大的,一次 30 分钟级别的操作,如果资金不大,基本能把成本至少降 10% 以上。

在中枢震荡中,安全的做法应该是先卖后买、形成节奏。从低位上来的筹码,当发现单边走势结束,进入较大级别震荡的时候,其标志就是出现顶背驰或盘整背驰,这就要求减磅,然后等震荡下来,出现底背驰或盘整背驰再回补,这样差价才出来,成本才下降。如果是先买后卖,那唯一可能就是在单边的时候,你的仓位不高,所以才会不卖股票也有资金,这其实是节奏先错了的表现。

大盘中枢震荡过程中,除了打差价外,对于散户,最好就是不断换股,当然,这需要你对板块的轮动特别有节奏感,因为在上升中途的震荡中,往往个股行情少不了,特别是题材或中小盘的。震荡高点卖出短线钱途不大的,震荡低点买入短线钱途更大的,这样你的效率是最高的。

9.3　中枢震荡转折点的判断方法

1. 中枢上下轨附近是否出现转折性分型。

2. 比较次级别相邻同向二段间是否创新高或者新高后是否发生线段类盘整背驰;中枢震荡就按次级别来看就行了,一段段分解操作。只要回到该中枢里,一切都可以从头再来了。

3. 用次级别走势段内部次次级别是否发生背驰来判断。

4. 如果出中枢段比较有力度,要比较出中枢与进中枢段是否发生的盘整背驰的情况。如果不发生盘整背驰,则有可能形成第三类买卖点。如果发生盘整背驰,要在中枢上方抛出股票后,注意是否产生第三类买点,如果出现第三类买点,一定要及时买回。

例如缠师解盘:围绕中枢的震荡,基本都至少是三波完成的

今天大家有点观察力的,都能发现这围绕中枢的震荡,基本都至少是三波完成的,例如从底背驰到顶背驰,都有上下上的过程。

学了走势多义性的课程,如图9-1所示,早上(2007-03-05)10点17分的1分钟级别以下背驰不会走,只能证明还没学过关。已经说过这种盘整的操作方法,就是高位离开出现背驰走,下来出现背驰再回补。如果出现第三类卖点,当然就要等到一个够级别的底背驰出现后再说了,就是要等跌透了再说。

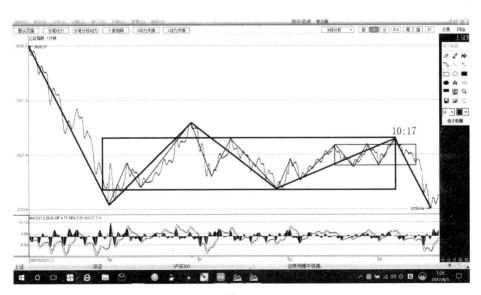

图9-1

在震荡中千万不能追高。只要在中枢上方出现次级别甚至次次级别的顶背驰、盘整背驰，或者不创新高的，都可以先卖出。然后在中枢下方盘整背驰或不创新低再买入。

这里必须注意，中枢震荡中出现的类似线段类盘整背驰的走势段，与中枢完成的向上移动出现的背驰段是不同的，两者分别在第三类买点的前后，在出现第三类买点之前，中枢未被破坏，当然有所谓的中枢震荡，其后，中枢已经完成就无所谓中枢震荡了，所以这问题必须清楚，这是有严格区分的，不能搞糊涂了。

5. 一般来说，如图9-2所示，走势中枢震荡都有对称性，虽然不是绝对，但已经足以让你不会忽视分笔背驰引发小级别转大级别的极大可能。

图9-2

小级别转大级别其实并不复杂，一样可以看成一个新中枢，只是该中枢有可能和前面的重合，而趋势中是不可能出现的。该中枢，就可以继续用中枢震荡的方法做短差，然后再继续中枢完成向上移动，直到移动出现背驰。

总体围绕中枢的操作原则很简单，每次向下离开中枢只要出现底背驰，那就可以介入了，然后看相应回拉出现顶背驰的位置是否能超越前面一个向上离开的顶背驰高点，不行一定要走，行也可以走，但次级别回抽一旦不重新回到中枢里，就意味着第三类买点出现了，就一定要买回来。而如果从底背驰开始的次级别回拉不能重新回到中枢里，那就意味着第三类卖点出现，必须走，然后等待下面去形成新的中枢来重复类似过程。围绕中枢的操作，其实就这么简单。当然，没有缠论,是不可能有如此精确的分析的。

可以用严格的方法证明缠中说禅第一利润最大定理:对于任何固定交易品种,在确定的操作级别下,以上缠中说禅操作模式的利润率最大。

该模式的关键只参与确定操作级别的盘整与上涨,对盘整用中枢震荡方法处理,保证成本降低以及筹码不丢失。在中枢第三类买点后持股直到新中枢出现继续中枢震荡操作,中途不参与短差。最后,在中枢完成的向上移动出现背驰后抛出所有筹码,完成一次该级别的买卖操作,等待下一个买点出现。

9.4 中枢震荡操作的仓位控制

在中枢上方全部抛出筹码,在下方如数接回,当然,这需要高的技术精度,如果对中枢震荡判断错误了,就有可能抛错了。所以对不熟练的,可以不全仓操作。但这有一个风险,就是中枢震荡后,不一定就能出现第三类买点,可以直接出现第三类卖点就下跌,这在理论与实际中都是完全允许的。这样,如果在中枢震荡上方没完全走掉,那有部分筹码就可能需要在第三类卖点处走,从而影响总体利润。如果完全按照以上缠论操作模式,就不存在这个问题了。至于能否达到这缠论操作模式的要求,是技术精度的问题,需要在实际中磨炼的问题。

当然,有一种磨炼方式是可行的,就是宁愿抛错了,也要严格按方法来,毕竟就算你的技术判断能力为0,抛错的几率也就是50%,后面还有一个第三类买点可以让你重新买入,如果抛对了,那可能每次的差价就是10%以上,别小看这中枢震荡的力量,中枢震荡弄好了,比所谓的黑马来钱快而且安全,可操作的频率高多了,实际能产生的利润更大。

对待震荡行情,就是要敢卖敢买,该卖一定要卖,反而买却不一定,有卖点不卖就是最大的错误,比有买点不买还要严重。

缠师特别强调宁愿卖错,绝对不能买错。对于散户来说,本质上没有卖错,只有买错。为什么? 卖错又不会亏钱,买错就不同了。宁愿买不到,不要卖不出。不过,有时候被套其实无所谓的,特别中线依然看好时,适当的短线,可以把成本降下来,等于又买到正确的位置上了。不过这都需要磨炼,不断总结。

操作上一定要记住,只要是赚钱卖的,就无所谓对错。对于初学者,震荡的原则就是,宁愿卖早,一定不卖晚,有钱,还怕买不到股票?

宁愿没买到,少弄一次反弹,也要保证资金和仓位安全。想在股市上赚钱,应该是首先不把股票当股票,凭证而已。但短线比较适合在日线等大级别出现震荡时,如果是日线的上涨中,太多短线是不适合的,特别是技术不过关,就会买不回来给夹空了,而在日线的下跌中,就会被套住了。所以先要判断好日线等大级别的走势,然后再说短线。

震荡行情,没什么基础的,最好就观望,半仓、空仓都无所谓,没这本事,就不一定玩这游戏。

以上的方法是对固定操作品种来说的,也就是不换股。还有一种更激进的操作方法,就是不断换股,也就是不参与中枢震荡,只在第三类买点买入,一旦形成新中枢就退出。例如操作级别是30分钟,那么中枢完成向上时一旦出现一个5分钟向下级别后下一个向上的5分钟级别走势不能创新高或出现背驰或盘整背驰,那么一定要抛出。因为后面一定会出现一个新的30分钟中枢,用这种方法,往往会抛在该级别向上走势的最高点区间。当然,实际上能否达到,那是技术精度的问题,是需要干多了才能干好的。

其实,同样可以用严格的方法证明。

缠中说禅第二利润最大定理:对于不同交易品种的交易中,在确定的操作级别下,以上激进的缠论操作模式的利润率最大。

注意,并不是说第二定理就比第一定理更牛更有意义,这里所说的利润率,是指每次操作的平均利润/需要占用资金的平均时间,但真正能产生总体利润的,还与操作的频率有关。第二定理虽然激进,但也需要有激进的市场机会,如果这市场就没有可操作级别的第三类买点,那也只能干等。而第一定理不需要这么强的市场条件,基本上除了最恶劣的连续单边下跌、连大点的中枢都没有的情况,都可以操作,所以在实际操作中,两者不能偏废。

显然,对于大资金,以上的方法需要有特殊的处理,资金越大,利润率显然越低,因为很多级别的操作不可能全仓参与,就影响资金的总体利用率。

技术不过关的,在盘整时完全可以离开,等大盘走强再说。一个周线中枢的形成,怎么都弄好几个月。但真正的杀手,盘整就是天堂,盘整往往能创造比上涨更大的利润,抛了可以买回来,而且可以自如地在各板块中活动,但能达到这种境界,必须刻苦地学习与训练,如果学不了,就先离开,等大盘周线出现底背驰再来,这样,你N年才需要看一次盘。

第 10 章

如何应用缠论

10.1　学懂弄通理论操作才有信心

缠论的基础部分,只是把现实的真相解剖出来,但这远远不够。看明白与行得通,那是两回事情。当然,看都看不明白,是不可能真的行得通的。

缠论只要学会了,任何人应用都是一样的。对理论的信心来自对其逻辑结构的充分理解,进而在实践中不断校对其理解,这样才能真的变成自己的。

理论的探讨是为了树立操作的信心,当然,还是为了对走势有一个精确的分析去指导操作,但其心理层面的意义也是极为重要的。这绝对不能迷信,而是要从道理、逻辑等方面彻底搞清楚,这样才能果断地去操作,而不至于瞻前顾后。

对任何理论,必须有依法不依人的最基本前提,缠论之所以客观准确,是因为它是实际走势最可能客观的反映,无论任何人,只要在市场中,就被缠论所覆盖。无论你知道不知道,喜欢不喜欢,你都无处可逃。

操作上,最开始,一定都是患得患失的。心态要平稳点,不要整天去计算今天少挣多少诸如此类的问题,如果你没有一套有效的方法,只要你在市场里,你赚的钱从本质上就不是你的,只是暂时存在你那里。而要把自己培养成一个赚钱机器,关键是真正掌握技术,只要掌握了,赚钱就成了自然的事情,只要有足够的时间,就自然产生足够的钱,因为这已经被缠论如几何般严密地保证了。

学缠论,并不荒废任何其他的东西,但那些东西都只能是辅助,甚至你可以去听消息,去追炒概念,怎么都可以,但绝对不能违反缠论。因为缠论是这市场真实的直接反映,违反缠论,最终都会被市场教训。如果不相信,那你就在缠论的第一买点卖,第一卖点买,来回坚持,如果按一个较大级别去操作,一般来说,N 次以后你就可以离开市场了。有了缠论,就算去跟风,追炒,都会有章法,都会进退自如。

10.1.1 市场中的任何机会都在缠论的输出中

任何市场的获利机会,都有一个最明确的分类。用缠论的语言来说,机会只有两种:中枢上移与中枢震荡。

1. 站在走势类型同级别的角度,中枢上移就是意味着该级别的上涨走势,而中枢震荡,有可能是该级别的盘整,或者是该级别上涨中的新中枢形成后的延续过程。

在你的操作级别下,走势中枢上移中,是不存在任何理论上的短差机会的。除非这种上移结束进入新走势中枢的形成与震荡。

而走势中枢震荡,就是短差的理论天堂。只要在任何的走势中枢震荡向上的离开段卖点区域走掉,必然有机会在其后的走势中枢震荡中回补回来。

回补时唯一需要一定技术要求的,就是对第三类买点的判断。如果出现第三买点你不回补回来,那么就有可能错过一次新的走势中枢上移。当然,还有相当的机会,是进入一个更大级别的中枢震荡。那样,你回补回来的机会还是绝对的。

一般来说,如果卖了没回补,最好别养成追高回补的坏习惯。抛了,在技术允许的情况下,一定要买回来,否则节奏就会乱,一旦发现再冲高,再追,反而容易被套住。

短线做丢了,出了就算了,千万别追高买回来,钱放着不会发霉的。等下一个机会,下一个有把握的机会。要把这些追高或不在买点买、卖点卖的坏毛病改了,否则很难进步的。

很多人,经常说自己按缠论做短差买不回来,这没什么奇怪的。如果你连中枢都没分清楚,级别也没搞懂,中枢上移与中枢震荡也分不清楚,第三类买点就更糊涂,那也能短差成功,只能说你的运气好。

以上,只是在某一级别上的应用。用同一级别的视角去看走势,就如同用一个横切面去考察,而当把不同的级别进行纵向的比较,对走势就有了一个纵向的视野。

2. 不同级别上的机会分类

人生有限,一个年中枢的上移,就构成了人生可能参与的最大投资机会。一个年的中枢震荡,很有可能就要搞100年,如果你刚好落在这样的世界里,简直是灾难。而能遇到一个年中枢的上移机会,那就是最牛的长线投资了。最牛的长线投资,就是把一个年中枢的上移机会给拿住了。

当然,对于大多数人的生命来说,可能最现实的机会,只是一个季线级别的上涨过程,这个过程没结束,没见到那新的年中枢,人已经没了。这个年中枢的上移过程,有时候需要几代人的见证。看看美国股市的图,现在还没看到那新的年中枢,依然在年中枢的上移中,想想美国股市有多少年了?

所以,对于一个最现实的获利来说,一个季度甚至月线的中枢上移,已经是足够好的一生最大的,在单个品种上的长线获利机会了。

一个季度中枢的上移,可能就是一个十年甚至更长的月线上涨,能有如此动力的企业,需要怎么样的素质? 即使在全球化的环境下,单个企业的规模是有其极限的。而一个能获取超级上涨的公司,也不可能突破那个极限。因此,顶已经是现实存在了,根据企业的行业,其相应的极限还有所不同。对于操作来说,唯一需要知道的,就是哪些企业能向自己行业的极限冲击。

3. 缠论中机会的输出是最基础的,谁只要读懂了都可以做到;但这机会如何进入操作的层面,最终修炼的是人,这才是最关键的。

特别对于初学者,走势中的每一秒钟,你都要尽可能学会解读市场的语言,你不从此全身心地和走势合为一体,是无法战胜市场的。

缠论,就是市场语言的语法,但光会语法,是不能真正学会语言的。你必须强迫自己每天去练习才能正确地解读市场的语言。

做股票就如同一个将军率领一支军队,股票的机会就是战机,但战机能不能战,战有多大风险,首先你都要有所预计。

因此,如果你技术不好,你就把最坏的情况作为自己面对的情况,你就问自己,一旦出现这种情况,你能应付吗? 如果不行,那就不操作。

操作,是一种能力,能力强的,就可以参与更多的战机,这就像打仗,有多大能耐打多大的仗。否则,就静静地等待,等看到可以适合自己能力的机会再出手。

对于真正的操作者,只倾听市场与自己的声音。

首先,你必须能在任何时刻正确无遗漏地给出所有机会的输出,这是最基本的,如果连这都达不到,那么你就根本不适宜用缠论去操作。

很简单,你要考察自己的水平,请回答下面的问题:请列出最近三个必然发生不会遗漏的机会,并说明其必然的级别。

缠论与所有技术分析理论都不同的就是,缠论不关心这些机会的具体点位和时间,因为点位和时间涉及预测。而机会的显发,就如同花的开放,你看到了,就是了,就这么简单。说得更明白些,缠论把所有级别的机会逐一列出,这些机会是必然要出现的,你只需要等待它出现就可以,没必要去预测什么点位和时间。

其次,机会出现,你必须会看出来,看不出来,就错过了。能否看出机会,这是第二步的问题,任一个机会的确认,都有明确的界限,你看明白就知道了,然后多看,就不会漏过了。

例如,你知道按缠论下一个是 1 分钟底背驰这个机会,但你连底背驰都不会看,那就不行了。

看,有一个逐步精确的问题,你看的水平有多高,这和你对理论的把握有关。你连如何用 MACD 去辅助都不知道,以为 MACD 就等于背驰,那么这种水平,是无论如何看不出背驰来的。

第三,看出来了,就要操作了。要决定操作,就要把下一步给想清楚,就是下一个必然的卖点是什么,一旦这卖点出现后,最坏的情况是什么,每种可能的情况如何去分类,界限在哪里,每种界限触及后如何处理等等。如果你连这个都不明白,事先没搞清楚,那不被市场搞就怪了。

你能把上面三步搞清楚,熟练了,那么你就算是一个初级的有自我意识的操作者了。

缠论把所有的机会无一遗漏地输出,关键是你能否正确地认识,能否去把握这机会,是否适合自己。

例如缠师解盘中说到,现在,对以后的大盘走势,我们马上可以分析出所有必然出现的机会。如图 10 - 1 所示,一个最小的机会,就是大盘线段下移后形成的线段类盘整背驰,这里对应着两个目标,最好的是回拉上面的 1 分钟中枢从而形成 5 分钟中枢,剩下的就是形成第二个 1 分钟的下跌中枢。

图 10 - 1

第一个机会出现后,根据演化的当下选择,马上可以找到下一个必然出现的机会,就是如果是 5 分钟中枢,那么就有着一个中枢震荡的机会;如果是 1 分钟的第二中枢,那么就等着后面的底背驰或者这中枢扩展为 5 分钟后的震荡机会。

任何一个当下,你都可以根据缠论马上给出后面必然要出现的机会。上面说的是买点,卖点的情况是一样的。

你根据缠论,可以罗列出一大堆必然出现的机会。后面面临的,只是选择问题。例如,第 1 个机会,你会觉得级别太小,不想介入,那么就放弃。

你真正明白了缠论,操作其实就是这么简单,唯一需要问自己的,就是你现在有没有介入的兴趣,这个机会,在这一刻,你想参与吗?

10.1.2 买入前就把退出的边界条件设置好

如果你想介入,那么,你就需要一系列的准备,通道的、资金的、一切的安排都要安排好,然后关键要把退出的边界条件也设置好。

对于第 1 个机会,设置的退出条件,就可以是原来的最后一个类中枢,或者是线段类向上走势中的类背驰或类盘整背驰。

当然,根据这样的设置条件,在 T + 1 条件下,你完全有可能走不出来,为什么? 因为这买卖点可能就在当天完成了,买了卖不掉。所以,在设置时,可能还要参考机会出现的时间,如果在早上,可能要考虑一下。如果在下午,那就胆子可以大点。

当然,这还和你自己实际的情况有关,例如一个中线走势极为良好的股票,如果一个线段下跌就去掉了 20%,而你又在高位跑掉了,那这个回补机会当然就可以胆子大点。

更容易的,就是把级别放大点,如果你按周线操作,那么从 2005 年下半年买了到现在,你根本连一次都不需要操作,没有人告诉你缠论只做短线的。

对于每种机会类型,都需要把各种可能的出现情况都考虑清楚,这样可以判断其力度,从而决定进出的资金量。

对于初学者,一定要机械地给点束缚,等于给那死猴子带上个圈圈。这个束缚,就是 5 周、5 日这些线,一旦分型后有效破了,一定走,这就是束缚。当然,对熟练的,就不需要这些了,严格的走势分类自动就给出一切。

练习的第一步,很简单,就是在任何时刻点位,都能马上把后面根据理论输出的机会第一时间反映出来。任何的机会,必然在缠论的输出中。市场的机会与缠论的输出,是严格一一对应的。这就是缠论所以厉害的其中一面。

第二步,根据自己当下的心情、资金等等,选择介入的机会,放弃不想介入的机会。然后就等待机会的显现,当机立断,就这么简单。但,这最后一步,足够你修炼 N 年了。

第三步,为了防止小概率事件的发生,还要时刻关注是否形成小转大的第二类卖点。如果形成操作级别的第二类卖点,一定要先出来再说。

10.1.3 进入实战前要进行必要的模拟演练

对缠论的基础理论掌握后,应用理论开始实际操作前,要先看懂所有曾有的走势,能用理论对已有的走势进行分析,如果这都达不到,那当下去操作一定乱。关键要拿着图形自己对照,要把概念转化为自己的直觉才行。

这一步基础达到后,可以先不用真正买卖,可以进行一定的模拟,市场一周5天开着,当下去模拟操作,每次的操作都记录下来,不断根据后面的走势来总结,然后发现自己对理论当下理解上的问题,不断修正。当模拟操作有足够把握后,才开始真正的买卖操作。如果一开始就真正买卖,由于绝大多数人,在真的钱上都会方寸大乱,无论操作成功、失败,都会迷失在输赢上,而忽略了操作上的问题。

所以,首先要把静态的、已有的图形分析清楚,然后再进行动态的、当下的分析把握,最后才是实际的操作,这样就比较稳妥了。当然,这过程不是一两天完成的。各位实际操作的时候,可能会交给市场一些学费。在市场上学习,先交点学费,然后不断进步,最后应用自如,都是很正常的过程。

最开始操作的时候,最好每次买卖都写下来原因,如果是短线的技术进出,那么是根据什么级别、什么原因的,一定要写下来,这样才好对照。

一定要把自己的坏习惯找出来,写下来,坚决改,否则,在牛市,干错了还有改的机会,如果是熊市,改的机会都没有。一个坏习惯就足以让你的所有投资最终一场空,一定要改,否则麻烦大大的,即使现在并不一定吃大亏。

10.1.4 对走势分析以及操作的绝对性有把握后,操作精确度可以慢慢提高

一个正确的理论,应用到实践中,特别是面对瞬息万变的市场,因为应用的人的经验与心理状态不同,其结果自然有很大差异。如何提高操作的精确度,就是一个长期实践的问题。但无论如何,只有在操作中才能解决这个问题,否则永远都在纸上谈兵,那是毫无意义的。

一个最常见的心理就是,看到是买点或卖点了,但买了还跌、卖了还涨,所以下次就不敢尝试了。这在操作不熟练的人中,太正常了。因为,对买卖点的判断,开始时,一定都达不到理论所确立的精确度。毕竟是人,人总有盲点与惯性。例如对于习惯性多头来说,经常就是买早卖晚;而习惯性空头,就是买晚卖早。就算对理论在认识上没问题了,这种习惯性因素也会导致真正的操作与理论所要求的操作时间有偏差。要改变这种习惯性力量,不可能是一天两天的事情。大多数人都是容易买对,永远卖不对,结果就是坐电梯。说白了,就是贪婪所致。

宁愿卖早,不要卖晚,卖早,有钱,就有新的机会可以把握。卖晚,不仅坐电梯,还把机会成本给搞起来了。至于卖点的精度问题,那是一个磨炼的过程。卖多了,精度自然高,对理论的把握自然好。

10.2　确定一个操作级别

10.2.1　牛熊是有级别的

在一个只能做多的市场中,牛市要比熊市赚钱容易得多。牛熊的转换是趋势背驰来决定的,而趋势背驰是有级别的,所以牛市和熊市也是有级别的。

根据缠中说禅走势分解定理一:任何级别的任何走势,都可以分解成同级别的"盘整""下跌"与"上涨"三种走势类型的连接。

例如用 30 分钟级别为操作级别的话,就可以用 30 分钟级别的同级别分解进行操作,对任何图形,都分解成一段段 30 分钟走势类型的连接,那么只要 30 分钟上涨就是牛市,否则就是熊市,完全可以不管市场的实际走势如何。在这种分解的视角下,操作中只选择 30 分钟级别的上涨和盘整类型,而避开 30 分钟下跌走势类型。因此对于特定的级别来说,牛熊是无时不在的。

同理,也可以定义其他级别的牛市和熊市。这样你就可以事先定好自己的操作级别,然后按照相应的级别分析、操作。

我们知道,一个高级别的走势类型必然就是由几个低级别的走势类型连接而成,但不一定都是次级别的走势类型,例如,如图 10 - 2 所示,a + B + b,B 是 30 分钟中枢,由 3 个 5 分钟走势类型构成,a、b 是 1 分钟走势类型,那么 a + B + b 这个 30 分钟走势类型就能分解成 2 个 1 分钟走势类型和 3 个 5 分钟走势类型的连接。

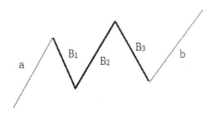

图 10 - 2

站在 5 分钟级别的角度,这里有三个走势类型的连接,站在 30 分钟级别的角度,就只有一个走势类型。

确定自己操作的级别,就是确定自己究竟是按什么级别来分解和操作。例如,5 分钟级别上下上三段,意味着在 5 分钟级别上有 2 个底背驰、2 个顶背驰,按买点买、卖点卖的原则,就有 2 次的完整操作;而按 30 分钟级别看,这里就没有买卖点,所以就无须操作。

而按30分钟级别看,如果不结合该30分钟走势类型之前一个30分钟走势类型分析,就无法确定买卖点,所以就无法操作。

缠论说的入市前要首先确认自己的操作级别,不是指走势图的周期,而是指走势类型的级别。因为只有走势类型的级别才能与买卖点的级别一一对应起来,而走势图的级别只是一个观察走势的显微镜。

缠师在回答缠友的问题时曾经说到,日线图向上的走势不等于日线级别的上涨,这个向上可能是低级别走势造成的,这必须与各级别组合起来看。而连接两个大级别上涨中枢之间的走势,并不一定是次级别的趋势。例如,一个盘整后,突然一个利好出来连续涨停后才形成中枢,这两个中枢间的连续不开板的涨停,只能算是一分钟的趋势。

从纯理论的角度,操作级别越低,相应的效率越高,但实际操作级别是不可能随意低的,而究竟按什么级别来分析、操作,和你的资金等具体条件相关。例如,T+1的情况下,按1分钟以下级别的操作,就面临着不能顺利兑现的风险,而系统的操作,要把所有可能的情况都考虑其中,因此完全按1分钟以下级别的操作是不可能的,除非是T+0。此外,级别越小,平均的买卖点间波幅也越小,因此,那些太小的级别,不足以让交易成本、交易误差等相对买卖点间波幅足够小,这样的操作,从长期的角度看,是没有意义的。所谓的交易误差,可以包括很多,例如你看见买点到你实际操作完成,必然有一个时间差,因此也就有了价位上的差别,这对于大级别无所谓,但对特小级别,那就需要特别精确,而这是不可能长期达到的。

操作级别确定以后,把哪个周期图当作分析操作基本图更合适呢?

选择分析操作的基本图有两种方法:

第一种方法是把最小分析级别图当作分析操作的基本图。

在确定了最小分析级别图后,各级别的走势类型都可以在这张图上看到。

缠师说过,什么级别的图和什么级别的中枢没有任何必然关系,走势类型以及中枢就如同显微镜下的观察物,是客观存在的,其存在性由最原始的递归定义所保证。而K线图的级别,就如同显微镜,不同倍数的显微镜看这客观的走势图,就看到不同的精细程度,如此而已。所以,不能把显微镜和显微镜观察的东西混在一起了。

用1分钟图,也可以找出年线级别的背驰,然后进行相应级别的操作。看1分钟图,并不意味着一定要玩超短线,把显微镜当成被显微镜的,显然是错误。

如果我们首先确立了显微镜的倍数,也就是说,例如我们把1分钟图作为最小分析级别图,那么就可以开始定义分型、笔、线段等等。有了线段,就可以定义1分钟的中枢,然后就是1分钟的走势类型,然后按照递归的方法,可以逐步定义5分钟、30分钟、日、周、月、季度、年的中枢和走势类型。这时级别只是符号概念,基本没有时间概念了。

虽然没有必要精确地从最低级别的图表逐步分析,但如果你看的图表的缩放功能比较好,当你把分笔图或 1 分钟图不断缩小,这样,看到的走势越来越多,而这种从细部到全体的逐步呈现,会对走势级别的不断扩张有一个很直观的感觉。这种感觉,对你以后形成一种市场感觉是有帮助的。

当然,我们也可能用 5 分钟图或 30 分钟图作为最小分析级别图。然后用同样的方法定义 1 分钟级别、5 分钟级别、30 分钟、日、周、月、季度、年的中枢和走势类型。

用 1 分钟图这显微镜,5、30 分钟等图还有用吗?

当然也是有用的,例如走出一个 1 分钟的走势类型,已经完成了,就可以在 5 分钟图上做上相应记号,这样的一个好处就是帮助记忆,否则当 1 分钟图上的线段成千上万时,肯定要抓狂的。而有了 5 分钟、30 分钟、日线等图,就可以把相应已经完成的走势类型标记在较大级别走势图上,这也是在大周期图上做递归图的意义之所在。实际上,在 1 分钟图上需要记住的,只是最近一个未完成的 1 分钟走势类型。当然,由于分解的多样性,实际上需要知道的要多点,这里只是站在一种分解的角度说的。

另外一个好处就是看 MACD 辅助判断时,不用对太多的柱子面积进行相加,可以看大级别的 MACD 图,这样一目了然。日线的背驰,其实在 1 分钟图上也可以看出来,只不过是需要把所有相应对比段的 MACD 都加起来进行处理,这样当然是不切实际的,因此就可以看日线图的 MACD,在理论上没有任何特别之处,只是为了方便。

第二种方法是用较大周期的走势图当作分析操作的基本图。

如缠师在答疑中说过,按 30 分钟级别操作就看 30 分钟图为分析操作的基本图,按日线级别操作就看日线图为分析操作的基本图。

选好分析操作的基本图后,在选择买卖点时,要在次周期以下图中根据走势类型的级别,在符合区间套的原则下,去确定买卖点。

这种方法实际上就是把前面介绍的递归作图的方法反过来用,把较大级别的走势图当作某级别走势类型分析的基本图。其转折点的判断还是要从次级别走势图上来判断。因为我们看图的习惯都是先看大级别图,后看小级别图。而图看多了以后,一眼就能在大级别图上看到某级别的走势中枢。

缠师说,用什么级别的 k 线图做分析操作基本图就直接在这个图上找出买卖点。比如你现在用 30 分钟的图,发现有向下的下上下三段,上没过第一个下的高点,第二个下和第一个下明显背驰,你就要密切关注了,非常可能是第一买点,然后你再从小级别的图,比如 1 分钟,或者 5 分钟图来用递归的那套方法分析走势,确定这两个下是否是背驰了,这样判断买点的成功率就高了。

如果你是以 30 分钟级别操作的,就看从该 30 分钟中枢离开的那段走势里的次级别中枢的变化情况。按照某级别的图进出,但你首先要搞清楚,你这级别的走势究竟是怎样产生的,而且,趋势的改变往往是从其他级别的改变开始的,所以当然要看不同级别的图。

用较大级别走势图做分析操作的基本图有一点需要注意,就是在 30 分钟图上看到的上下上形成的中枢不一定就是 30 分钟级别的中枢,也有可能是其他级别的中枢。关键是这上下上是不是都是 5 分钟级别的走势类型。

如果你能熟练地在任意一张图上清楚地分辨出次级别的走势结构,选股时可以用大级别走势图来粗选,买卖点的定义还是应该遵循走势类型的级别来定。因为在周线图上的一笔,可能在日线图上或者 30 分钟、5 分钟图上也是一笔。

缠师答疑:

Q:分析一下大盘从 2541 - 3049 点位 5min 级别的图吧,自己感觉好多中枢啊!

A:没必要,如图 10 - 3 所示,如果大盘已经形成 30 分钟的中枢,那么就看 30 分钟图就可以,然后从 30 分钟的第二个中枢开始,密切关注是否进入背驰段。然后再按区间套来确定精确背驰。

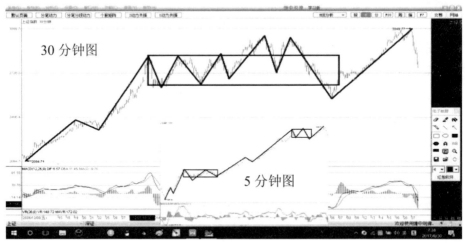

图 10 - 3

这两种方法没有本质的区别,在确定买卖点的时候,都是要用递归的区间套的方法来最终确认。

分析图形,要从高看到低。低级别走势的意义,是在高级别意义彰显后才能彰显的。

　　一般人面对一只股票,不可能就先看1分钟图,大概都是先从日线,甚至周、月、季、年线入手,这样等于先用倍数小的显微镜,甚至是肉眼先看一下,然后再转用倍数大的,进行精细的观察。因此,对于大级别的图,分型、笔、线段等同样有用,不过,一般这个观察都是快速不精细的,所以大概精确就可以,而且,一般看图看多了,根本就不需要一步步按定义来,例如,打开日线图,1秒钟如果还看不明白一只股票大的走势,那就是慢的了。基本上说,如果图看多了,成了机械反应了,一看到可搞的图,就一见钟情。

　　如果没有超越的直觉,还是老老实实去分析,在大级别图粗略选定攻击目标后,就要选好显微镜,进行精细的跟踪分析,然后定位好符合自己操作级别的买点建仓,按照相应的操作级别进行操作,直到把这股票玩烂、直到厌倦或者又发现新的更好的股票为止。而站在纯理论的角度,没有任何股票是特别有操作价值的,中枢震荡的股票也不一定比相应级别单边上涨的股票产生的利润少。

　　如果选定了30分钟级别,30分钟以下级别的波动一概不考虑!这样讲并不妨碍运用区间套原理在小级别里精确定位买卖点!这一点要充分地加以理解!

　　30分钟级别操作的,一个5分钟级别的背驰是在你操作级别可忍受范围内的;5分钟级别的背驰,正常情况下只能引发对5分钟级别走势的修正,一旦该修正的第一个中枢级别大于5分钟级别,那就要在第二类卖点先出来,因为这里可能会发生小转大,至少形成30分钟的盘整走势了,这就是为什么需要第二类卖点的原因。

　　根据自己的情况先选好分析操作基本图,进去后如何利用低级别的图弄短差,那是另外一个问题,是如何提高资金利用率的问题。

　　制定了相应操作的级别,是否按照次级别以下走势进行部分操作,那是操作风格问题,而实际上是应该安排这种操作的,特别当进入一个你的操作级别的次级别盘整或下跌,这是你可以忍受的最大级别非上涨走势,当然要操作一下来降低自己的成本。如果你的操作级别很大,那么其次级别的次级别,也可以用来部分操作的。这样,整个操作就有一定的立体性,从而更降低其风险,也就是能进行把成本降低这唯一能降低风险的活动,只有当成本为0时,才算真正脱离风险。

　　10.2.2　确定操作级别需要考虑哪些因素

　　操作级别一定要根据你入市的资金量、你的技术熟练程度、你入市的时机、你的通道和你操作的个股的股性来确定。

　　1. 从交易量上考虑

　　级别的意义,其实只有一个,基本只和买卖量有关,在大级别买点上投入的资金当然比小级别上投入的多,日线级别的买卖量当然比1分钟级别的要多得多。1分钟级别肯定不适合大资金运作,即使出现了买卖点,也未必能够买得进、卖得出。

例如,你有10亿资金,一个30分钟的买点,肯定对你没意义,所以你根本无须看30分钟来进出。如果你是看日线进出的,但你必须时刻关注30分钟,为什么,因为日线的改变,首先从30分钟开始,你必须知道30分钟究竟在发生什么事情。当然,5分钟太短,就没必要看了。

所以级别是决定你的交易量的根本依据。如果在小级别上投入了较大的仓位,一旦遇到突发事件的情况,不能及时卖出,损失是不可避免的。

如果你的资金不到操作股票流通盘的千分之五,基本30分钟以上级别的都可以随意操作。至于1分钟级别的操作量,一般只要在10天均量的1%以下,都可以顺利完成。

2. 从市场环境来考虑

如果市场只能是单边的,那么唯一的区别就是在熊市中或小级别中,投入的资金以及摆动频率要小,在牛市或大级别中投入的资金要大些。

如果股性活跃度低的股票,小级别的买卖差价加上反应时间,不一定够交易成本,就没有操作价值。

在急剧变动的市场(注:在急涨急跌的时候)要死死地盯着一分钟走势,只要一个回拉,产生背离就先跑。市场缓和下来后,还是看5分钟或30分钟比较好。

3. 从交易通道来考虑

(1)对于很忙,根本没时间操作的人,最好就去买基金。

对基金,可以对指数基金进行定投,这样等于直接买了中国资本市场这个股票。这样,如果最终牛市上到三、四万点,那么至少你不会丢掉指数的涨幅。

其次是投那些与指数关系不大的成长股基金。因为如果你投了指数基金,再投和指数关系特别大的基金,就没什么意义了。而成长股,往往在熊市或指数表现不好时有大表现,关键这些成长股有足够的成长性。但唯一不能确定的是,你买的基金的管理者是否有足够的能力去找到有足够成长性的股票组合。

如果很忙,就用这两种方式进行一个基金组合,例如60%买指数基金,40%买高速成长股的基金,这样就别自己搞股票了。采取的方式很简单,就是定投,每个月去投一次。这对于一般的散户投资者,至少能买到市场波动的平均。

(2)对于有充足时间的散户,如果交易通道还行,那就用第三类买点买入法。

散户,根本没必要长期持有一只股票。用第三类买点去操作,不参与任何的中枢震荡,只搞最强势的。这才是散户该干的事情。

资金量比较大的大散户,用所有资金去追逐第三类买点已经不切实际了,那么就可以对基本面上有长期价值的股票进行附骨抽髓式的操作,利用各种级别的中枢震荡去减低成本增加筹码。这样,资金效率肯定没有散户的高,但资金量不同,操作方法自然不同。

(3)除非你觉得自己交易通道特别好,判断又能特别精确,否则不要太多参与线段的操作。至少要参与 1 分钟以上级别的操作,否则可能会被堵死在通道里卖不出来。

1 分钟的 K 线图是最复杂的,一般来说,级别越大的图越简单,而操作上,技术不好,通道不好的,一般不用 1 分钟的图,把级别放大点,你要经常考虑的是,大的级别是什么,才考虑 1 分钟的,除了最后的冲刺以及权证,一般都没必要看 1 分钟的,当然,1 分钟背驰,在盘中肯定有回跌,但关键是这种回跌如果不及时补回来,一下就过去了。所以,除非你每天每秒都趴在股市里,否则太短的短线不一定要弄。

缠论,适用于各种层次的游戏,当然,在越高的层次,技术面的因素就越来越不重要,因为技术面不过是合力的结果,而如果你有高超的调节各种分力的能力,那么一切的技术面都可以制造出来的。但必须注意的是,任何制造出来的技术面,都不能违反缠论中的最基本结论。

4. 从你的技术熟练程度来考虑

如果你的技术熟练程度低,反应慢,加上交易成本,过于频繁的买卖,不一定盈利。对大多数人来说,就别老贪心到要把市场里的每分钱、每个波段都吃到,就像用一分钟级别操作,那意味着在大部分软件系统里已经进入最低级别阶段,市场中的所谓风吹草动制造的波段差价机会都可以进入该级别并监控了,没有高明的技巧在一分钟里折腾就是加速死亡。

级别越小,判断需要的经验与熟练程度越高,所以刚开始学时,别为一些小级别而折腾,这样很容易搞坏心态,如果能把 30 分钟级别的节奏抓住,这市场 95%的人都不是你对手了。

这事情是很公平的,如果你的技术能精确到分笔级别的,你当然就会比别人卖得更好,否则,就按小级别对大级别,那么后面还有很多位置是可以卖的,或者说是可以打短差的。至于卖不卖,就看图上有没有第一类卖点或第二类卖点。

新手,最好不要做超短线,还是多看看日 K 线图,先找感觉。各种各样的图形形态了然于胸才可以。太短的,反应慢的就错过,很难把握。最短也要 5 分钟以上级别的,最好是 30 分钟以上、甚至是日线的,这样,一个月也就操作一两次,而且心态要好点,不要强迫自己一定买卖在最好的位置。最好的位置的买卖,那是要靠磨炼的,不可能一上手就达到,所以一定不能有不切实际的想法。

对于新手来说,选好一些基本面有支持的,股价离底部不远,大级别又出现买点的股票反复操作,这样的效率,比换来换去要高。

当然对有能力的人来说,市场中每个波动都会给你制造抽血的机会,控制好买卖的数量,各个级别不过是提供了各种速度的卷钱机器而已,资金搞大了,就把所有级别都开着,控制好每个级别可承载的成交量,你能监控多少个级别,就有了多少个卷钱机器。永远记住两句话:干你该干的事情,干你能干的事情。

10.2.3 固定级别的操作原则

一旦选定了操作级别,就一定要严格按照该级别的买卖点进行操作。缠论对长线、中线和短线都是有严格定义的。

1. 长线是指按月线操作;

2. 中线是指按周线操作;

3. 中短线指按日线操作;

4. 短线是指按 30 分钟操作;

5. 超短线指按 5 分钟或 1 分钟操作。1 分线只有 T +0 有意义。

缠论操作的基本原则是在哪个级别的买点买入就在哪个级别的卖点卖出。

一定要注意,短线买点的介入就只意味着短线的操作,即按照短线的卖点卖出。长线介入,一定是在长线买点,如果在一个短线买点介入要持有长线,是绝对地违反缠论的。

高手,就是该短线能短线,该长线能长线,能控制住量,量其实是最关键的,出多少,买多少,这比买点和卖点更重要。

关键操作上要有正确的思维方法,任何一个操作,必须要知道对在哪里、错在哪里。如果本来想 1 分钟操作的,结果搞错了,就用长期投资搪塞,这样是很难进步的。

10.2.4 在长线级别买点买入,可以在短线级别做波段降成本

长线短线的技术基础是一样的,只是看的图表不同,最短线的就看 1 分钟,一般看 5 分钟或 30 分钟。每次操作后一定要不断总结,逐步提高。

级别必须配套来看,最好不要单纯的短线,任何进入的股票,最好是在至少日线级别的买点进入的,一定不能远离底部,特别对于生手,这更为重要。短线是让你把成本降下来,而且确保持有的安全性,除了日线的单边上扬走势,短线必须坚持。但仓位可以控制,例如用其中的 1/3,慢慢养成好习惯以后,就可以更随心所欲一点。

如果资金量不大,对于一只股票已经在中线图上买点过了,卖点又没出现的,最好的就是持有,然后按照比中线图低 1 级别的图,拿部分仓位作短差,这样资金

利用率就高了。例如,如果你是按 30 分钟图上的第一、二类买点买入,那么相应的就可以用 1 分钟和 5 分钟图来弄短差。

越难弄短差的,越是中线的好股票。

很多人总是说,某某股票曾买过,抛了还涨 1 倍、2 倍、3 倍,这种事情少见吗? 有些股票,大盘跌了,涨得更兴奋,所以短差是要具体看个股的具体走势的,不能一概而论。短线是用来摊成本的,要挣大钱,关键是看中线。

股票投资十分简单,最关键的就是成本,而时机其实就是成本,如果你有本事能比市场的平均成本要低,就永远立于不败之地。

10.2.5 操作时要 3 个级别联立起来多级别综合考察来确定买卖点

缠论对走势给出的完全分类,不是单层次的,一定也必须是多层次的。

缠论最重要的特点之一,就是自然地给出了分类的层次,也就是自然地形成不同的级别。不同的级别,有不同的完全分类,综合起来,就有了一个立体的完全分类的系统,这才是我们的操作必须依赖的。

当然,对于小资金,你可以完全用一个层次的完全分类进行操作,但对于大一点的资金,这是不合适的。例如,在 30、5、1 分钟的三个层次所构成的系统里,任何的当下状态,都对应着不同层次完全分类中的一个现实状态。

图 10 - 4

例如,现在(2008 - 02 - 25)的上海指数,如图 10 - 4 所示,从 6124 点下来,是一个 30 分钟的下跌趋势,现在处在最近一个中枢的中枢震荡之中,只要不出现第三类卖点,这震荡还是有效的。

而 5 分钟层次上,如图 10-5 所示,是离开第一个中枢向下移动中,由于第三类卖点没有形成,所以是否形成 5 分钟下跌,不能给出 100% 的确定。

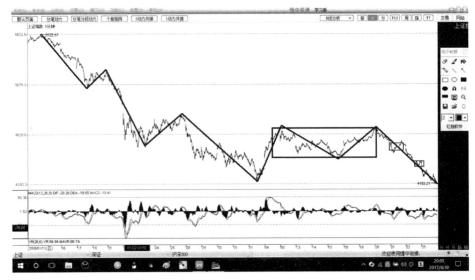

图 10-5

而 1 分钟层次,如图 10-6 所示,一个 1 分钟下跌已经形成。

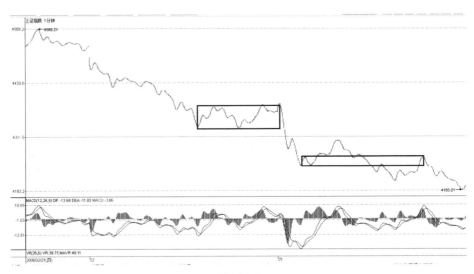

图 10-6

因此,这三层次构成的完全分类就给出了最完美的操作指示。

首先,第一个必然且一定是最先出现的变化,就是 1 分钟层次的底背驰。如果连这都不出现,其他两个层次是不会有任何状态变化的。

而这底背驰后,必然出现回拉,这里就面临两个完全分类:

1. 这回拉构成原来 5 分钟的第三类卖点;

2. 回拉不构成原来 5 分钟的第三类卖点。

因此,对应这两种 5 分钟层次的状态变化:

1. 第二个 5 分钟中枢的确认,从而确认 5 分钟的下跌。

2. 原来 5 分钟中枢继续震荡的确认。

显然,这两种 5 分钟的新变化,都不会导致 30 分钟层次有状态变化。但,其中的一种,却隐含着 30 分钟即将可能面临变化,因为 5 分钟下跌一旦结束回拉构成 30 分钟第三类卖点,那么 30 分钟层次就会有所变化了。

因此,在当下的状态,我们可以很逻辑很严密地推算出后面下一步的系统层次的状态变化,那么这个变化的可能结果,都对应着你可以承受的范围。因此,你只需要把自己可以承受的能力与之相匹配,给出相应的参与资金比例,相应的仓位控制,就可以自如地参与其中了。

例如,你没法应付可能出现的第三类卖点的情况,那么,你就别参与了,为什么? 因为这第三类卖点是一个可能的选项。反之,如果你对所有的可能都有面对的技术,那么,就可以参与这 1 分钟底背驰的活动了。

所以,最终还是那个问题,把市场分析好了,把情况分类好了,然后问一下自己,你有这个处理所有可能情况的能力吗? 如果没有,那就算了;如果有,就干。事情就这么简单。

当然,你还可以这样,就是把仓位弄得特别小地去参与,这样,可能培养自己面对相应情况的能力,能力毕竟要干才能培养的,光说不练,那永远还是没能力。关键是知道自己干什么,而不是糊涂蛋瞎蒙就行。

缠论是在各级别之间系统、综合应用的,不能光看一个级别的。

一定要从大级别往小级别看,用区间套的方法。1 分钟级别的背驰要发挥大威力,一定是因为在大级别的背驰段里,如果大级别是第二买点开始的初升、甚至是主升段,看小级别的背驰就没有多大意义。就算卖了,也要马上找位置买回来。否则都光看 1 分钟的背驰,那就乱套了。

10. 3 建立一个结构错位的动态股票池

在投资股票时,一定要先制定一个原则,那就是首先要考虑的是资金安全,其次要考虑的才是资金的使用效率。

资金安全可从基本面、比价关系和技术面三方面因素来考察。

虽然短线操作不需要考虑基本面和比价关系方面的问题，只看技术面操作就可以。但最开始以中长线心态进入时，尽量参考一下基本面的情况，不能搞太烂的股票。

对于大级别的操作，比方说月线级别的，一定要有大的宏观经济环境配合才行。主要是因为大级别的操作周期比较长，所以大环境是影响市场价格长期走牛的一个不可缺少的基本面因素。

对于周线以上级别操作的股票要符合国家产业政策，今年为什么周期股涨势喜人，因为今年是供给侧改革之年，把过剩的产能清理掉，自然会导致上市公司产品的市场价格的上涨，因而提高上市公司的业绩是必然的结果。所以煤炭、钢铁和稀有金属涨得都不错。

为什么科大讯飞轻而易举地就翻倍了，因为今年国家把人工智能产业的发展提到了前所未有的高度予以重视。最重要的是，在今年的两会上也用上了科大讯飞的产品。这才是真正的基本面。

短线操作那些已经启动的板块。

一个板块的大资金布局不是一天就完成的，所以，你可以先关注，毕竟短线最有力的还是那些已经启动的板块。那么，如果要快赚钱，就要在那些已经启动的板块中找补涨的，一旦前期没怎么动的股票，有新资金介入，并且技术上出现了相应的买点，那当然就可以介入了。

新资金介入迹象：放量后有一个缩量站住的过程。关注放量突破年线后，缩量回调的个股。

一定要紧跟大部队，有集团进驻的领域会反复活跃，而没有的，就可能出现长期不动的局面。

有一点必须提醒，在牛市中，牛市的第一阶段都是一线股先长；一定要严重关注成分股，特别有一定资金规模的，成分股都是大部队在战斗。

资金的使用效率方面，则要从操作级别和买卖点的种类来考察了。必须明白，任何让你买入一只股票的理由，并不是因为这股票如何好或被忽悠得如何好，只是你企图通过买入而赢钱，能赢钱的股票就是好股票，不管任何情况，这是必须遵守的原则。

1. 只选择有自己操作级别买点的股票，不要看到这个也好，那个也不错，是菜就往篮子里放，结果就忘了自己到底要吃哪道菜了。

同一只股票不同的操作级别所面临的系统风险是不同的。在大级别上面临的风险，在小级别上可能就不必考虑。

比方说针对面临退市风险的股票，对于大级别来说风险是不可避免的，而对于 1 分钟级别的操作,可能根本就谈不上风险。除非你运气特别好,今天买了,明天就退市!

再如日线以上级别操作的要考虑基本面和比价关系等因素,而 30 分钟以下级别操作是不需要考虑基本面因素的,只看技术面即可。

对于新手来说,不同级别买点的股票放到一个自选股中,往往会打乱自己事先确定的操作级别。从而导致操作上不该有的失误。

2. 好股票的标准也是相对的,这个标准与你的操作级别息息相关。有的股票在大级别上是买点,在小级别上也是买点,这是最好的一种情况。有的股票在大级别上没有卖点,在小级别上出现了卖点,这时我们一定要耐心等待小级别的调整的完成,等待小级别买点的到来。而有时候大级别没有买点,而小级别有买点,这时一定要注意,你在小级别买点介入的,一定要在小级别卖点卖出。否则一定是套你没商量。

最好选择周线刚脱离底部的股票,特别那些技术不好的,就算判断错误,也有改正的时候。只要盘整足够,重新有启动迹象的,都可以关注。

还在年线下面的股票,先别看了,等他们上年线再说。其实,这就是在牛市中最简单可靠的找所谓牛股的方法。

各级别好股票的标准是一样的,出现三类买点的就是好股票,出现三类卖点的就是坏股票。大级别买点的就是最好的绩优股,耐心等待股票成为真正的绩优股,这才是真正的心态。

3. 针对资金的安全性和使用效率而言,同一级别的三类买点间也是有区别的。

从安全性角度而言,第二、三类买点安全性是最高的。因为这时趋势已经明朗化了,可以避开对第一类买点判断失误的可能性。

从资金的使用效率而言,第三类买点的使用效率是最高的。因为在第三类买点后可能是一个中枢上移的过程。

第一类买点和第二类买点是一个筑底的过程,一般都有一个较长的中枢形成的过程。尤其是较大级别的第一类买点后的筑底过程。

缠师告诉我们,散户绝对不要抄大级别底,一定要等股票走稳将启动才介入。

对于一般的散户投资者,在一些较大级别的介入中,例如日线以上的介入中,并不一定都要在第一类买点介入,因为,其后的筑底过程,并不一定是一般的散户可以忍受的,一般地,可以在第二类买点出现后才考虑介入,或者更干脆的,是第三类买点出现再介入。

如果资金有一定规模,需要一定数量的筹码,或者要为以后的猎鲸活动储备经验,一个至少从第二类买点开始利用部分筑底过程的介入是必需的,其中也要如大资金一样,有利用筑底过程的震荡降低成本、增加筹码的必要。这样做有利于熟悉股性。

股票运转的模式,归根结底,就是不同级别的中枢震荡与移动的组合最终构成相应的洗盘与拉升,虽然模式都一样,但每个股票都有其股性,涉及频率、幅度、形态复杂度等等,这些,对于每只股票都是独特的,这也就是为什么依据同一模式展开的走势,却呈现千差万别的最终图形。

要保证操作正确,最好就是一心一意,选好一定的股票,反复操作,如果你把所有该级别的震荡都基本把握,其实效率并不低。在市场里,复利的力量是最大的,只要有好的心态与技术,复利是必然的,这就可以战胜一切。

高手并不一定都能拿到每一只黑马,但高手一定能在该走的时候走,该留的时候留,走了又能马上找到新的猎物,复利的威力是最大的黑马。

牛市中,最终所有股票都会有表现的机会,只要掌握了节奏,资金的利用率就一定高。要达到这种水平,其实很简单,就一个原则:避开大的回挡,借回挡踏准轮动节奏。

4. 选好几只节奏有错位的股票,当成股票池,然后不断反复操作这些股票,在这些股票中不断根据买卖点买卖换股,每次只操作一只,最多两只。

可以把一些有潜力的板块,价位不高的,周线还没拉升的当成自选,弄个100、几十只的,然后每天在这些股票里选买点,这样就不会太累了。节奏弄好了,基本可以达到出了马上又可以买别的股票的地步,这样资金利用率就高了,散户资金不大,就要发挥优势,没必要参与大级别的调整。把已经走坏的挑出你的股票池,不断换入有潜力的新板块,这样不断下去,一定会有大成果的。

10.4　精心安排市场的操作

10.4.1　缠论的分析是建立在完全分类的基础上的

不学无术之辈,总是喜欢谈论所谓的点位,却不知道,点位只是基本形态演化的一个结果,是当下形成的。那种追求对点位的非当下把握绝对是错误的。

站在哲学的角度,预测也是一个分力,就如同观察者本来就被假定在观察之中,所有观察的结果都和观察者相关、被观察者所干预,以观察者为前提,预测也是以同样的方式介入到被预测的结果之中。正如同量子力学的测不准原理,任何关于预测的理论,其最大的原理就是测不准。

那么,如果一切都不可以预测,那缠论的意义何在?

一切虽然不可以预测,但一切走势类型的可能结构与类型,却是可以完全分类的,每一类之间都有着明确的界限。因此,你唯一需要的,就是观察市场当下的走势,让市场去选择可能的结构与类型,然后根据市场的选择来选择。

缠论一直强调无须预测,并不是说市场走势就绝对不可预测。相反,市场走势当然可以绝对预测。不过,这里的预测和一般所说的预测并不是同一意义。

一般的预测是建立在一个机械的、上帝式思维基础上,这种思维把市场当成一个绝对的、不受参与者观察所干扰的系统。由此而形成一套所谓的预测标准,一个建立在错误的思维基础上的标准。这种预测,本来就不存在。

其实,预测一点都不神秘。所有预测的基础就是分类,把所有可能的情况进行完全分类。

市场的预测、观察、参与者,恰好又是市场走势的构成者,这就是市场预测的最基本起点。因此,市场的走势模式,归根结底就是市场预测、观察、参与者行为模式的同构。这意味着,市场中唯一并绝对可以预测的,就是市场走势的基本形态。

市场的基本形态最基础的就是以走势中枢、级别为基础的趋势与盘整。而背驰的级别一定不小于转折的级别,是市场预测的最基础手段。

如果你是一个 30 分钟级别的操作者,那么,任何 30 分钟级别下跌及 30 分钟级别以上的盘整,你都没必要参与。因此,当一个 30 分钟的顶背驰出现后,你当然就要绝对退出,为什么? 因为这个退出是在一个绝对的预测基础上的,就是后面必然是一个 30 分钟级别下跌或扩展成 30 分钟级别以上的盘整。这就是最有用、最绝对的预测;这才是真正的预测。这预测是被缠论绝对保证的,或者说这是被市场参与者的贪嗔痴疑慢所绝对保证的。

实际操作中,最基础的,就是对基本形态的最基本把握。只有立足于这基本形态之上,才有对点位当下的把握。

机会是可以预先分析的,这分析是建立在完全分类基础上的边界划分,这划分完全来自缠论的纯数学构造,这构造的唯一性与精确性保证了这分类与边界的当下可确认性。

操作的节奏是最重要的,而节奏源自对级别的清楚认识。缠论所说的预测,是各种级别边界条件的完全分类,是一个操作的完全分类图,这里,最关键的是级别,没有级别,任何的买卖点都是白搭,更别谈什么节奏了。

有人可能说,分类以后,把不可能的排除,最后一个结果就是精确的。这也是一个错误的想法,任何的排除,等价于一次预测,每排除一个分类,按概率的乘法原则,就使得最后的所谓精确变得越不精确,最后还是逃不掉概率的套子。

对于预测分类的唯一正确原则就是不进行任何排除,而是要严格分清每种情

况的边界条件。任何的分类,其实都等价于一个分段函数,就是要把这分段函数的边界条件给确定清楚。例如下面的函数:

$$f(X) = -1, X \in (-\infty, 0); f(X) = 0, X = 0; f(X) = 1, X \in (0, \infty)$$

关键要搞清楚 $f(X)$ 取某值时的 X 的范围,这个范围就是边界条件。在走势的分类中,唯一可以确定的是不可能取负值,也就是从 $[0, \infty]$ 进行分类,把该区域分成按某种分类原则划分为 N 个边界条件。

边界条件分段后,就要确定一旦发生哪种情况就如何操作,也就是把操作也同样给分段化了。然后,把所有情况交给市场本身,让市场自己去当下选择。

例如,如果用 10 日线进行分类,那自然就把走势区间分成跌破与不跌破两种。然后预先设定跌破该怎么干,不跌破该怎么干,如此而已。这就是最本质的预测,不测而测,让市场自己去选择。最后市场选择了不跌破,那就继续持有。

有人说,万一它上去后又跌破怎么办?这是典型的错误思维。任何一个市场的操作者,一定不能陷入这种无聊思维之中。市场不跌破是一个事实,你的操作只能根据已经发生的事实来,如果跌破,那就等跌破成为事实再说,因此在缠论意义下的预测里,你已经把如果跌破的情况该干什么预设好了,这种情况没成为事实,就是另一种情况成为事实,那就该干什么干什么。

所有的操作,其实都是根据不同分段边界的一个结果,只是每个人的分段边界因级别的不同而不同罢了。

缠论,任何时候都自然给出当下操作的分段函数,而且这种给出都是按级别来的,所以缠论反复强调,你要先选择好自己的操作级别,否则,本来是大级别操作的,看到小级别的波动也波动起来,那也是错误的。

给出分段函数,就是给出最精确的预测,所有的预测都是当下给出的,这才是真正的预测。

缠论中的分型、笔、线段、中枢、走势类型、买卖点等等,是不是预测呢?是也不是。因为本质上缠论是最好的一套分段原则,这一套原则,可以随着市场的当下变化,随时给出分段的信号。按照缠论来的,其实在任何级别都有一个永远的分段:$X =$ 买点,买入;$X =$ 卖点,卖出;X 属于买卖点之间,就持有。

在操作时,后续的所有可能面对的情况与对策都必须了然,否则就没资格操作。对于一个真正的操作者,没有任何情况是意外的。因为,所有的情况都被完全地分类了,所有相应的对策都事先有了,只是等着市场自己去选择,去触及我们事先给定的开关。

对于股票来说,完全的分类或谋划,基本不存在超越能力的问题,只是买卖多少的问题,有能力就多点,没能力就少点,不存在某种分类完全不能执行的情况。

因此,所有的重点,都在这完全的分类上了。

有人可能问,如果出现回探的情况,那么可能在背驰买的出不掉。显然,这种情况是很可能的,因为 T + 1,该反应的时间你可能没资格卖。不过,一个很简单的对策就是,你必须买比大盘要强势的股票,也就是先于大盘的股票。这样,一旦大盘回转,这类的股票走势都会比大盘强,这样自然有足够的空间让你选择。注意,最好的选择是比大盘稍微先一点的,而不是完全逆于大盘的,因为后者,往往有可能补跌,或者逆着大盘洗盘。

技术分析的最终意义不是去预测市场要干什么,而是市场正在干什么,是一种当下的直观。在市场上所有的错误都是离开了这当下的直观,用想象、用情绪来代替。

这就要求我们应用缠论操作时,只需要用眼睛看是否出现你操作级别的买卖点,如果出现就操作,否则就持有(包括持股或持币)。无需用大脑思考,做一个严格执行操作纪律的机器人。只要看图就行,出买点就买,出卖点就卖,这样才能避免追涨杀跌的行为。

走势是千变万化而有级别的,任何的当下,并不就意味着 1 秒钟的变化,而是根据你的资金以及承受能力所决定的操作级别来确定。一直所说的操作级别,就是针对此而说。例如,你根据资金等情况,决定自己的操作级别是 30 分钟的,那 30 分钟所有可能发生的走势都在你的计算之中,一旦你已有的操作出现与 30 分钟实际当下走势相反的情况,那么就意味着你将进入一个 30 分钟级别的屠杀机器里。这种情况下,只有一种选择,就是用最快的时间退出。

股票在任何时候都可以买入,唯一的不同是承受的风险的不同。而好的方法就是在最低风险的时候介入,但世界上没有绝对无风险的机会。介入的关键是你要明白你的风险在哪里,能承受多少,怎么退出。

当你买入时,你必须问自己,这是买点吗? 这是什么级别的什么买点? 大级别的走势如何? 当下各级别的走势中枢分布如何? 大盘的走势如何? 该股所在板块如何? 而卖点的情况类似。你对这股票的情况分析得越清楚,操作才能更得心应手。

有买点吗? 有符合自己操作的级别的买点吗? 这才是你受用一生的思维模式。应该培养这样的习惯,就是你的眼光,只投向有买点的股票。关键是看图,看是否有符合操作级别的买卖点。如果能把 30 分钟级别的节奏抓住,这市场 95%的人都不是你对手了。

10.4.2 要清楚自己的介入模式

一个人拿着钱准备入市,那么,首先要明确,自己要按什么级别来操作,不妨假设这级别是30分钟。那么,进到市场,打开走势图,首先要找什么? 就是找当下之前最后一个30分钟中枢。注意,这最后的30分钟中枢,是一定可以马上确认的,无须任何预测,当然,前提是你首先要把缠论学好,如果连中枢都分不清楚,那就没办法了。

这其实对任何新进的股票,道理是一样的。例如,你出了某股票,重新选择一只新的,那就会面对相同的情况。

找到这个30分钟中枢后,这将会出现三种情况:

第一种情况当下在该中枢之中,显然,这中枢在延伸中。

由于这时候怎么演化都是对的,不操作是最好的操作,等待其演化成下面第二、三种情况。当然,如果你技术好点,可以判断出次级别的第二类买点,这些买点很多情况下都是在中枢中出现的,那当然也是可以参与的。但如果没有这种技术,那就等有了再说。只把握你自己当下技术水平能把握的机会,这才是最重要的。

第二种情况当下在该中枢之下。

1. 当下之前未出现该中枢第三类卖点。

此时,由于中枢震荡依旧,因此,先找出该中枢前面震荡的某段,与之用类似背驰比较力度的方法,用MACD辅助判断,找出向下离开中枢的当下段走势,看成背驰判断里的背驰段,然后再根据该段走势的次级别走势逐步按区间套的办法去确定尽量精确的买点。注意,用来比较的某段,最标准的情况当然是前面最近向下的,一般情况下中枢震荡都是逐步收敛的,这样,如果继续是中枢震荡,后面的向下离开力度一定比前一个小。当然,还有些特殊的中枢震荡,会出现扩张的情况,就是比前一个的力度还要大,但这并不必然就一定会破坏中枢震荡,最终形成第三类卖点。一般来说,这种情况用各级别图形分解与盘整背驰的方法就可以完全解决。

2. 当下之前已出现该中枢第三类卖点(正出现也包括在这种情况下,按最严格的定义,这最精确的卖点,是瞬间完成的,而具有操作意义的第三类卖点,其实是一个包含该最精确卖点的足够小的区间)。

当下,由于该中枢已经结束,那就去分析包含该第三类卖点的次级别走势类型的完成,用背驰的方法确定买点。当然,还有更干脆的办法,就是不参与这种走势,因为此后只能是形成一个新的下跌中枢或者演化成一个更大级别的中枢,那完全可以等待这些完成后,再根据那时的走势来决定介入时机。这样,可能会错过一些大的反弹,但没必要参与操作级别及以上级别的下跌与超过操作级别的盘整,这种习惯必须养成。

第三种情况当下在该中枢之上。

1. 当下之前未出现该中枢第三类买点。这时候不存在合适的买点,继续等待。

2. 当下之前已出现该中枢第三类买点。

如果离该买点的形成与位置不远,可以介入,但最好就是刚形成时介入,若一旦从该买点开始已出现次级别走势的完成并形成盘整顶背驰,后面就必须等待,因为后面将是一个大级别盘整的形成,按照上面的习惯,可以不参与的,等待该盘整结束再说。当然,如果整个市场都找不到值得介入的,而又希望操作,那么就可以根据这些大点级别的中枢震荡来操作,这样,也可以获得安全的收益。

上面已经把一个固定操作级别的可能操作情况进行了完全分类与相应分析。显然,对于一个中枢来说,最有价值的买点就是其第三类买点以及中枢向下震荡力度出现背驰的买点。前者,最坏的情况就是出现更大级别的中枢,这可以用其后走势是否出现盘整背驰来决定是否卖出,一旦不出现这种情况,就意味着一个向上走势去形成新中枢的过程,这种过程当然是最能获利的。至于后面一种,就是围绕中枢震荡差价的过程,这是降低成本、增加筹码。

10.4.3 一个30分钟级别反弹的完整操作模式

操作没把握,归根结底是对理论没完全彻底地把握。

一个最实际的问题,如果按照理论,至少有一个30分钟级别的反弹,那么具体的操作应该怎么安排?

首先,你必须搞清楚反弹可能的具体走势形式。因为同样是30分钟级别,不同形式对应的操作难度与方式都是不同的,而最大的难点在于,你并不能事先知道反弹究竟用什么样的方式,因为这涉及预测,而一切预测都不能纳入操作计划的范围,只能聊天吹牛时使用。所以要解决这难点,必须从绝对性出发,里面不能涉及任何预测。

对一个30分钟的走势类型,我们能绝对性指出的无非有一点,就是这个反弹至少有一个30分钟级别的中枢,而有这就足够了,为此就可以构造出一套绝对性的操作方法。

某级别的中枢都是由三个以上次级别走势类型重叠构成,也就是说,一个30分钟的中枢,一定涉及上下上的三个5分钟走势类型。这就是构成我们操作绝对性的最坚实基础。

显然,没有任何绝对性可以保障上下上中,最后一个上一定比第一个上有更高的高点,特别那种所谓奔走型的反弹,后上的高点可能只刚好触及前上的低点。因此,如果你一定要等上下上都完成才抛出,那很可能面对这样的尴尬,就是你在第一个上的最低点买的，在上下上的电梯过后，你只有一个可能连手续费都不够、稍纵即逝的卖点。因此，这种操作，注定是只有相对的理论上的绝对安全性，而没有具体操作上的绝对安全性。要解决这个问题，只能从第一个上就开始分解操作。也就是说，没必要等待第二个上了。既然每次上之后都必然有一个同级别的下，而这下的幅度又是不可能绝对控制的，所以还不如把操作分段，让分段提供给你绝对的具体操作安全。因此，在这种分析下，具体的反弹操作一定是用次级别分解方式进行的。也就是说，30 分钟级别的反弹，是按 5 分钟的节奏去处理的。

这只是统一的处理方法。实际操作中，一旦第一上与下出现后，可能的走势形式就有了很大的绝对性确认了。例如，一个 30 分钟走势中枢后接一个第三类买点，然后非背驰力度地强劲拉升，那你就完全可以开始坐轿子，等第二走势中枢，甚至第三、四、五走势中枢完成出现背驰后第三类卖点再说了。

一定不要去预测什么反弹还是反转，这根本没意义。反弹越搞越大，最后就自然成了反转。而是否如此，根本没必要知道。你唯一需要知道的就是，只要在第一走势中枢后出现第三类买点并形成非背驰类向上，才可以流着口水地持股睡觉等其余走势中枢形成，否则，随时都有被反回来的风险。不过必须补充的是，实际的操作效果还是必须靠磨炼的。反弹如此，回调的操作反过来就是。

有人喜欢精确定义，那么这里其实也给出了什么是上升趋势形成的最精确定义，就是在第一中枢后出现第三类买点并形成非背驰类向上。趋势形成，只要趋势没有扭转的信号，当然就可以睡觉，这是太常识的东西了。缠论并不一定要违反常识，只是缠论可以给正确的常识以合理的理论基础，这才是关键。

这绝对性的具体操作还不是平均效率最高的。最高的，就是保持部分仓位，用余下仓位进行换股轮动操作。对于资金少的，更可以全部仓位进行，不过这技术要求更高，就不多说了。

10.5　顺势而为是操作的至高境界

站在资本市场的角度，所有的介入，当你介入时，市场与你就一体了，你创造着市场，市场也创造着你，而这种创造都是当下的，也是模式化的。真正的理性关心的不是介入的具体模式如何，而是这种模式如何被当下着，最重要的是，这种模式如何结束。

由于市场是当下的，那么，投资者的思维也应该是当下的。任何习惯于幻想的，都是把幻想当成当下而掩盖了对当下真实走势的感应。这市场，关键的是操作。

要知道以什么样的模式介入，当下是什么样的结构，你介入的依据是什么？介入后市场走势又如何发展了，你的介入是生是死要自我明了。

对于股市来说,只有走势是当下的,离开走势,一切都与当下无关。

例如如何判断大盘和个股的关系,有的个股走势很好,正在形成第三类买点,大盘急跌,第三类买点不成立了,但大盘稳定后,股价继续上升。如果大盘的急跌破坏了个股的内在结构,自然就不会呈现出第三类买点来,当下性是最关键的。

为什么缠论要强调当下分解的多样性? 因为走势本身就是当下形成的,是市场各种预期的合力当下画出来的,而每种画法都是源自人的贪嗔痴疑慢,因此每种多样性的分解都是符合理论的,多义性不是模糊性,而是多角度去让市场本身自己去画地为牢,由此使得市场的走势万变不离缠论的控制之中,而这恰好是市场自身的规律之一。

理论,只是把现实解剖。但真正的功力,都在当下。不光要用理论的眼睛看清楚现实,更要逐步让自己和走势合一。

10.5.1 买入不能急

一个结构错位的股票池建立后,下面就是在技术面上选择介入点的问题了。

10.5.1.1 找看得懂的图形操作

散户能干的事情是要根据自己的操作级别,买点买、卖点卖,大打游击战。如果你是散户,又没有打游击战的胆识,那么你就当顺民,就把仓位空掉,完全不参与这市场的操作,等市场调整完再说。或者调整时干脆全仓不动,反正无论哪种调整,最终还是要结束的,最终还是要重新开始行情,中国股市大牛市的基础一点都没改变,20 年 3 万点这过于保守的结论依然成立,甚至要大大向 4 万、5 万点修正,只要拿着有着大潜质的股票,这些小波动根本不算什么。

任何买点,都应该在回跌的时候介入,而不是追上去。只是回跌的级别不同而已。一定要按自己的水平,找看得懂的图形操作。找些特别简单又标准的图形,先看这些操作,那些因为你的看图水平还达不到的,就避开,这样是一个比较可行的办法。随着你的水平提高,能处理的图形就越来越多。

10.5.1.2 选择买点的原则仍然是安全第一、效率第二!

一个合格的操作者一定是一个能严格按某一个特定级别的买卖点操作的人。

1. 买股票时一定要先搞清楚你为什么要买,你买它的买点是什么级别的,是短线的还是中线的,相应的要设计好介入的模式和仓位控制,买入股票后就一直持有到相应级别的第一类卖点卖出,期间不能被市场的短线波动所影响,当然期间可以利用小级别的震荡做短差降成本。

其实,操作就是这么简单,首先你要明白自己的能力,然后判断这机会的难度你能否胜任,你不胜任,就闪开。

2. 在一个只能做多的市场中,买点都是在回调中产生的,卖点都是在上涨中产生的。这样一个简单的原则，绝大多数的人即使知道也不能遵守。

一定要在刚启动的时候买，对于那些中线大幅上涨的，要等中线调整结束后再买。这样虽然会浪费很多所谓的机会，但这样一定能活下来。不要等拉了大阳线才买股票，一定要习惯于在放量突破回调时买股票，这样风险小很多。不要在以巨量大阴线构造顶部的下跌反抽中介入，这是投资的大忌。

3. 散户只有在趋势明确了才能考虑介入。在牛市里，第三类买点的爆发力是最强的，例如日线上的，如果实在找不到，就找 30 分钟上的第三类买点。牛市追股的技巧就是寻找第三买点，如果你技术好，胆子大，就把级别定低点。

4. 选择一个合适的介入点，最关键的就是等待。一定要等待小级别背驰结构的产生，然后通过区间套来精确定位介入点。

如日线的中枢，需要的是 30 分钟的 3 段走势，而 30 分钟的走势，需要的是至少一个 30 分钟的中枢。30 分钟的中枢，至少需要三段 5 分钟的走势类型构成，如果第三段下来，是一条直线的，在 5 分钟上也是一段单纯的 5 分钟的下跌走势，没有三段。其实这一段的 30 分钟走势，中枢是在后面的。

一定要注意，对于 30 分钟的走势，一定要至少出现 5 分钟的三段走势类型构成的中枢，才算是有了 30 分钟的中枢，一般在 30 分钟上看出一条直线下来的走势，是不会有 30 分钟中枢的。

除非是有较大级别的买点，否则，买股票都应该在下午，特别在走势不明朗的时候。必须等待真正的背驰，这是一个经验问题。

买点并不一定是一个点，一个价位，级别越大的，可以容忍的区间越大，大级别的买点买入后等待较大级别卖点的出现，卖点没出现的，就持有。卖点卖了，就等着跌出买点再进去，把中线有潜力的股票当成自选，不断地反复操作。

5. 不按三类买卖点操作都是原则性错误。

任何买点，都应该在回跌的时候介入，而不是追上去。只是回跌的级别不同而已。一定要有这样的心态，不在买点上的股票，它爱长多少是多少，权当这股票不存在。不追高是投资第一要点。宁愿没买到，少弄一次反弹，也要保证资金和仓位安全。

一个上涨的股票，如果是日线级别的，最晚就是在第三类买点介入，这是最安全的，100% 获利。如果错过了，那就按小级别的介入，30 分钟、5 分钟、甚至 1 分钟，总能找到介入的位置，关键是怎么去把握了。但级别越小，可操作性越差。

遇到买点要时刻询问自己，它在什么级别上有第一、二、三类买点，该级别值得介入吗？

10.5.1.3 错过了节奏怎么办?

如果你跟盘技术还行的,就要在回挡的时候跟进强势股票。

四种技术形态个股的把握:

1. 创新高后回试的,可以用第三类买点来把握。

2. 在前期高位下盘整蓄势的,可以用小级别的第三类买点把握其突破,或在震荡低点介入。

3. 反弹受阻拉平台整理的,这和第二种情况同样处理,只是位置与前期高位有距离。

4. 依然在底部构筑双底、头肩底之类图形的,可以用第一、二类买点把握。

必须按照技术图形分别对待。特别是创新高的股票,必须注意有没有大级别背驰,有的,一定要小心,小心中了多头陷阱。如果没有背驰,或者盘整背驰最终转化为第三类买点,才可以介入。

如果跟盘技术不行,下面的方式是最简单的:

1. 一般来说,开盘后就涨的新股,通常只会有第三类买点。

2. 盯着所有放量突破上市首日最高价的新股。

3. 对次新股,上市第一天的高价不放量突破,看都不用看,除非在下面出现第一类的买点。这样的好处就是不用浪费时间。

10.5.1.4 不要买太多股票

散户一定不能买太多股票,而是要集中点,然后用机动的资金不断弄短差把成本降低,这才是最安全的弄法。任何时候都要集中兵力,而且要有机动的资金。

要经常反省自己的操作思路和持仓结构,如果资金量特别小就全仓进出,该卖就全卖,该买就全买,这样利用率高。但前提是,你对缠论所说的买卖点有充分的把握。

对于新手来说买的时候一般最好在第二类买点,而卖尽量在第一类卖点,这是买和卖不同的地方。

一般,资金不大的,最多两三个板块持股就可以,这样在轮动时可以互相照应。

一定要强迫自己把股票的种类降下来,对于小资金来说,一定要集中点,一般来说,100 万以下的资金,三个板块三只股票足矣。

10.5.2 持有要耐心

很多人都有这样的糊涂概念,以为买入卖出才是股票的操作。其实,对于每一笔交易来说,买入卖出,1 秒都不用就完成了,更多、更长的时间是填充在买入与卖出之间两种最基本的操作:持股与持币,这才是更重要的操作。

假设你是按30分钟级别操作的,那么,在一个30分钟的买点买入后,就进入一个持股的操作中,根据缠论,你很明确地知道,一个30分钟的卖点必然在前面等着,这卖点宣告从那30分钟买点开始的走势类型的结束。在这个卖点到来之前,你就只在持股这唯一的操作里。当这个30分钟的卖点出现时,卖出,然后就进入持币的操作里,直到一个30分钟的买点出现。持股与持币,归根结底就是一种等待,等待那个被理论绝对保证的买卖点。所有股票的操作,归根结底,只有两个字:等待。

市场的买卖点是生长出来的。买卖点的生长过程,就是一个具体的走势类型的生灭过程。这些过程,不妨用一个30分钟第一类买点 a 开始的30分钟走势类型如何生灭为例子进行说明。

一个30分钟的走势类型,最低标准,就要形成一个30分钟的中枢,一旦这中枢形成,该走势类型随时结束都是符合理论的。这样,最弱的走势类型,就是该中枢一完成就结束。在该例子里,就是从 a 点开始,三段重叠的5分钟走势类型结束后,该30分钟走势类型就结束了。

图 10 - 7

注:这种最弱的走势往往出现在第二、三类买卖点的形成过程中,如图 10 - 7所示,在第一个中枢盘整背驰后,接着的一个次级别调整时,次次级别一般都是一个下上下结构,就完成了一个第三类买点的构造。

那么,在实际操作中,能否事先知道是否真的将形成这种最弱的走势?答案是否定的。不仅不可能事先知道是否真的要出现这种最弱的走势类型,而且走势类型的任何可能性都不可能被事先确认,这说明什么?说明预测是毫无意义的,走势是市场合力作用的结果,而不是被上帝所事先确定的,市场中没有上帝,市场的方向只能由所有参与者的合力决定,大资金或高技巧,可以用自己的力量去引导市场,按照自己的剧本来演绎,但没有上帝可以完全事先确定市场走势类型完成的所有细节。

当第一个中枢形成后,走势类型可以随时结束,后面的分类比较复杂。一个思维上的关键,必须明确两点:

买卖点本质上是走势类型的生长状况与分类决定的,反过来,某些买卖点的出现,又使得走势类型的生长状况分类有一个明确的界定,这些都是观察市场细节的关键之处。所以,所有预测的基础就是分类,把所有可能的情况进行完全分类。

买卖点操作后,等待是一个最关键的过程,必须密切关注相应的走势类型的生长与分类选择,这一切都是当下的。

买了股票,就一定要从买点一直持有到至少同级别的第一类卖点。除非你的短线技术特别好,否则就不要乱动。

一个日线级别的调整,就必然在30分钟上有三段走势,想想现在是第几段,意味着什么?这样就能很从容地安排自己的操作了。只有定好大方向,才有必要看小细节。

站在周线的角度,一个漂亮的第一类买点与第二类买点相组合的,都应该持有。

如果一个股票,在周线或至少在日线上出现第三类买点了,那就一直持有等待相同级别或至少是次级别趋势背驰的第一类卖点出现。股票其实就这么简单。当然,如果你短线有时间,就按更低级别的图打短差,如果没时间,也没必要干了。

如果你看好大级别的,就要按大级别的图形来思考,而不用管小级别的事情。如果你不能忍受小级别的波动,就按小级别操作。如果你是在日线级别买点买的,那么30分钟的调整基本可以不看。当然,如果你时间充裕,可以按照30分钟的卖点来打短差,在30分钟的卖点出,30分钟的买点回补。

如果你选择股票时是以一个中长线的心态谨慎选择的,那么就不要随便斩仓,缠论反对斩仓、止蚀之类的玩意,亏出去的钱是真亏出去的,而只要筹码在,不断的短线足以把成本摊下来。斩仓就一定能买到更好的股票?特别在中长线依然看好的情况,更没必要。

如果你是本着中线介入的,那股票中线所有指标都走得很好,一直在 120 周线上调整,没有跌破这中线的生命线,所以找不到要中线走的理由;买股票时一定要先搞清楚你为什么要买,你买它的理由是什么,是短线的还是中线的,相应的要设计好介入的模式和仓位控制,不能被市场的短线波动所影响。

对于长线来说,250 天是关键的,也就是所谓的牛熊分界,在没有有效跌破该线之前,谈论牛市的结束都是无聊的。

10.5.3 卖出要坚决

买了股票就要随时监控着卖出的位置。对股票、点位都不要有感情,只看市场的信号。什么时候出?关键就看你是什么位置买的,一个最基本的原则就是,在某级别买点买的,就在某级别的卖点卖,而不是确定什么目标位。

有一个抛股票的原则,分两种情况,一种是缓慢推升的,一旦出现加速上涨,就要时刻注意出货的机会。

另一种是第一波就火暴上涨,调整后第二波的上涨一旦出现背驰或放巨量的,一定要小心,找机会走人。

操作上,一定不能等什么确认,而是有卖点就卖,有买点就买,当然是根据相应的级别。即使你是中线持有,5 分钟、30 分钟背驰,也可以先卖部分出去,下来再回补,这样就机动灵活了。

不会卖出,就等于失去了下次买入的机会。这个节奏之所以难,说白了,就是贪嗔痴疑慢作怪。

如果判断不准确,那卖点卖错了无所谓,这么多股票还怕找不到好的?但买点一定要谨慎,宁愿筹码少了,也不能追高买回来。操作中,开始时熟练程度差,不奇怪,这种事情要不断实践才能提高的。

做短差操作失误后不要追高买回。市场真正的成功,都是在严格的操作程序下完成的。别怕失去机会,市场中永远有机会,关键是有没有发现和把握机会的能力,而这种能力的基础是一套好的操作习惯。

10.5.4 踏准节奏

学了缠论,脑子里必须时刻有两个字:级别。有了级别,就是节奏问题了。

节奏,永远是市场的节奏,如果你能把握当下节奏,没有人能战胜你。

其实,根本无须关心个股的具体涨幅有多少,只要足够活跃,上下震荡幅度大,那么机械化操作产生的利润是与时间成正比的,只要时间足够长,就会比任何单边上涨的股票产生更大的利润。甚至可以对所有股票按某级别走势的幅度进行数据分析,把所有历史走势都计算一次,选择一组历史上某级别平均震荡幅度最大的股票,不断操作下去,这样的效果更好。这种分解方法,特别适合于小资金,而且时间充裕的进行全仓操作,也适合于大资金进行一定量的差价操作,更适合于庄家的洗盘减成本操作。当然,每种在具体应用时,方法都有所不同,但道理是一样的。

缠论本是一套跌买涨卖的操作方法。选出买点就买,涨出卖点就卖,如此而已。一句话,涨了想卖点;跌了想买点,这才是正确的节奏。不深刻地明白这一点,是很难真正地理解缠论的。

节奏主要包括大盘和个股的节奏、板块轮动的节奏、个股轮动的节奏、同一只股票买点与卖点的节奏。

1. 大盘和个股的节奏

一定要根据股票自身的走势结构操作,大盘的走势只能是参考。大盘震荡,有些个股反而会大幅上涨,个股就按个股走势看,在这种震荡中,充分利用缠论来操作,是一个最好的选择。

有些真有题材的股票,是不会搭理大盘的走势的,大盘越没方向,反而给部分股票以表现的机会。大盘调整时,关注逆市不跌的股票,下轮的黑马由此产生的可能性很大。

2. 板块轮动的节奏

轮动操作一定是把热的板块冲高时抛,然后吸纳有启动迹象的潜力板块。

板块轮动,每个板块的时间都不长,所以千万不能追高,一定要在买点买。应该找没动的有买点的买,这样才能占据先机。对于散户来说,没必要参与板块的调整。动过的,等调整好了,自然又动了。同一板块中第二龙头的补涨比第一龙头还有力时,往往是该板快要进入调整的标志。

3. 个股轮动的节奏

对于散户,根本没必要专门弄一只股票,热点在哪里就去哪里。

在你的操作级别上出现三类买点的就是能买的好股票,出现三类卖点的就是不能搞的坏股票。这是判断股票好坏的唯一标准。散户最大效率的就是不断换股,卖点卖了,一定要等买点,等的时候就去找别的有买点的股票。

4. 同一只股票买卖点的节奏

节奏是一个永远的主题,高手还是低手,最终考验的就是节奏,轮动只是节奏的一种方式,而最重要的节奏,还是买卖点,一切的节奏都必须以此为基础。

为什么要看买卖点,为什么要强调节奏,最终都是为了资金的安全与利用率,这对大资金是一样的,而对小资金,掌握了节奏,你的效率更高。

炒股必须有一定的节奏韵律,如果高位没走,低位去回补等于加仓,这样不好,一定要搞清楚向下段与向上段。特别资金不大的,买就全买,回补如果信心不足,可以分单回补。只要是先卖的,回补起来就不会害怕了。只要你不是买到最低那一笔,总有被套的时候,只要大方向不错就没问题。

牛市就是快跌慢涨的节奏,卖了就要找机会买回来,否则,牛市与你无关。

选什么股票其实不重要,关键是要选好买点,等待你的买点或换股的时机,别抛了一只买点上的股票去换一个卖点上的。一个人,可以操作一只股票获取最大利润,关键是买点、卖点的节奏,既包括介入和退出的买卖点,也包括做短差降成本的买卖点。特别是用小级别操作的,节奏更重要。你抛了不买回,那还不如不抛,等大级别的卖点再说。买了就要想着卖点,卖了就要想着买点。如果时间不够,操作不方便,就要选择大级别的操作。不要玩小级别的,否则买卖点很容易错过,开个会,干件事就没了。小级别只适合职业,或至少是半职业看盘的。

市场的波动,归根结底是在前后两个高低点关系构成的一个完全分类中展开的。

买点买,买点只在下跌中,没有任何股票值得追涨。如果你追涨被套,那是活该;卖点卖,没有任何股票值得杀跌。股票跌下来,就是把赢利的空间给再次打开,市场的机会再次来临。跌完以后涨得最快的是什么?就是跌出第三类买点来的股票。大跌,就把眼睛放大,去找会形成第三类买点的股票,这才是股票操作真正的节奏与思维。

所有情况都逃不过高位背驰卖,低位背驰买,不去预测。市场中,成本是最关键的,只要成本不断降低,你将战无不胜。

5. 节奏一定是有级别的节奏

对于初学者,一定不能采取小级别的操作,你对买卖点的判断精确度不高,如果还用小级别操作,出现失误是再正常不过的事情了。对于初学者,按照 30 分钟来进出,是比较好的,怎么也不能小于 5 分钟,5 分钟都没有进入背驰段,就不能操作。级别越小,对判断的精确度要求越高,频繁交易而导致的频繁失误只会使心态变坏,技术也永远学不会。

10.5.4.1 操作一定要冷静,有钱什么好股票都在那等着你

1. 不能做死多头,亦不能做死空头

操作是双面的,可以先买后卖,可以先卖后买,可以先卖后买再卖,关键是看图操作,不要凭自己的情绪操作。

操作,归根结底就是买点买、卖点卖。能否做到,那是技术精确度问题,这个通过实践,一定会不断提高。如何提高其精确度,那是一个理论学习与不断实践的问题,但这一套程序与节奏,是不会改变的。精度可以提高,但节奏不可能乱,节奏比精度更重要。无论你对买卖点判断的水平如何,即使是初学者,也必须以

此节奏来要求自己。如果你还没有市场的直觉,那么就强迫自己去执行,否则,就离开。

卖点出来后,唯一需要关心的就是什么时候出现买点。不要对股票有感情,只对买卖点有感情就可以了。一个 30 分钟的买点,怎么都比 1 分钟的有吸引力,对于小资金,这点更重要。关键是先找到大一点级别的背驰段,然后再用小级别的背驰来找精确买点,这才是有用的。最好就是在 30 分钟的背驰段用 5 分钟找买点,短线这样就比较安全了。

按图形来操作,把级别定好,但千万别太机械了,要配合好大级别,否则都按 1 分钟来,就机械了。首先要判断好大级别的走势,如果是日线的上涨中,太多短线是不适合的,特别技术不过关,就会买不回来给夹空了,而在日线的下跌中,就会被严重套住了。所以先要判断好日线等大级别的走势,然后再说短线。如果日线在上涨中,那 1 分钟之类的就算走了,也一定要及时买回来,而且最好别按 1 分弄,按 5 分图甚至更长都可以,如果是最后的急拉,那就要配合好 1 分图了。

2. 缠论眼中只有背驰

缠论里没有风险的概念,风险是一个不可操作的上帝式概念,缠论的眼里只有买卖点,只有背驰,这些都是有严格定义的、可操作的。

例如,一个 30 分钟的 a + A + b + B + c 的向上走势,你不可能在 A 走出来后就说一定有 B,这样等于是在预测,等于假设一种神秘的力量在确保 B 的必然存在,而这是不可能的。那么,怎么知道 b 段里走还是不走?

这很简单,这不需要预测,因为 b 段是否走,不是由你的喜好决定的,而是由 b 段当下的走势决定的。如果 b 段和 a 段相比,出现明显的背驰,那就意味着要走,否则,就不走。而参考 b 段的 5 分钟以及 1 分钟图,你会明确地感觉到这 b 段是如何生长出来的。这就构成一个当下的结构,只要这个当下的结构没有出现任何符合区间套背驰条件的走势,那么就一直等待着,走势自然会在 30 分钟延伸出足够的力度,使得背驰成为不可能。这都是自然发生的,无须你去预测。

详细说,在上面例子 30 分钟的 a + A + b + B + c 里,A 是已出现的,是一个 30 分钟的中枢,这可以用定义严格判别,没有任何含糊、预测的地方。而 b 段一定不可以出现 30 分钟的中枢,也就是只能最多是 5 分钟级别的。如果 b 段一个 5 分钟级别的开始上涨已经使得 30 分钟的图表中不可能出现背驰的情况,那么你就可以有足够的时间去等待走势的延伸,等待它形成一个 5 分钟的中枢,一直到 5 分钟的走势出现背驰,这样就意味着 B 要出现了,一个 30 分钟的新中枢要出现了。是否走,这就和你的资金操作有关了,如果你喜欢短线,你可以走一点,等这个中枢的第一段出现后,回补;第二段高点看 5 分钟或 1 分钟的背驰出去,第三段下来再回补,然后就看这个中枢能否继续向上突破走出 c 段。注意,c 段并不是天经地义一定要有的,就像 a 也不是天经地义一定要有的。要出现 c 段,如同要出现 b 段,都必须有一个针对 30 分钟的第三类买点出现,这样才会有。所以,你的操作就很简单了,每次 5 分钟的向上离开中枢后,一旦背驰,就要出来,然后如果一个 5 分钟级别的回拉不回到中枢里,就意味着有第三类买点,那就要回补,等待 c 段的向上。而 c 段和 b 段的操作是一样的,是否要走,完全可以按当下的走势来判断,无须任何的预测。不背驰,就意味着还有第三个中枢出现,如此类推。

显然,上面的操作,不需要你去预测什么,只要你能感应到走势当下的节奏,而这种感应也没有任何的神秘,就是会按定义去看而已。

那么,30 分钟的 a + A + b + B + c 里,这里的 B 一定是 A 的级别?

假设这个问题,同样是不理解走势的当下性。当 a + A + b 时,你是不可能知道 B 的级别的,只要 b 不背驰,那 B 至少和 A 同级别,但 B 完全有可能比 A 的级别大,那这时候,就不能说 a + A + b + B + c 就是某级别的上涨了,而是 a + A + b 成为一个 a′,成为 a′ + B 的意义了。但,无论是何种意义,在当下的操作中都没有任何困难,例如,当 B 扩展成日线中枢,那么就要在日线图上探究其操作的意义,其后如果有 c 段,那么就用日线的标准来看其背驰,这一切都是当下的。至于中枢的扩展,其程序都有严格的定义,按照定义操作就行了,在中枢里,是最容易打短差降成本的,关键是利用好各种次级别的背驰或盘整背驰就可以了。

所以,一切的预测都是没意义的,当下的感应和反应才是最重要的。你必须随时读懂市场的信号,这是应用缠论最基础也是最根本的一点。如果你连市场的信号、节奏都读不懂,其他一切都是无意义的。

还有一点很重要,就是你读懂了市场,但却不按信号操作,那这就是思维的问题了。老有着侥幸心理,这样也是无意义的。

10.6　市场的风险

什么是市场的风险?有关风险,前面可以带上不同的定性,政策风险、系统风险、交易风险、流通风险、经营风险等等,但站在纯技术的角度,一切风险都必然体现在价格的走势上,所有的风险,归根结底,最终都反映为价格波动的风险。例如,某些股票市盈率很高,但其股价就是涨个不停,站在纯技术的角度,只能在技术上衡量其风险,而不用考虑市盈率之类的东西。

1. 资金期限的风险

任何的交易都必须有钱,也就是交易的前提是先有钱,一旦钱是有限期的,那么等于自动设置了一个停止交易的时限,这样的交易,是所有失败交易中最常见的一种,以前很多人死在透支上,其实就是这种情况。

先把房子、车子买好,把几十年生活费用、养孩子的费用等等留出来买国债,还有一些基本的保险。把上面所有问题都处理好了,如果还有闲钱,才可以炒股票。

任何交易的钱,最好是无限期的,不能有任何的借贷之类的情况。如果真有什么限期,也是足够长的,这是投资中极为关键的一点。一个有限期的钱,唯一可能就是把操作的级别降到足够低,这样才能把这个限期的风险尽量控制,但这只是一个没有办法的办法,最好别出现。

2. 交易成本风险

市场中,唯一的活动,其实就是钱与股票的交换运动。股票就是废纸,唯一的功能就是一张能让你把一笔钱经过若干时间后合法地换成另一笔钱的凭证。交易的本质就是投入一笔钱,在若干时间后换成另一笔钱出来,其中的凭证就是交易的品种。因此在市场上,对任何的股票都不值得产生感情,没有任何股票可以给你带来收益,能给你带来收益的是你的智慧和能力,那种把钱在另一个时间变成更多钱的智慧和能力。

同理,市场的唯一风险就是你投入的钱在后面的时刻不能用相应的凭证换成更多的钱,除此之外,一切的风险都不存在。但任何的凭证,本质上都是废纸,以 0 以上的任何价格进行的任何交易都必然包含风险,也就是说,都可能导致投入的钱在后面的某一时刻不能换回更多的钱,所以,交易的风险永远存在。那么,有什么样的可能,使得交易是毫无风险的? 唯一的可能,就是你拥有一个负价格的凭证。真正的高手就是有本事在相应的时期内把任何的凭证变成负价格的人。对于真正的高手来说,交易什么其实根本不重要,只要市场有波动,就可以把任何的凭证在足够长的时间内变成负价格。缠论本质上只探讨一个问题,如何把任何价格的凭证,最终都把其价格在足够长的时间内变成负数。

任何的市场波动,都可以为这种让凭证最终变成负数的活动提供正面的支持,无论是先买后卖与先卖后买,效果是一样的。市场的无论涨还是跌,对于你来说永远是机会,你永远可以在买卖之中,只要有卖点,就要卖出,只要有买点就要买入,唯一需要控制的,就是量。

因此,站在这个角度,股票是无须选择的,唯一值得选择的,就是波动大的股票,而这个是不能完全预测的。对于缠论来说,市场从来没有任何的风险,除非市场永远是一条直线。当然,对于资金量小的投资者,完全可以全仓进出,游走在不同的凭证之间。这样的效率当然是最高的,不过这不适用于大资金。大资金不可能随时买到足够的量。

一般来说，缠师只在月线、最低是周线的买点位置进去，追高是不可能的，这样会让变负数的过程变得太长，而且都是在庄家吸得差不多时进去，一般都是二类或三类买点，一般不在月线的第一类买点进去，这样容易自己变庄家了。

任何不承认股票废纸性质的理论，都是荒谬的。任何股票，如果是因为有价值而持有，那都不过是唬人的把戏。

10.6.1 如何躲避政策性风险

政策性风险，本质上是不可准确预测的，只能进行有效的相应防范。

首先，中国政策性风险将在长时间内存在，这是由目前中国资本市场的现实环境所决定的。一个成熟的资本市场，应该是重监管、轻调控，而目前中国的资本市场，至少将在很长时间内，监管和调控都至少是同等重要的，甚至，在一些特定的时期，调控将成为最重要的方向。这是客观现实，是由中国经济目前的发展阶段所决定的。

调控，有硬调控与软调控两种。像发社论、讲话、严查之类的，就是明显的硬调控，这种调控方式是否永远不再发生，这谁都不敢保证；至于软调控，就是调控中不直接以资本价格为最直接的目的，而是结合着更多大的方面考虑，政策上有着温和和连续的特征。

当然，站在调控的角度，如果软调控不得力，那么硬调控成为唯一选择的时候，这其实不是调控者的悲哀，而是市场的悲哀，当市场的疯狂足以毁掉市场时，硬调控也是不得已为之。这方面，也要对调控者有足够的理解。

必须要明确，政策只是一个分力，政策不可能单独去改变一个长期性的走势。例如，就算现在有一个硬调控使得中短期走势出现大的转折，但最终也改变不了大牛市的最终方向。

政策只有中短期的力量，而没有长期的力量，这点，即使对经济也是一样的。经济的发展，由经济的历史趋势所决定。中国经济之所以有如此表现，归根结底，就是因为中国经济处于这样的历史发展阶段，任何国家在这样的阶段，都会有类似的发展。但并不是说政策一无所用，一个好的政策，是促进、延长相应的历史发展进程的一个好的分力。所以，政策是一个分力，其作用时间和能量不是无限的，而且，政策也是根据现实情况而来的，任何政策，都有其边界，一旦超越其边界，新的政策就要产生，就会有新的分力产生。而且政策分力，即使在同一政策维持中，也有着实际作用的变化。一个政策，5000点和1000点，效果显示不可能一样。

明白了政策的特点，对政策，就没必要视如洪水猛兽，以下几点是可以注意的：

1. 一个最终结果决定于价格与价值的相关关系。当市场进入低估阶段，就要更注意向多政策的影响,反之,在市场的泡沫阶段,就要更注意向空调控的影响。

2. 最终的赢利,都在于个股,一个具有长线价值的个股,是抵御一切中短分力的最终基础,因此,个股对应企业的好坏与成长性等,是一个基本的底线,只要这底线能不被破坏,那么,一切都不过是过眼云烟,而且,中短期的波动,反而提供了长期介入的买点。

3. 注意仓位的控制。现在透支已经不流行,但借贷炒股还是不少见。这是绝对不允许的,把资本市场当赌场的,永远也入不了资本市场的门。在进入泡沫化阶段后,应该坚持只战略性持有,不再战略性买入的根本原则,这样,任何的中短期的波动,都有足够的区间去反应。

4. 养成好的操作习惯。只有成本为 0 的,才是安全的,这是彻底逃避市场风险的唯一办法。

5. 贪婪与恐惧,同样都是制造失败的祸首,如果你保持好的仓位,有足够的应对资金以及低成本,那么,就让市场的风把你送到足够远的地方。你可以对政策保持警觉,但没必要对政策如惊弓之鸟,天天自己吓自己。

6. 不要企望所有人都能在硬调控出台前提早一天跑掉。可以开诚布公地说,现在政策的公平性已经越来越高,有能力预先知道的,资金量小不了,因而也没足够的时间去全部兑现,这和以前有长长的时间去组织大规模撤退,那绝不是一回事了。

7. 必要的对冲准备,例如权证等,最近,认沽热销,也和一些资金的对冲预期有关。

8. 一旦政策硬调控出现,则要在一切可能的机会出逃,在历史上,任何硬调控的出现,后面即使调整空间不大,时间也少不了。

9. 关键还是要在上涨时赚到足够的利润,如果你已经有 N 的平方倍的利润了,即使用10% –20% 的利润去留给这飘忽不定的非系统风险也足够了。成为市场的最终赢家,和是否提前一天逃掉毫无关系,资本市场,不是光靠这种奇点游戏就能成的。心态放平稳点,关键是反应,而不是预测。

10. 6. 2 从容面对突发事件是投资的基本素质

首先必须再次明确,要改变大牛市性质的只有经济的倒退,否则都不过是造成市场不同级别震荡的诱因,一个正确的操作足以应付。

其次,面对突发事件,仓位、成本控制比较重要,这也是为什么要反复强调股票是废纸,必须成本为 0 的原因。因为突发事件,本来就是市场中不可避免的,一个良好的操作习惯,足以应付任何突发事件,一个成本为 0 的筹码,是应付突发事件最好的工具。

在投资市场上,必须大气点,无论震荡的级别有多大,你走了没走,都不过是一个小事情,走了不是胜利,没走也不是末日,关键的是你正确的操作习惯与长期的坚持。1996年12月,连续的跌停后,市场最终5个月后依然重新创出新高。1987年的美国股市大跌,在现在看来,只不过是在山脚上的一次小颠簸。从容面对突发事件,这才是投资的基本素质。

10.7　市场永远正确

别给自己的失败找任何理由,失败只能是你自己的失败,失败就找机会扳回来,但前提是必须找到失败的真正原因,否则不过是延续不同的情节、相同的悲剧。

急着挣钱的心理是市场参与者的大忌,连自己的心都控制不住,对自己的贪婪、欲望都不能控制,是不能在市场中长久成功的。这些人,所有的行为都被分类为多空两种形式,当自己拿着股票时,思维就被多头所控制,反之,就是空头的奴隶。

市场的情绪,就是由此而积聚、被引导。脱离不了这种状态的,永远成不了真正的市场参与者。

所以失误的原因永远与市场无关,找原因,只能找自己的原因。如果真的出现连续失误,那就是你的方法有很大问题,必须改进,好好想好再操作。

方法的问题无非几种:参与过小级别的操作、没有按买卖点操作,操作过于频繁、对图形判断不熟练、有盲点、乱听消息等等。先把问题找出来,究竟是什么问题。

市场的特点就是千变万化,你不能要求市场如何,因为市场永远正确,错的永远是你。但有些人的性格,就是死不认错,那唯一的归宿就是死在市场中了。

我们可以抨击政策如何如何,但我们不能把自己放在火上边烤边抨击,一边天天不断亏损,一边就只会骂街,这种人,市场从来就没有给他们留下活的空间。

市场上永远有不合理,如果你为了合理,那就别来市场了。来市场只有一个目的,就是赚钱,如果不合理能赚钱,那就合理了。太多正义感的人是不适合市场的,只有战胜了市场才有正义,失败者从来没有正义可言。

股票都是废纸,还怕有钱买不着废纸?因此,对于任何操作来说,只要赚钱卖出,是无所谓错误的;反过来,股票是吸血的凭证,没这凭证,至少在股票市场里是真吸不了血的,因此,只要卖了能低价位回补,就无所谓错误。至于卖了可能还涨,回补可能还跌,这是技术的精确度问题。

一个合格的投资者只需要擦亮你的眼睛,看到买点就买,看到卖点就卖。这才是缠论的精髓之所在。

　　市场中生存,从来就不是靠一次暴富得到的。股市中能够长期生存靠的是长期严格执行规范的操作纪律。唯有真正学好缠论,把自己当成只能按三类买卖点操作的机器人,才能做股票的主人!

后 记

　　缠论和所有曾有的技术分析方法的根本思路是不同的,所以学习缠论的时候要把以前学过的一切技术分析方法先放下。缠师说过,一般的技术分析方法,或者用各种指标,或者用什么波段、波浪,甚至江恩、神经网络等等,其前提都是从一些神秘的先验前提出发。例如波浪理论里的推动浪5波,调整浪3波之类的话,似是而非,特别对于个股来说,更是如此。至于什么江恩理论,还有什么周期理论、神经网络之类的,都是把一些或然的东西当成必然,理论上头头是道,一用起来就错漏百出。那些支持位、阻力位,通道线、第三浪之类的东西,只能当庄家制造骗线的好工具。

　　如果真明白了缠论,就会发现,其他技术分析里所说的现象,都能在缠论中得到解释,而且还可以给出其成立的相应界限。例如,一个股票新上市后直接向下5波后反手就向上5波形成V字形,按波浪理论,就无法得到解释,而用缠中说禅走势中枢的定理,这是很容易解决的问题。那些理论都是把复杂的走势给标准化成某种固定的模式。对于庄家来说,对一般人所认识的所谓技术分析理论,早就研究得比谁都精通,任何坐过庄的人都知道,技术图形是用来骗人的,越经典的图形越能骗人。但任何庄家,唯一逃不掉的就是缠论中所说的以中枢和级别为基础的趋势与盘整两种走势结构的产生、延续和终结,因为这些东西只要是市场中的,必然在其中,庄家也不例外。

缠论用简单的语言概括起来就是：

任何级别的任何走势都可以唯一分解为同级别的趋势与盘整两种走势类型的连接。对于转折点的判断就是基于中枢级别的趋势背驰与盘整背驰。而转折点是可以用区间套准确定位的，它一定是缠论定义的某级别的第一类买卖点。

趋势与盘整两种走势类型是基于中枢来定义的，趋势背驰与盘整背驰也是基于中枢来定义的，走势的级别也是基于中枢来定义的。有了中枢才能定义三类买卖点，所以中枢是走势结构的基础。

分型、笔和线段都是构建中枢这个几何结构的几何构件。所以其中的逻辑关系必须要搞清楚：

1. 由标准 K 线构建顶底分型；

2. 由顶底分型 + 标准 K 线构建笔；

3. 由笔构建线段；

4. 由线段构建 1 分钟中枢及 1 分钟走势类型；

5. 由中枢的升级规则可以构建更大级别的中枢和走势类型；

6. 有了中枢才能定义同级别的三类买卖点；

7. 任何级别的买卖点都是由趋势背驰和盘整背驰来判断的，所以背驰的级别的判断就变得尤为重要了。

因此我们在学习的过程中，要牢牢抓住中枢这个中心与走势类型和级别这两个基本点，其他都是辅助。

站在实际应用的角度，关于中枢的递归定义以及从分型、笔、线段开始的最小级别定义之间的区别之类的东西，也是可以不管的，但这样，逻辑上就容易乱，所以，搞清楚没坏处。如果你实在特懒，那就从分型学起也可以。

一旦你掌握了缠论，根本无须听任何话，走势永远是第一位的。只有这样，才可能有一个正确的思维基础。精通缠论后，涨跌的分别就会消失，在你的脑子里，只有买点卖点，没什么涨跌，达到这种境界，就算初步有成了。

　　本书有些内容来源于网络,我非常感谢这些内容的原作者,尊重他们的著作权,我已经尽力去联系原作者,如有需要敬请与我(微信号:houdezaizhi)联系,在此表示真挚的感谢。

　　另外,我要特别感谢研究过缠论的师兄们,我在部分内容的理解上,得益于你们发表的对缠论的分析文章,同时我在本书对缠论的解释中,一定会存在一些理解与诸兄理解不一致的地方,欢迎大家给我留言,共同研讨、共同提高,以此来纪念给我们留下宝贵财富的伟大的缠师!